精神疾患と障害差別禁止法

雇用・労働分野における日米法比較研究

1990年、米国大統領は障害差別禁止法の署名式に臨み、「本法への署名により、障害のある全ての人は、閉じられていた扉を再び開いて、平等・自立・自由が約束された明るい時代に向かって歩み始めることができる」と宣言した。アメリカの25年の歩みを検証し、日本の未来を考える。

所 浩代

Mental Illness and the Americans with Disabilities Act

Hiroyo TOKORO

旬報社

はしがき

　本書は、障害差別禁止法が障害者の雇用の機会拡大と就労環境の改善に与える影響を、精神疾患の事案に着目して考察したものである。日本には、精神疾患を抱えつつも、病とうまく付きあいながら職業生活を続けていきたい、あるいは、新たに就職して経済的に自立したいと願う人が多くいる。しかしながら、2013年の障害者雇用促進法改正以前においては、日本には障害に基づく雇用差別を実効的に禁止する法律がなく、精神的不調を抱える労働者が雇用において不合理な扱いを受けても、これを迅速に救済できなかった。この点、アメリカでは、1990年に「障害のあるアメリカ人に関する法律（Americans with Disabilities Act of 1990：ADA）」が成立し、すでに、20年を超える運用実績がある。そこで本書では、アメリカの経験を、精神疾患を軸に分析し、障害差別禁止法の意義と、精神疾患の事案において有効に機能させるための課題を指摘した。

　本書は、3部から成る。第Ⅰ部では、アメリカで障害差別禁止原則が導入された経緯を歴史的に概観し、つぎに、現在のアメリカの障害者労働法制の体系を確認した。この作業を通じて、アメリカ法制における障害差別禁止法の意義を明らかにした。
　第Ⅱ部では、障害に基づく差別を禁止する連邦法のADAを取り上げて、雇用における差別を規制する第1編の規制構造と法解釈上の課題を詳述した。ここでは、ADA第1編の規制構造に由来する一般的な解釈課題を指摘した後に、精神疾患の特質との関係において生じる解釈問題を、紛争の具体的な内容を摘示しながら検討した。
　第Ⅲ部では、まず、日本の労働法制のなかで精神疾患を抱える労働者に関わる部分を整理して解説し、つぎに、日本法制の課題をアメリカ法の考察から得られた示唆をふまえて指摘した。
　アメリカのADAでは、障害に対して合理的配慮を提供しないことは障害

者に対する差別に該当するという新たな差別禁止原則が採用されており、制定当初から、国際的に衆目を集めた。しかしながら、ADA の裁判では、障害の範囲が非常に狭く理解されたため、救済を求める労働者の 9 割が敗訴する事態に陥り、2008 年に、連邦最高裁の解釈を修正するための法改正が行なわれた。本書では、障害の定義に関する裁判所の解釈を丁寧に紹介し、障害の範囲を画することの難しさを指摘している。また、精神疾患の事案に関しては、障害の解釈を拡げるだけでは解決できない問題も多い。本書では、この点についても、裁判例を多く取り上げて、ADA が抱える解釈課題を明らかにした。本書で行なった考察が、今後の障害差別禁止法理の議論に少しでも貢献できれば幸いである。

　本書は、筆者が 2010 年に北海道大学より博士号を授与された論文「精神障害者の雇用と差別禁止法理―アメリカ障害者差別禁止法（ADA）の考察」をもとにしている。しかし、学位を賜った後に、日本の障害者雇用法制の内容は大きく変化した。そこで、本書では、2010 年以降のアメリカ法の動向を加筆したうえで、さらに、日本法制の一連の改革内容を整理し、アメリカ法の検討から得られた示唆をふまえて、日本法制に残されている課題を明らかにした。

　筆者は、小樽商科大学を卒業後、民間企業に入社したが、思うところあって、学問の道に進むことを決意し、北海道大学大学院法学研究科に入学した。30 歳を過ぎての挑戦であったにもかかわらず、一つの成果を本書として結実させることができたのは、たくさんの方々から温かいご指導とご支援をいただいたからである。すべての方々への感謝の意を個別に記すことができないのが誠に恐縮であるが、ここでは、道幸哲也先生と島田陽一先生に感謝の意を述べることをお許しいただきたい。
　道幸哲也先生は、北海道大学大学院にて労働法を学ぶことを快くお許しくださり、今日に至るまで、温かく時に厳しくご指導いただいた。道幸先生は、筆者が、本書の研究課題の深遠さにくじけそうになった時、「答えが見つからないことに耐えねばならない。考え続けることを止めてはいけない。」と

静かに諭してくださった。また、先生は、本書の完成をだれよりも楽しみに辛抱強く待ってくださった。本書が先生の学恩に報いることになればこのうえない幸せである。

　島田陽一先生は、小樽商科大学時代の恩師であり、学部生であった筆者にゼミを通じて、労働法学を学ぶ楽しさを教えてくださった。島田ゼミは、当時16人の大所帯で、個性豊かな学生が集まっていた。島田先生は、ゼミでの学問指導だけではなく、課外活動にも学部生と同じ熱さで取り組まれ、ゼミ生に、人生を通じての友人を授けてくださった。筆者も、当時の先生と同じ年齢に達し、学部生と同じ温度でゼミを盛り上げる大変さを痛感しているが、今後も、師の恩に報いるため、研究活動にも教育活動にも誠意をもって取り組んでいきたい。

　また、本書の執筆に際しては、北海道社会法研究会と九州社會法研究會において、日本の裁判例の動向等を報告し、両研究会の先生方から多くのご指導を賜った。すべての先生のお名前をここにご紹介することができないが、深甚の謝意を記して表したい。

　旬報社の木内洋育氏は、筆者の力不足から原稿の完成日が大幅に遅れてしまったにもかかわらず、最終原稿を辛抱強くお待ちくださり、出版に至るまでご尽力くださった。心より御礼を申し上げる。

　最後に、研究の道に進んだ筆者を常に支え続けてくれる父と母、妹家族に心からの感謝を記したい。警察官として45年を歩んだ父に、働くことの厳しさと社会に貢献する大切さを学んだ。母は、頑健ではない筆者を常に心配し、幼かった息子の育児を手伝ってくれた。本書は、両親の支えなくしては完成することはなかったと思う。大学院に入学したころ、筆者の腰ほどの背丈しかなかった息子は、今、見上げるほどに大きくなった。度重なる引っ越しにまったく動ぜず、笑顔で新天地に溶けこんでくれた愛息に、本書を贈りたい。

2015年10月

　　　　　　　　　　　　　　　　　　　　　　　　　　所　浩代

＊ 本書では、「障害差別」を「障害に基づく不利益取扱い」、「障害者差別」を「障害のある者に対する不利益取扱い」、と理解して記述している。

なお、「障害者差別」の用語が包摂する物事の範囲は、「障害」をどのように理解するかによって、つぎのように異なってくる。たとえば、日本の障害者基本法では、「障害」＝「身体障害、知的障害、精神障害（発達障害を含む。）その他の心身の機能の障害」、「障害者」＝「障害がある者であつて、障害及び社会的障壁により継続的に日常生活又は社会生活に相当な制限を受ける状態にあるもの」と定義されている（2条1号）。だが、このように、「障害」＝ヒトの心身の機能不全、と理解すると、「障害者差別」という用語には、心身の機能不全がない労働者に対する障害に基づく不利益な取扱いが含まれない。たとえば、今現在は日常生活を不自由なく送っている労働者が、うつ病に罹ったことがあると上司に打ち明けた後、目前に迫っていた管理職への推薦を取り消された等のトラブルに遭っても、当該労働者は、「障害者」ではないので、「障害者差別」に対する苦情処理手続を利用して、このトラブルを解決することはできない。他方、アメリカの法律であるADAでは、「障害」とは、心身の機能不全と環境との作用により個人の生活に制限が生まれている状態と考えられている。そのため、うつ病の通院歴があるために採用拒否に遭った者、うつ病を発症していると誤解されて解雇された者は、その人自身に心身の機能不全が認められなくとも、法的には「障害者」と認識される。そのため、これらの人々は、「障害者差別」に対する苦情処理手続を使って、障害に基づく雇用上のトラブルを解決することができる。

本書は、雇用における障害に基づく不利益取扱いに着目し、その法的規制のありかたを探究するものであるため、本書のタイトルも「障害者差別禁止法」ではなく「障害差別禁止法」を用いることにした。

＊ 本書は、科学研究費・研究活動スタート支援（2010年度〜2011年度）「精神疾患者の雇用における権利保障システムに関する研究」（研究課題番号：22830002）および科学研究費・若手研究(B)（2012年度〜2013年度）「障害差別禁止法のエンフォースメントと障害者政策の関係に関する研究」（研究課題番号：24730042）の助成を受けた研究の成果の一部である。

目　次

はしがき……………………… 3

序論　15
　1　課題の設定　15
　2　本書の構成　19

第Ⅰ部　アメリカの障害者法制

第1章　障害者法制の歴史的変遷 ─────── 23
　1　優生思想に基づく障害者の排除　23
　2　職業リハビリテーション事業の開始　24
　3　障害者自身による権利主張　25
　4　所得保障制度の整備　26
　5　障害者権利運動の萌芽　27
　6　障害者運動を支えた2つの理論　29
　7　連邦法初の障害差別禁止条項　31
　8　障害者権利法の拡充　32
　9　ADAの成立　33

第2章　現行の障害者法制 ─────── 35
　1　障害に基づく差別の禁止　35
　　(1)　リハビリテーション法　36
　　(2)　ADA第1編　37
　　(3)　遺伝子差別禁止法　39
　2　傷病休暇の保障　40
　3　労災補償　42
　4　使用者への働きかけ　44
　　(1)　税制　44
　　(2)　最低賃金の特例　45
　5　所得保障・就労支援　46
　　(1)　社会保障給付　46

(2)　就労支援　49

第3章　障害者の雇用状況 ── 52

第4章　障害者法制におけるADAの意義 ── 54

　1　障害者法制の歴史的展開とADA　54
　2　現行法制におけるADAの役割　56

第Ⅱ部　精神疾患とADA

第1章　ADA概説 ── 62

　1　ADAの目的　62
　2　ADA全体の内容　64
　3　ADA第1編（雇用分野）の内容　67
　　(1)　一般原則　68
　　(2)　適用事業体　69
　　(3)　適格者と合理的配慮　69
　　(4)　障害の範囲　71
　　(5)　禁止される行為　73
　　(6)　救済手続と救済内容　74
　4　雇用機会均等委員会（EEOC）　75

第2章　ADAが精神疾患に適用される場合の解釈課題 ── 76

第1節　障害の定義……………………… 77

　1　A類型　78
　　(1)　機能障害　79
　　(2)　主要な生活活動　83
　　(3)　相当に制限されている状態　89
　2　B類型　103
　　(1)　EEOCの解釈　103
　　(2)　判例の状況　104
　3　C類型　106
　　(1)　EEOCの解釈　106

(2)　1990年法下の判例　107
　(3)　2008年法改正　111
第2節　適格者………………………………　112
　1　適格者の判断枠組み　114
　(1)　職務資格の有無　114
　(2)　「職務の本質的な部分」を遂行できるか否か　117
　2　直接的な脅威の抗弁　126
　(1)　EEOCの解釈　126
　(2)　直接的な脅威に関する立証ルール　127
　(3)　判例の状況　127
第3節　合理的配慮……………………………　132
　1　合理的配慮とは　132
　2　過重な負担とは　133
　3　合理的配慮義務の規範的根拠　134
　4　合理的配慮義務の存否　136
　(1)　立証の分配　137
　(2)　判例の状況　138
　5　配慮の提供に向けた話し合い（Interactive Process）　153
　(1)　具体的な手順　154
　(2)　労働者からの申出がない場合　154
第4節　障害に基づく差別………………………　157
　1　ADA第1編における「差別」　157
　2　差別の立証　159
　(1)　差別的取扱い　159
　(2)　差別的効果　162
　3　判例の状況　163
　(1)　差別的取扱いの成否　163
　(2)　差別的効果を有する基準と抗弁　170
　(3)　障害のある者に対する嫌がらせ　171
第5節　医学的な検査と問い合わせ………………………　173
　1　規制の構造　174
　(1)　採用過程　175
　(2)　雇入れ時　176
　(3)　雇入れ後　177

2 「医学的な検査」の定義　180
　3 障害のない者に対する医学的検査　182
　4 医療情報の保管・使用ルール　184
　　(1) ルールの内容　184
　　(2) 医療情報の使用制限に関する課題　185
　5 薬物の違法使用とアルコール依存　186
　　(1) 薬物検査　186
　　(2) アルコール依存　187
第6節　第2章のまとめ―精神疾患をめぐる解釈課題……………………………188
　1 第1編の保護対象　188
　　(1) 「障害」の範囲　189
　　(2) 「適格者」の範囲　194
　　(3) 「障害」と「適格者」の解釈をめぐるジレンマ　195
　2 第1編で禁じられる行為　196
　　(1) 合理的配慮をめぐる問題　196
　　(2) 障害の基づく差別的取扱い　200
　　(3) 障害者に対する差別的効果　201
　　(4) 医学的検査の実施　201

第3章　ADAの実効性確保に関わる問題――――――――――――203

　1 雇用機会均等委員会（EEOC）　203
　2 救済手続　204
　3 救済内容　205
　4 ADRを利用した自主的な解決　207
　　(1) EEOCのあっせんの利用　207
　　(2) 仲裁付託　209
　5 検討　211
　　(1) EEOCの調査・調整手続の意義　211
　　(2) 課題　212

第Ⅲ部　日本への示唆

第1章　日本の状況 ─────────────────────── 217

第1節　障害者雇用義務 ……………………………… 217
 1　沿革　218
  (1)　第1期—精神障害者に対する支援の拡大　218
  (2)　第2期—雇用率制度における「特例適用」の開始　220
  (3)　第3期—国連障害者権利条約への対応　222
  (4)　小括　223
 2　現行制度　223
  (1)　雇用率　223
  (2)　障害者雇用納付金の徴収　225
  (3)　特例　227
  (4)　雇用義務の達成指導　229
  (5)　障害者解雇時の届出義務　229

第2節　障害者に対する差別の禁止 ………………………… 230
 1　障害者基本法　231
 2　障害者差別解消法　232
 3　障害者雇用促進法　235
 4　判例の状況　239
  (1)　賃金差別　239
  (2)　昇格差別　240

第3節　傷病者への配慮 ……………………………… 241
 1　安全配慮義務法理の発展　242
 2　安全配慮義務の具体的な内容—精神疾患の事案を中心に　245
  (1)　適正な労働時間の設定と管理　246
  (2)　作業内容の軽減　249
  (3)　就業の禁止　250
  (4)　ハラスメントの予防・抑止　251
  (5)　健康状態の把握　252
  (6)　職場内・外におけるサポート態勢の構築　253

第4節　障害者に対する措置義務 ………………………… 255
 1　障害者雇用促進法に基づく措置義務　256

2　判例の状況　258
　第5節　メンタルヘルスの調査……………………………　260
　　1　労働安全衛生法における使用者の義務　260
　　（1）　健康診断の実施　260
　　（2）　心理的負荷の把握（ストレスチェック制度）　262
　　2　判例の状況　268
　第6節　紛争の解決………………………　270
　　1　障害者差別と合理的配慮に関わる苦情　271
　　2　その他の相談・支援　272
　　3　虐待への対応　273

　第2章　日本法制の課題　――――――――――――――――　275
　　1　精神疾患にり患した者に対する雇用機会の保障　275
　　2　精神疾患に対する配慮　279
　　3　メンタルヘルス情報の把握　281
　　4　精神疾患をめぐる紛争の解決　282
おわりに……………………　284

補論　国連障害者権利条約　―――――――――――――――　285

　第1章　国際連合と障害者の権利　――――――――――――　285
　　1　世界人権宣言　285
　　2　1950～1960年代　286
　　3　1970年代　286
　　4　1980年代　287
　　5　1990年代　288
　　6　障害者権利条約　289
　第2章　障害者権利条約の内容　――――――――――――――　290
　　1　定義　291
　　（1）　障害と障害者　291
　　（2）　障害に基づく差別　292
　　（3）　合理的配慮　292
　　2　労働および雇用　292
　　3　国内における実施および監視　294

4　締約国による報告　294

付録　EEOC が公表している ADA の指針の一覧　296

索引　297

略語一覧

法令・条約
個別紛争解決促進法：個別労働関係紛争の解決の促進に関する法律
障害者権利条約：障害者の権利に関する条約
障害者雇用促進法：障害者の雇用の促進等に関する法律
障害者虐待防止法：障害者虐待の防止、障害者の養護者に対する支援等に関する法律
障害者差別解消法：障害を理由とする差別の解消の推進に関する法律
精神保健福祉法：精神保健及び精神障害者福祉に関する法律
障害者総合支援法：地域社会における共生の実現に向けて新たな障害保健福祉施策を講ずるための関係法律の整備に関する法律
労安法：労働安全衛生法
労安則：労働安全衛生法施行規則
労基法：労働基準法
労契法：労働契約法
労災保険法：労働者災害補償保険法

告示・通達
厚労告：厚生労働大臣が発する告示
基発：職業安定局長通達
発基：労働基準局関係の事務次官通達

判例集
民集：最高裁判所民事判例集
裁時：裁判所時報
労経速：労働経済判例速報
労判：労働判例

雑誌名
季労：季刊労働法
ジュリ：ジュリスト
学会誌：日本労働法学会誌
労研：日本労働研究雑誌
判タ：判例タイムズ
法時：法律時報
労旬：労働法律旬報

序論

1　課題の設定

近年、精神障害のある人[1]のなかで、職を望む人、経済的な自立をめざす人が増えている。

2014年度、精神障害のある人がハローワークへ求職の申込をした数は、6万4934件にのぼり、全体の申込数の4割弱を占めた（前年度比13.2％増）。また、精神障害のある人が、ハローワークを通じて就職を果たした数は、2万9404件となり、はじめて、身体障害のある人の就職数を上回った（前年度比23.2％増）[2]。

とはいえ、日本ではまだ、精神障害のある人が常用的な職を得ることが難しい。2013年の統計値をみると、フルタイムで雇用されている精神障害者の数（1週間の所定労働時間が30時間以上）は2万2773人であり、身体障害の21万828人、知的障害者の6万4998人と比べると、かなり少ない[3]。近年、精神障害のある人のフルタイム勤務者数は増えているが、先にみたように、精神障害のある求職者が約6万人以上も存在することを考えると、精神

---

[1] 本書では、精神疾患にり患し日常生活に相当な制限がある人を「精神障害のある人」と記述する。日本の法律や行政文書のなかで、精神障害のある人が「精神障害者」と定義されている場合には、その用語をそのままに本文に用いる。「障害」の漢字表記は、2015年時点の法律上の表記に合わせて、「障害」と記す。アメリカ法に関する部分では、「mental disability」あるいは「psychiatric disability」を「精神障害」と訳し、「person (or individual) with mental disabilities (or psychiatric disabilities)」を「精神障害者」とする。

[2] 厚労省「平成25年度障害者の職業紹介状況等」（2014年5月14日公表）。障害のある人の新規申込件数は、16万9552件。このうち、身体障害のある人の数は6万6684件（前年度比3.1％減）、知的障害のある人の数は3万998件（前年度比2.6％増）であった。

[3] 厚労省「平成26年障害者雇用状況の集計結果」（2014年11月26日公表）。2013年6月1日の数値。所定労働時間が20時間以上30時間未満の者は、身体障害者が2万1716人、知的障害者が1万4667人、精神障害者が9870人である。

障害のある人の雇用環境は、依然として厳しい状況にあるといえる。

　精神障害のある人が常用的な職を得にくいという背景には、まず、病状が落ち着きにくく、フルタイムの勤務を続けていくことが難しい等の健康上の事情が考えられる。他方、日本の職場には、精神疾患に対する偏見や恐れが根深く存在しているため、精神障害のある人が他の障害の場合よりも雇用されにくいという傾向もある。また、法制度上の課題もある。歴史的にみると、日本は、割当雇用[4]を強化していくことで障害のある人の雇用機会の拡大を進めてきたが、精神障害のある人は、精神障害に関する雇用ノウハウが確立していない等の理由から、長い間、この制度の対象から外されてきた。また、障害者雇用促進法には、事業主の責務として、障害者の能力を正当に評価し、適当な雇用の場を与えるとともに適正な雇用管理を行うことにより雇用の安定を図るように努めなければならないと定められているが（5条）、当該措置義務は努力義務であって、そのような措置をとらない使用者に障害のある人が個別に、職場環境の調整を強く要請することは、難しかった。そのため、病状の特性に対応した調整措置を受けることによって、業務の遂行における課題を乗り越えることができると思われる人であっても、適切な時期にそのような措置を受けることができず、能力を十分に発揮できないまま、雇用機会を逃してしまうという状況がみられた。

　このような精神障害をとりまく問題を解消するために、日本政府は、近年、国際動向の調査に力をいれ、障害者雇用支援施策の改革に取り組んでいる。2006年12月に、国際連合において「障害者の権利に関する条約」（Convention on the Rights of Persons with Disabilities）（以下、「障害者権利条約」と略する。）が採択され、ここにおいて、障害を理由とする差別の禁止と障害に対する合理的配慮（reasonable accommodation）の提供という規範が国際的に承認された。これも、日本国内の法制改革を牽引している[5]。日本は本条約の

---

[4]　法律によって雇用主に一定数の障害者の雇用を義務づける制度。日本では、障害者雇用促進法にその規定がある。雇用する労働者に法定された一定割合を乗じて、その数の障害者の雇用を義務づけることから「雇用率制度」とも呼ばれる。

[5]　障害者権利条約は、2008年5月に発効した。障害者権利条約については、東俊裕「障害者権利条約における差別禁止と差別の三類型（特集 障害者権利条約と日本の課題）」法時81巻4号（2009）15-23頁。

趣旨に賛同して、2007年9月にこの条約に署名し、2014年1月に批准書を寄託した。本条約は、2014年2月19日から日本国内で効力が生じている。

　批准に先立ち行われた国内法改革では、障害者基本法の改正、障害者差別解消法の制定等、障害者の社会統合をめざした立法が行われた[6]。労働法の分野でも、障害者雇用促進法が改正され、①障害者に対する不当な差別的取扱いの禁止と②障害の特性に配慮した措置義務（「合理的配慮義務」）の定めが新設された。今回の法改正は、法理論的に新たな一歩を踏み出しただけでなく、実務的にも障害者の雇用整備に関する社会的認知を高め、職場における使用者の自主的な対応を促していくものであり、その意義は非常に大きい。

　もっとも、すでに、障害差別禁止と合理的配慮の提供という2つの法規範を導入している諸外国の状況をみると、この2つの法規範を実効的に運用するためには多くの課題があることがわかる。たとえば、世界に先駆けて障害差別禁止法を導入したアメリカでは、障害差別禁止法の保護対象となる「障害者」をどのように画すればよいのか、合理的配慮義務の範囲をどこまで認めるべきか（使用者にどの程度の負担をかすべきか？）等の基本論題について、見解がまとまっていない。とくに、精神疾患については、症状が環境に応じて揺れ動く等の特徴があるため、「障害」の定義や「合理的配慮」の解釈に関して、固有の論点が多く存在する。

　そこで本書では、精神疾患を分析の軸にすえて、障害を理由とする差別の禁止と障害に対する配慮義務という2つの規範の意義と課題を法理面と手続面の両方から検討することにした。精神疾患には、病状が周囲の状況（とくに対人関係）に影響されやすい、病気の重さが客観的に把握しにくい、本人の意欲や判断力が低下して自分の権利を適切に主張することが難しくなる等、身体的な機能障害とは異なる特質がある。そのため本書では、まず、これらの精神疾患の性質を、障害差別禁止法の解釈法理にどのようにとり込んでいくべきかを検討し、つぎに、障害差別禁止法の運用にあたって、精神疾患の特質をどのように考慮していくべきかという点も考察していくことにした。

---

[6]　障害法制については、菊池・中川・川島編『障害法』（成文堂、2015年）、池原毅和『精神障害法』（三省堂、2011年）を参照。

本研究には、比較法研究の手法を用いることとし、検討対象国として、アメリカを選定した。アメリカでは、1990年に、障害のあるアメリカ人に関する法律（Americans with Disabilities Act of 1990）（連邦法。以下、「ADA」）が成立し、その第1編において、障害に基づく雇用差別が禁止されている。ADAの特徴は、障害に対して合理的配慮を提供しないことは障害に対する差別に当たる、と定められている点にある。この斬新な規制構造は、国際的に注目を集め、先の国際条約の策定にあたっても参照された。日本の障害者雇用促進法の障害者差別禁止規定は、このアメリカ型の禁止構造をそのままには採用していないが、障害者の雇用機会の平等という規範を根底において使用者に合理的配慮を義務づけており、その理論構造は通底する。そこで、本書では、各種の精神疾患におおむね共通する性質に留意しながら、ADA施行後20年を経て蓄積したアメリカの裁判例を丁寧に分析し、アメリカ型の障害差別禁止法の意義と課題を析出する。最後に、アメリカ法の検討から得られた示唆をまとめて、日本法に残されている課題を指摘したい。

　なお、ADAについては、すでに多くの先行研究があり、これらによって、ADAの制定に至る経緯や主要な論点の分析が行なわれている[7]。本書は、これらの先行研究をふまえたうえで、精神疾患という分析軸から、改めてADAの解釈法理と実効性確保の問題を総合的に考察するものであり、この点にお

---

7)　小石原尉郎『障害差別禁止の法理論—米国の雇用差別禁止法理の研究』（信山社、1994年）、植木淳『障害のある人の権利と法』（日本評論社、2011年）、中川純「障害者に対する雇用上の『便宜的措置義務』とその制約法理：アメリカ・カナダの比較研究」（一）〜（五）北海学園大学法学研究39巻2号（2003）185-238頁、同40巻2号（2004）267-349頁、同41巻4号（2006）771-825頁、同43巻1号（2007）79-142頁、43巻2号（2007）403-467頁、畑井清隆「障害者差別禁止法における差別禁止事由および保護対象者（シンポジウム　障害者差別禁止法の理論的課題：合理的配慮、障害の概念、規制システム）」学会誌118号（2011）65-76頁、長谷川珠子「障害をもつアメリカ人法における『合理的便宜（reasonable accommodation）—障害をもつ者の雇用と平等概念」法学67巻1号（2003）78-117頁、同「アメリカにおける障害者雇用の実態と2008年ADA改正法（特集　障害者権利条約と障害者雇用）」福祉労働121号（2009）32-42頁、同「差別禁止法における『障害』（disability）の定義—障害をもつアメリカ人法（ADA）の2008年改正を参考に（特集　障害者雇用の方向性を探る）」季労225号（2009）40-48頁、同「障害者差別禁止法における差別概念—合理的配慮の位置付け（シンポジウム　障害者差別禁止法の理論的課題—合理的配慮、障害の概念、規制システム）」学会誌118号（2011）77-87頁。

いて、他の研究とは区別される[8]。

2 本書の構成

第Ⅰ部では、アメリカの障害者労働法制におけるADAの位置づけと意義を指摘する。はじめに、障害差別禁止法が導入された理由を、歴史的経緯をふまえて指摘する。つぎに、現行の法制度を概観し、他の障害者雇用支援施策との関連をふまえながら、障害者法制におけるADAの位置づけを確認し、その意義を指摘する。

第Ⅱ部では、ADAが精神疾患の事案に適用される場合の課題を指摘する。はじめに、ADA全体の規制構造、雇用分野を規律する第1編の規制構造と救済手続の内容、第1編の執行を担当する連邦の行政機関「雇用機会均等委員会（EEOC）」の役割を順に説明する。つぎに、ADA第1編が精神疾患の事案に適用される場合の課題を論じる。まずは、ADAの条文解釈をめぐる課題を精神疾患に関する裁判例の分析を通じて明らかにし、その後に、ADAの実効性確保に関する手続的な課題を、司法救済とそれ以外の紛争解決手続（ADR）の有効性の考察を通じて指摘する。

第Ⅲ部では、アメリカ法の検討を通じて得られた知見をふまえて、日本の障害者労働法制の課題を考察する。1で述べたように、日本の障害者法制は、国連の障害者権利条約の批准を為すために、その内容が大きく見直され、障害者に対する差別の禁止と障害者に対する合理的配慮の提供という新たな法規範が明記された。そこで、ここでは、まず、法改革後の新たな障害者法制を概観し、その特徴を整理する。そのうえで、アメリカ法の検討から得られた示唆をふまえて日本法制の検討課題を指摘し、今後の議論でふまえるべき視点を提示したい。

---

[8] 精神障害とADAの関係を論じた先駆的な研究として、永野秀雄「〈論説〉障害のあるアメリカ人法における『精神的障害をもつ人』に対する雇用差別規制法理」法学志林98巻1号（2001）41-128頁。他に、八木原律子「海外の動向 アメリカにおける精神障害者に対する就労支援の展開— ADAのその後」社会福祉研究99号（2007）103-107頁、矢嶋里絵「『精神障害者』とADA」人文学報261巻（1995）177-192頁。

第Ⅰ部
アメリカの障害者法制

第Ⅰ部では、まず第1章において、アメリカで、障害差別禁止法が採用された歴史的経緯をふりかえり、障害者法制における差別禁止法の意義を指摘する。第2章では、現行の障害者法制を俯瞰し、ADAを補完する各種の制度を概観する。第3章では、アメリカにおける障害者の雇用状況が、ADA施行前後においてどのように変化したかを確認する。第4章では、第1章から第3章までの検討をふまえて、ADAがアメリカ障害者法制の中で担う役割について述べる。

第 1 章　障害者法制の歴史的変遷

1　優生思想に基づく障害者の排除

　障害に対する偏見やステレオタイプは、長い間、アメリカ社会に根強く存在し、障害のある人々は、社会の周縁において生活することを余儀なくされた[1]。20世紀に入っても、障害のある人々の多くは、強制的に施設に収容されて自由を制約された[2]。

　19世紀後半から20世紀前半には、障害の遺伝に着目し、劣等とされる遺伝子を排除し、優良な遺伝子を選抜するという優生学に基づく優生思想が、人々に強い影響を与えていた。その結果として、多くの州では、劣等な遺伝子の伝達を予防するという目的に基づき、施設に入所する知的障害者の結婚

---

1) 本章の記述は、以下の文献を参照している。八代・富安編『ADA（障害をもつアメリカ人法）の衝撃』（学苑社、1991年）、小石原尉郎『障害差別禁止の法理論：米国の雇用差別禁止法理の研究』（信山社、1994年）、リチャード・K・スコッチ著、竹前栄治監訳『アメリカ初の障害者差別禁止法はこうして生まれた』（明石書店、2000年）、森戸・水町編『差別禁止法の新展開』（日本評論社、2008年）45-68頁、148-151頁（長谷川珠子執筆部分）、独立行政法人高齢・障害者雇用支援機構障害者職業センター『欧米の障害者雇用法制及び施策の現状』（2011年）（「第3章アメリカ」長谷川珠子執筆部分）113-115頁、長谷川珠子「障害をもつアメリカ人法における『合理的便宜（reasonable accommodation）』―障害をもつ者の雇用と平等概念―」法学67巻1号（2003）78頁、83-84頁、矢嶋里絵「米国におけるADA法の成立とその課題（上）（下）」早稲田大学大学院法研論集61号209頁・63号299頁（1992）、Bagenstos, Law and the Contradictions of the Disability Rights Movement (2009), Bagenstos, Disability Rights Law 2nd ed., (2014) pp. 1-6, Berkowitz, Disabled Policy (1987), Colker, The Disability Pendulum (2005), Backlash Against the ADA (Krieger ed., 2003), The New Disability History (Longmore & Lauri eds., 2001), Switzer, Disabled Rights (2003), Nelsen, A Disability History of the United States (2012).
2) 1965年のアメリカ合衆国東部の3つの州にある4つの障害者施設の様子が撮影されたフォトブックには、知的障害のある児童や成人が、鍵の閉じられた狭い部屋で、集団で生活している様子が描かれている。児童が生活する部屋は、20以上の柵のついたベッドが隙間なくおかれていた。Burton Blatt & Fred Kaplan, Christmas in Purgatory (1974).

を禁じ、かつ、彼ら彼女らに対する断種手術を認める法律が制定され、実際に、断種手術が強要されていた[3]。1927年には、州の施設に入所する知的障害者に対して断種手術を認めるバージニア州法が、合衆国憲法修正14条のデュー・プロセス条項と平等保護条項に反し違憲であるとの訴えが起きたが（Back v. Bell）、連邦最高裁は、法定意見（Holmes 裁判官）において、知的障害者は「Menace（厄介な者）」であり、「州の力を弱めるもの」であるから、州は、不適格者と交わることを予防する施策を図る義務と権限があると判示し、強制的な断種手術を合憲と判断していた[4]。

2 職業リハビリテーション事業の開始

このように、20世紀に入るまで、障害者に対するアメリカ政府の対応は、障害者の居住施設を整備し、生活に必要な物資を現物供給するといった福祉的な対応に留まるものであった。この施設入所施策は、障害者を社会の周縁に隔離するといった側面が強く、障害者の社会参加を支えるという視点が欠けるものであった。

しかし、第一次世界大戦が終結し、86万人の傷痍軍人の社会復帰問題が浮上すると、連邦政府は、帰還兵の社会復帰と経済的自立を支援するために、障害者に対する職業リハビリテーション事業に力を入れるようになった[5]。

1918年には、「職業リハビリテーション法（Vocational Rehabilitation Act of 1918）」（通称：スミス・シアーズ法）が制定され、傷痍軍人に対する職業訓練事業が開始された。さらに、1920年には、「全米職業リハビリテーション法（National Vocational Rehabilitation Act of 1920）」（通称：スミス・フェス法）[6] が制定され、職業リハビリテーションプログラムの提供範囲が、軍人だけでなく、就労年齢にある一般の障害者にも拡大された。

---

[3] 1907年から1937年の間に、アメリカの32州で優生学的観点からの施設入所とそこでの強制的な断種手術を認める州法が導入された。Quinn, Paor, Blanck eds., Genetic Discrimination (2015) p. 99.
[4] Buck v. Bell, 274 U. S. 200 (1927).
[5] 注1）森戸・水町（2008）150頁。
[6] 本法は、後の「1973年リハビリテーション法」に組み入れられた。Rehabilitation Act of 1973, P. L. 93-122.

ただし、精神障害者は、これらの職業訓練事業に参加する資格がなかった。障害者が職業リハビリテーションプログラムを利用するためには、法が定める「障害」の要件を充たす必要があったのだが、先の全米職業リハビリテーション法では、「障害」が、「身体的な欠損または疾病（physical defect or infirmity）」[7]と定義されており、知的障害や精神障害のある者は「障害」の定義をみたすことができなかった。精神障害者に、リハビリテーションプログラムの利用資格が与えられたのは、そこから四半世紀ほど遅れた1954年以後のことであった。

3 障害者自身による権利主張

1930年代に入ると、障害者の権利の保障や障害者が社会に参加していくための制度づくりの必要性が、徐々に主張されるようになった。もっとも、当初、これらの権益の必要性を強く主張したのは、障害者自身ではなく、障害者を支える家族や障害者を支援する活動団体であった。障害者本人が、自らの権利を自覚し自らの手でその獲得をアドボカシー（権利主張）するようになっていったのは、1930年代の半ばに入った頃とされている[8]。

障害者自身によって立ち上げられた初めての権利主張団体として知られているのは、1935年に創設された「身体障害者連盟（League of Physically Handicapped）」である。この団体は、障害者が、国の就職支援事業（New Deal Work Program）を利用できないことに抗議し、障害者に就職支援事業を利用する権利を保障するようにと主張した。

また、1940年に設立された「全米盲人同盟（National Federation of Blind）」は、視覚障害者が道路を安全に横断できるようにする州法（白い杖をもつ歩行者の道路横断に際して、ドライバーが停車する義務を定めたもの）や、視覚障害者が盲導犬と一緒に施設を利用できるようにする州法の成立にかかわ

---

7) 障害が、先天的なものか、事故や傷病等によって生じた後天的なものかを問わない。障害の程度については、有償な就労に支障となる障害であれば、全部障害、一部障害を問わない。同法2条。
8) 注1）Bagenstos（2009）p. 13.

り、一定の成果をあげた[9]。

4　所得保障制度の整備

1950年代にはいると、地域で暮らす障害者を対象とした金銭扶助制度が少しずつ、整備されていった。

アメリカでは、1935年の社会保障法成立時に、視覚障害者に対する金銭扶助制度が設けられたが、これに加えて、1950年に、「全部永久障害者扶助（Aid to the Totally and Permanently Disabled ）」（ATPD）という重度障害者のための金銭給付制度が創設された[10]。この制度は、州が、一定の要件を充たす貧困状態の障害者に対して月額給付を支給するもので、連邦政府が州に対して補助金を支出するという形で運営された。ただし、このプログラムは、精神疾患により医療施設に入所している者等には、適用されなかった。なお、全部永久障害者扶助は、1972年の法改正により「補足的所得保障給付」(SSI)に改変された。

1956年には、既存の年金制度（老齢年金・遺族年金制度）を拡充する形で、障害年金保険給付制度「社会保障障害保険給付（Social Security Disability Insurance)」（SSDI）が整備された。SSDIは、当初、50歳以上65歳未満の障害者に支給される限定的な制度であったが、対象者の範囲は徐々に拡大された。現在は、既定の保険料（税方式）納付期間と障害要件を満たした者が受給できるようになっている（現行の受給要件は、第2章5 (1) で後述する）。

---

9) 注1) Bagenstos (2009) p. 13.
10) APTDは、「社会保障法改正法（Social Security Act Amendments of 1954)」によって設立された。P. L. 83-761,§106. 社会保障法は、もともと、高齢者、失業者、要扶養児童、母子家庭等に対する州の福祉サービスに対して、連邦政府が補助金を支出する支援プログラムを定めた法律であり、1935年に最初の法律が制定されている（「1935年社会保障法」(Social Security Act of 1935), P. L. 74-271）。社会保障法の改正経緯については、菊池馨実『年金保険の基本構造　アメリカ社会保障制度の展開と自由の理念』(北海道大学薬書刊行会、1998年) を参照。1950年改正法については、同書201頁。1935年法の内容については、同書106頁以下を参照。

5　障害者権利運動の萌芽

　1954 年、連邦最高裁は、公立学校における「人種別学制度」(黒人[11]の生徒と白人の生徒を別々の学校で受け入れる制度) が問題となった Brown v. Board of Education of Topeka (Brown Ⅰ 判決)[12]において、本制度は合衆国憲法修正 14 条 (平等保護条項) 違反に違反すると判断した。1896 年の Plessy v. Ferguson[13]の連邦最高裁判決以降、アメリカでは長きにわたって人種の隔離は平等である限り正当化される (「分離すれども平等」) と考えられてきたが、Brown Ⅰ 判決は、黒人の生徒をその人種のみに基づいて他の生徒から分離することは、彼らに劣等感を植えつけ、取り返しのつかない形でその心に影響を与える可能性があるとし、人種ごとに分離された学校は本質的に不平等であると宣言した[14]。この判決によって、黒人に対する公民権保障の問題は社会問題として注目され、黒人たちは、人種差別的対応に、勇気をもって抗議するようになった。1950 年代後半から活発になった黒人による公民権運動は、1960 年代に入ると勢いを増し、その成果は、1964 年の「公民権法 (Civil Rights Act of 1964)」の成立によって結実した[15]。

　1964 年公民権法の第 7 編は、民間の使用者等に対して、人種、皮膚の色、宗教、性、出身国を理由とする雇用上の差別を禁止している。この連邦法が成立する以前は、連邦政府、州・地方政府による雇用上の差別が合衆国憲法修正 5 条と修正 14 条によって禁止されるのみで、一般企業等による雇用上の差別的取扱いを規制する連邦法はなかった。1964 年公民権法の成立は、黒人や女性と同じように社会の劣位に置かれてきた障害者に、団結とアドボカ

---

11)　奴隷としてアメリカ合衆国に渡来したアフリカ出身の人々の子孫を意味している。肌の色が黒色であることからこのように称されるが、現在は、「African-American」と呼ばれることも多い。
12)　347 U. S. 483 (1954).
13)　163 U. S. 537 (1896).
14)　安部圭介「公立学校における人種別学制度の違憲性」『アメリカ法判例百選』別ジュリ 213 号 (2012) 80-81 頁、81 頁。
15)　P. L. 88-352. 公民権法成立に至る過程は、相澤美智子『雇用差別への法的挑戦』(創文社、2012 年) 38-58 頁。

シーの大切さを再認識させた。そして、これ以降は、障害のタイプ別に集結し、活動していた障害者たちが、同じ目的をもつ同士として結束し、統一的な権利運動を進めていくようになった。また、この時代には、Edward Verne Roberts（Ed Roberts）と Jacobus tenBroek という2人の活動家が衆目を集め、その後の障害者自立運動を牽引した[16]。

Ed Roberts は、幼いときにポリオにより四肢麻痺となったが、1962年にカリフォルニア大学バークリー校に重度の障害者としてはじめて入学を許可され、キャンパス内のコーエル病院から講義に出席するようになった。カリフォルニア大学バークリー校では、彼の入学を契機として、同じような障害をもつ学生が入学を希望するようになり、大学側も障害者のニーズに対応するようになっていった。Roberts は、障害のある他の学生と学内に障害者の権利獲得をめざす政治グループを結成した。Roberts を中心とするこのグループは、後に、「障害者自立運動（Independent Living Movement）」（ILM）の中核として活動するようになっていった。

Jacobus tenBroek は、1966年に、障害者法制のありかたに関する2つの論文を発表し注目された[17]。彼は、論文のなかで、障害者は、実際の心身の機能障害から生まれる制約によってではなく、社会の障害に対する偏見やステレオタイプによって、障害者となっていくのであると説いた。そして、障害者を施設に収容し隔離するという施策は、社会が、障害者を庇護すべき対象としてしかみていないことを如実に現していると批判し、障害者法は、「統合主義（integrationism）」に基づき進められるべきであり、各施策は、コミュニティ生活への完全参加を保障し、支援するものでなければならないと提案した。これらの論文は、障害者の権利を考えるうえでの理論的基盤を与え、後の運動にも大きな示唆をもたらした。

なお、この時期には、障害者の社会参加に不可欠な法律が一つ生まれている。1968年、連邦議会は、障害者のために、「建築物障壁除去法（Architectural

---

16) 注1）Bagenstos (2014) pp. 2-3.
17) Jacobus tenBroek, The Right to Live in the World: The Disabled in the Law of Torts, 54 Cal. L. Rev. 841 (1966), Jacobus tenBroek & Floyd W. Matson, The Disabled and the Law of Welfare, 54 Cal. L. Rev. 809 (1966).

Barriers Act of 1968)」[18] を成立させた。これにより、連邦政府からの資金援助を受けて建築される建物は、障害者が利用しやすいように設計されることになった。また、従来利用されてきた設計・建築・改築等に関する基準も、障害者がアクセスできるように見直しが求められることとなった。

6　障害者運動を支えた2つの理論

1970年初頭に入ると、障害者権利運動を理論面で支える重要なコンセプトが2つ確立する[19]。

一つは、「アンチ・パターナリズム（非家父長主義）」である。この当時、障害者は、社会の一般的な感覚では、憐みや恩情の対象として認識されていた。障害者には、「朝、何時に起きるのか」「朝ご飯は何時に食べるのか」「夜になったら、何時に床につくのか」といった日常の小さな選択さえ許されず、医療やリハビリテーションの専門家が、本人の意向を無視して、何が適切かを勝手に決めてしまっていた。障害者の多くは、この状態に強い不満を抱き、自己決定の保障を強く求めるようになった[20]。障害者にとってみれば、障害者を非力でケアしなければならない存在としてみなし、一般社会とは区別した場所で福祉サービスを提供していくことは、「かご」（施設など）におしこめて従属を強いる庇護主義（custodialism）であり、人としての自尊心と自律を踏みにじられる行為だったのである。権利活動家たちは、このような庇護主義的な福祉の提供のあり方を強く非難し、今後は、障害者の自尊心が尊重される形で福祉サービスが提供されなければならないと主張した。福祉は、障害者の自立（independence）や自律（autonomy）を支えるものでなければならないと訴えたのである。

障害者権利運動を支えたもう一つの重要なコンセプトは、障害の捉え方（定義）にかかわるもので、「社会モデル（social model）」と呼ばれている。1960年代頃までは、「障害」とは、個人の心身の機能障害（impairment）を意味

---

18)　P. L. 90-480.
19)　注1) Bagenstos（2014）p. 4.
20)　注1) 八代・冨安（1991）13頁。

するものとして理解されることが多かった。障害の重さは、医学的な視点から判断した機能障害の程度として把握されるため、このような障害のとらえ方は、後に「医学モデル（medical model）」と呼ばれるようになった。しかし、1970年初頭に社会に広まった「社会モデル」の視点から「障害」をとらえると、「障害」は、個人の心身に内在するもの（機能不全や機能欠損）ではなく、個人の身体的または精神的特徴とこれらの特徴に結びついている社会の選択や態度との相互関係の結果として生みだされる状態として認識される。このような社会モデルの見方からは、下半身の麻痺から生じた「歩けない」という状態自体は、障害の有無を決定する要素にはならない。麻痺のある者が「障害者」となるのは、麻痺のある者が移動することができない環境、たとえば、階段しかない建物、車いすなどが通れない狭いドアや廊下など、麻痺のある者が自由に移動できない状態におかれたときである。すなわち、本人の心身の状態と周囲の環境とがあいまって「障害者」という状態がつくりだされるということなのである。

　障害者権利運動の活動家は、この障害の社会モデルからの定義を基礎として、障害者政策の新たな方向性を提案した。これまでは、障害が、心身の機能障害と考えられていたために、障害者に対する施策も、個人が抱える「機能障害」へのケア、具体的には、医療や介護サービスの充実に力が注がれていた。一方で、社会モデルの視点から、障害をとらえ直すと、障害というものは、個人と周囲の環境との関係から生じる「社会的状態」なのであるから、障害状態を解消するには、個人に対するケアだけではなく周囲の環境の改善が共に必要となってくる。つまり、障害に対する政府の適切なアプローチは、個人の機能障害へのケアだけでなく、個人を取り巻く環境の改善（物理的環境の改善、法制度を含む社会制度の見直し、心理的障壁の除去）をも含むものでなければならないということなのである。

　障害者権利運動の活動家たちは、このような「社会モデル」というコンセプトを用いて、次のような政策の方向を導き出した。すなわち、障害者の社会参加を阻む様々な障壁がそのまま放置されている状態は、障害者の社会への平等な参加機会を喪失させている状態であり、これは、法的には「障害に基づく差別」が存在する状態と評価すべきである。国は、まず、この差別状

態を解消するために、障害者に機会の平等を保障することを明記した法律を整備しなければならない。

このように、障害者たちは、「アンチ・パターナリズム」と「障害の社会モデル」という2つのコンセプトを運動の根元にすえて、以後、政府に、自分たちの意志を活発に伝えていくようになった。

7　連邦法初の障害差別禁止条項

1960年代から始まった障害者権利運動は、1990年になって、アメリカ初の障害差別禁止法である「障害のあるアメリカ人に関する法律（ADA）」の成立という形で、その願いが成就する。もっとも、障害を理由とする差別を禁止する条項自体は、ADAの成立よりも前に、「リハビリテーション法（Rehabilitation Act of 1973）」の504条として採用されていた。

リハビリテーション法504条[21]
　合衆国における適格性を有する障害者は、障害のみを理由として、連邦政府から金銭的支援を受けているすべてのプログラムまたは事業において、参加の拒否、各給付の支給拒否、または差別を受けることはない。

このリハビリテーション法504条は、リハビリテーション法の改正時に、法案作成を担当した行政官らによってそっと盛りこまれたものである。この条文は、複雑なリハビリテーションプログラムに関する条項の中に紛れこむようにして配置されていたために、連邦議会では特に注目されることもなく承認に至った[22]。

しかし、この504条は、障害者に、連邦政府が補助金を支出する各種プログラムへの参加を保障するものであって、実務に与える影響が大きいものであった。法律成立後に、その影響の大きさを理解した政府は、504条の実施に必要な細則（行政規則）の施行を遅らせるという形で、意図的に504条の

---

21)　29 U. S. C. §794.
22)　注1) Bagenstos (2014) p. 5.

影響力を減じようとした[23]。一方、政府の意図に気づき、これに反発した障害者団体は、504条を所轄する保健教育福祉省（HEW）の長官 Joe Califano に、すでに完成していた規則案にすみやかに署名するように強くせまった。活動家たちは、時間をかせごうとする Califano に抗議し、彼のオフィスや自宅を含む様々な場所で、決死の座り込みを行なった。障害者の粘り強い座り込みに遭い、Califano はようやく態度を軟化させて本規則に署名し、法成立から4年を経て504条の規則は施行に至った。

8 障害者権利法の拡充

このように、1970年代は、障害差別の禁止に関する総合的な法律の制定をめぐって、政府と障害者権利団体との政治的なかけひきが展開していた。その一方で、この時期には、教育や選挙といった特定の領域において障害者の権利を保障する法律が成立し、障害者をめぐる社会環境は少しずつ改善されていった。

まず、1975年には、「全障害児教育法（Education for All Handicapped Children Act of 1975）」が成立している[24]。同法により、障害のある児童は無償で公立学校に通学できるようになり、障害者を受入れる学校には、障害児の個別的なニーズに対応した教育計画を策定する義務が課された。

また、1980年代に入ると、選挙、航空機の利用、住宅の確保などに関する障害者法が整備されていった。選挙については、1984年に、「高齢者及び障害者のための選挙アクセシビリティ法（Voting Accessibility for Elderly and Handicapped Act of 1984）」[25] が制定された。同法により、連邦の選挙が行われる際には、会場にスロープ等の設置が義務づけられた。航空機の利用については、1986年に、「航空会社アクセス法（Air Carrier Access Act of 1986）」が制定され、「航空会社は、航空移動サービスの供給において、適格性のある

---

23) ジョセフ・P・シャピロ（秋山愛子訳）『哀れみはいらない―全米障害者運動の軌跡』（現代書館、1999年）102頁以下。
24) P. L. 94-142. 同法は、後に、「障害者教育法（Individuals with Disabilities Education Act）」と改正され、連邦政府の責任が高等教育にまで拡大された。
25) 42 U. S. C. §§ 1973 et seq..

障害者に対して、障害を理由として差別をしてはならない」[26]という定めがなされた。住宅については、1988年に、「公正住宅法1988年改正法（Fair Housing Amendment Act of 1988）」[27]が制定され、居住に関する障害差別が禁止された。同法の下では、住宅の販売や賃貸に際して障害者を不利益に取り扱うこと、障害者が、費用を自己負担し、障害に適合するように住居を改造することを認めないこと、障害者が暮らし易いように居住に関わるルールや慣行等を見直すことを拒否すること等が差別にあたることとなった。

なお、1983年には、公民権委員会（Civil Rights Commission）において、1964年公民権法を改正し、「障害（handicap）」を差別類型に追加すべきだという提言がまとまり、1985年に連邦議会に改正法案が上程されたが、成立には至らなかった。

9　ADAの成立

1980年代中盤、障害者のための公民権法の成立をめざす活動家たちは、障害者の権利と障害を理由とする差別を禁じる連邦法の草案づくりに着手した[28]。草案づくりの中心となったのは、弁護士のRobert Burgdorfである。Burgdorfは、Reagan大統領下の全米障害者評議会[29]（15人の評議員で構成）の委員に指名され、1986年に、「自立に向けて（Toward Independence）」という評議会の報告書を大統領に提出し、総合的な障害差別禁止法が必要であると論じた[30]。全米障害者評議会は、2年後の1988年には、「自立の入り口

---

26) 49 U. S. C. § 41705 (a).
27) P. L. 100-430.
28) 連邦議会での審議状況については、注1）矢嶋（1992a）218-220頁、注1）小石川（1994）197-201頁。Stefan, Unequal Rights: Discrimination Against People With Mental Disabilities and the Americans With Disabilities Act（2001）pp. 6-8.
29) 「National Council on the Handicapped」、現在は、「National Commission on Disability」と改称されている。
30) 本報告書では、就労年齢にある障害者のおよそ3分の2が、社会保障給付の受給資格をみたせずに、経済的困窮状態にある、連邦の障害者政策は、所得保障に重点を置き、障害者に対する機会の平等や、自立の支援、障害の予防、自助の支援を軽視する傾向にある、連邦政府は障害者に対する機会の平等保障と自立の促進を図るために、民間部門に対して、もっと働きかけなければならないと指摘されている。とくに、雇用分野に関しては、学卒者の就労移行支援事業、援助付雇用事業、民間事業者の雇用インセンティ

(On the Threshold of Independence)」という報告書を公表し、そのなかに障害差別禁止法の素案を付した。この素案は、同年4月の第100回連邦議会（Reagan 政権）に上程されたが、会期の終了により、本格的な審議のなされる前に廃案となってしまった。

ADA 法案は、翌年の 1989 年第 101 回議会（Bush 政権）に再び上程された。議会の審議過程の状況をみると、障害差別禁止法の成立自体には大きな反対はなかったが、ADA の保護対象に HIV 感染者と精神疾患り患者を含めるべきかどうかという点に関しては、これに強く反対する議員がいたと記されている。精神的な障害のうち、知的障害については、ADA の対象とすることに反発がなかったが[31]、精神疾患については、アメリカ精神医学会が公表している「精神疾患の診断・統計マニュアル（DSM）」に定義されている症状すべてを、ADA の保護対象から外すべきだという発言をする議員もいた[32]。しかし、最終的には、障害者の権利保障を強く支持する Harkin 上院議員らの説得により、精神疾患（一部の性的志向をのぞく）を含む形で、法の保護対象の範囲（「障害」の定義）が確定し、法案は可決に至った[33]。そして、1990 年 7 月 26 日、Bush 大統領の署名によって成立した（1992 年 7 月 26 日施行）[34]。

なお、連邦裁判所は、ADA の「障害」定義の解釈などに関して、当初の立法者の意図とは異なる制限的な判決をだしていたため、これを修正するために、2008 年 9 月 25 日に ADA 改正法（ADA Amendments Act of 2008）が成立し[35]、2009 年 1 月 1 日から施行されている。

ブを高める事業、職業訓練・キャリア形成支援事業、職業あっせん事業の強化が必要とされている。
31) ダウン症の家族の証言に対しては、同情する姿勢をあらわにする議員が多かったとされる。注 28) Stefan（2001）p. 27.
32) 精神疾患にり患している者を法の保護対象から外そうという意見の背景には、精神疾患者は、他者に暴力をふるう、幼児を性的に虐待する、不道徳な行ないをする等の偏見があったとされる。注 28) Stefan（2001）pp. 6-8.
33) 1990 年 7 月 12 日に下院で 377 対 28（棄権 27）で通過、翌日 13 日に上院を 96 対 6（棄権 3）で通過した。
34) 雇用における障害差別を禁止する第 1 編は、当初 25 人以上の労働者を雇用する事業体を対象として施行され、1994 年 7 月 26 日から、15 人以上の労働者を雇用する事業体に対象が広げられた。
35) P. L. 110-325.

第 2 章　現行の障害者法制

　アメリカの障害者雇用促進施策は、連邦政府が全米規模で実施するプログラムと州が独自で行なうプログラムが並行して展開されており、非常に複雑である[1]。ここでは、障害者の雇用・就労支援に関する連邦法と連邦政府が関与する障害者プログラムに限って、その全体を概観し、アメリカの連邦政策の特徴を検討したい。

　連邦の障害者の雇用政策は、①障害者個人の能力を最大限に発揮できるように職場環境の整備を促すものと、②使用者に税制優遇措置等を図って障害者の雇用を促すもの、という2つの流れで進められている。日本やヨーロッパで行われているような割当雇用制度は採用されていない。社会保障施策としては、SSDI（障害年金給付）やSSI（社会福祉的給付）などの金銭給付制度が整備されている。ただし、アメリカでは、近年社会保障給付額の増加が常に問題視されており、福祉依存からの脱却を支援するために、就労支援事業が強化されている。以下、各法制度の内容を概説する。

1　障害に基づく差別の禁止

　障害に基づく差別を規制する連邦法には、リハビリテーション法の501条、503条、504条、障害のあるアメリカ人法（ADA）がある。リハビリテーション法は、連邦政府がかかわる事業における障害差別を規制し、他方、ADAは、民間事業主による障害差別を規制している。このほか、医療技術の発展により、遺伝子情報によって、健康上のリスクを抱える労働者をスクリーニ

---

1)　アメリカの障害者雇用法制の全体像については、独立行政法人高齢・障害者雇用支援機構・障害者職業総合センター『（資料シリーズ No.58）欧米の障害者雇用法制及び施策の現状』（2011）113-143 頁、Blanck, Waterstone, Myhill, Siegal, Disability Civil Rights Law and Policy, 3rd ed., (2014) pp. 835-873.

ングする事業主が現れるようになったため、2008年に、遺伝子情報差別禁止法（GINA）が制定された。

(1) リハビリテーション法

1973年リハビリテーション法（Rehabilitation Act of 1973）は、501条、503条、504条において、障害のある者の雇用機会の促進と、連邦政府と連邦政府から金銭支援を受けるプログラムと事業における障害を理由とする差別の禁止を規定している[2]。

501条(1)は、連邦政府と関連政府機関のメンバーが参加する障害のある労働者のための合同委員会の設置を定めている（同条(1)(a)）[3]。本委員会では、障害者の採用、配置、昇進などに焦点をあてて、各種政府機関において、これらが適切になされているかを定期的に監視し、障害者が直面している特別なニーズが充たされるように支援する。また、同条は、各連邦政府機関に、障害者の採用・配置・昇進に関する積極的措置計画の策定を要請している（同条(1)(b)）。さらに、501条は、EEOCに、州の各機関における障害者雇用の促進に向けた指針や手続の策定を求め（同条(1)(c)）、すべての連邦政府機関における障害者の雇用促進状況に関する年次報告書を、連邦議会に提出するように要請している（同条(1)(d)）。501条では、連邦政府の諸機関による障害に基づく雇用差別が直接禁止されていないが、同条(1)(b)において、障害者の雇用促進と就労環境の改善にむけた積極的措置の実施が義務づけられていることから、連邦政府と関連機関には、平等な機会を提供する使用者であることが求められると理解されている。連邦政府の各機関が雇用主となる場合の障害に基づく差別的処遇については、501条が、救済の根拠規定となる。救済の手続と内容は、1964年公民権法第7編の規定が準用される（505条(a)）。

503条は、連邦政府と1万ドル以上の契約を結ぶ民間事業体（下請け企業を含む）に対して、障害のある適格者（qualified individual with a disability）の雇用に関する積極的措置を義務づけている。2013年9月には、503条に関する行政規則が改正され、障害者雇用の更なる推進に向けて積極的措置の内

---

2) P. L. 93-112.
3) 委員会の構成委員は大統領の指名によって任命される。

容が強化された[4]。新たな規則では、職場で働く障害者の割合が、全体の7%になることが求められている。対象となる事業体は、この目標の達成状況を分析評価し、課題の克服に向けた措置を図らなければならない。ただし、この「活用目標（utilization goal）」は、あくまで、労務管理や人事決定の際の具体的な目標値として掲げられているものであり、雇用の割当や上限値ではない。したがって、この活用目標値が達成されていないことのみでは、規則違反とはならず、罰金や処罰や制裁を受けることもない。

504条は、障害のある適格者に対して、その「障害」のみを理由として、①連邦政府から資金援助を受けるプログラムや活動の参加を拒否すること、②そのようなプログラムや活動が提供する各種の給付の支給を拒むこと、③そのようなプログラムや活動において差別すること、を禁止している。504条違反に関する救済の手続と内容は、1964年公民権法第7編の規定が準用される（505条(a)(2)）。

(2) ADA第1編

アメリカでは、1973年のリハビリテーション法の改正時に、連邦政府が資金提供する事業における障害差別を禁止する504条が追加され、これにより、連邦政府から金銭支援をうける事業体による、障害を理由とする雇用上の差別が禁止されることになった。しかし、この法律は、連邦政府からの金銭支援を受けていない民間事業主には適用されないため、障害者の雇用機会の拡大に大きく寄与するものではなかった。

1980年代に、障害者の自立と社会統合を掲げる障害者運動が高まり、その成果として、社会における障害差別を包括的に規制する連邦法「障害のあるアメリカ人に関する法律」（Americans with Disabilities Act of 1990、以下、「ADA」）が誕生した[5]。このADAでは、雇用、公的機関が主管する施設・サービス、民間機関が提供する公的施設・サービスにおける障害を理由とする差別が規制されており、これにより、社会における主要な分野の障害差別

---

4) 41 C. F. R. Pt. 60-741 (2013). 施行日2014年3月24日。
5) P. L. 101-336.

が包括的に規制されるようになった[6]。

　雇用における障害差別を禁止する第1編の内容を簡単に紹介する。第1編の適用対象は、15人以上の労働者を雇用する使用者、雇用あっせん機関、労働団体、労使合同委員会であり、これらの事業体が、「適格者（qualified individual）」に対して、「障害（disability）」に基づき、差別的取扱いをすることが禁止されている[7]。ここにいう「障害」とは、(A)主要な生活活動を相当に制限する身体的または精神的な機能障害、(B)そのような機能障害の記録、(C)そのような機能障害をもつとみなされていること、という3つの状態をさす[8]。また、ADA第1編の保護を受ける「適格者」とは、合理的配慮を受けて、あるいは、受けなくとも、職務の本質的な内容（essential functions of the employment position）を遂行できる者をさす[9]。つまり、ADA第1編では、障害があるが合理的配慮を受けることによって、職務の本質的な内容を遂行できる者（適格者）に対しては、使用者は、「合理的配慮」を提供して、当該労働者の潜在的な能力をひきだす義務を負っている。ここにいう「合理的配慮」には、スロープの設置や、手話通訳者等の用意、点字書物の整備、労働時間の柔軟化、休暇（原則無給）の付与などが含まれる[10]。ただし、これらの対応が、業務運営にとって「過重な負担」（undue hardship）になる場合には、そのような配慮の申し出を拒否しても違法とはならない[11]。過重な負担となるかどうかは、雇用主の事業規模、業種、被用者数等と求められている配慮の性質や費用等から総合的に判断される[12]。

　ADA違反に関する救済の手続と内容は、1964年公民権法第7編の手続と内容が準用されている[13]。ADA違反の救済を求める者は、まず、雇用機会均

---

6) 第1編は雇用、第2編は公的機関が主管する施設やサービス、第3編は民間機関が提供する公的施設・サービスに関する規定である。第4編は、テレコミュニケーションに関する規定で、第5編は雑則が置かれている。
7) ADA 102条(a)。
8) ADA 3条(1)。
9) ADA 101条(8)。「適格性」には、「職場において周囲の者の安全や健康に危害を加えないこと」が含まれる。ADA103条(b)。
10) ADA 101条(9)。
11) ADA 102条(5)。
12) ADA 101条(10)。
13) ADA 107条。

等委員会（Equal Employment Opportunity Commission, 以下、「EEOC」）に、苦情の申立を行なう。EEOC の調査を経て、差別があったと認められる理由がある場合には、EEOC の担当官が、当事者双方に問題解決に向けた話し合いをもつように促す（調整手続）。話し合いで問題が解決されない場合には、EEOC が原告となった裁判所に救済を求めるか、苦情を申し立てた本人が原告となって裁判所に救済を求める。救済の内容は、差別行為の差止め、復職命令や採用命令を含む積極的是正措置等が用意されている。損害賠償も、補償的損害賠償と懲罰的損害賠償の 2 種類が認められている[14]。

(3) 遺伝子差別禁止法

アメリカでは、化学物質の被曝が多い職場を中心に、職業病の予防と疾病者の発見を目的とした遺伝子検査が用いられてきた[15]。雇用主は、この検査結果を利用して、被曝従業員の早期治療や職場の環境改善等を行なっていた。しかしながら、遺伝子検査の技術が進歩するにつれ、将来的に健康を保持することができる労働者を選択するという、福利厚生費の削減や生産性の向上を目的とした利用が目立つようになり、遺伝子検査を用いた雇用上の不利益取り扱いが問題視されるようになった。

このような社会背景を受けて、2000 年、Clinton 大統領は、大統領命令 13145 を発し、連邦政府との雇用関係における遺伝子差別を禁止した。そして、2008 年に、Bush 政権の下で、遺伝子情報の適正な利用と遺伝子差別の抑止を目的とした、遺伝子情報差別禁止法（Genetic Information Nondiscrimination Act of 2008, 以下、「GINA」）が制定された[16]。GINA では、第 1 編において健康保険における差別が禁止されており、第 2 編で、雇用における遺伝子情報に基づく差別が禁止されている。第 2 編の規制は、使用者、雇用あっせん機関、

---

14) 第Ⅱ部第 1 章 3(6)、第 3 章 3 を参照。
15) Rothstein, Medical Screening and the Employee Health Cost Crisis (1989) pp. 70-80.
16) P. L. 110-233. 第 2 編は、2009 年 11 月 21 日に施行された。GINA に関する文献として、甲斐克則『遺伝情報と法政策』（成文堂、2007 年）、中窪裕也『アメリカ労働法［第 2 版］』（弘文堂、2010 年）260 頁、柳澤武「遺伝子情報による雇用差別— 2008 年アメリカ GINA 制定」名城法学 60 号 (2010)566-544 頁、Prince & Waterstone, The Genetic Information Nondiscrimination Act (GINA), Quinn, Paor, Blanck eds., Genetic Discrimination (2015) pp. 114-127.

労働団体（労働組合）に及ぶ（202、203、204条）。

　GINA では、使用者が、労働者や求人応募者の遺伝子情報に基づいて、雇用に関する決定（採用、解雇、労働条件の設定、雇用上の特典）をすることが禁止されている[17]。労働者や求人応募者の家族に関する遺伝子情報を用いることも禁止されている（202条(a)）。ただし、遺伝子情報に基づく「差別的効果（disparate impact）」（1964年公民権法第7編703条(k)において認められている差別の類型）の訴えは認められていない（208条(a)）。そのほか、労働者やその家族の遺伝子情報を収集することも、原則として禁止されている（202条(b)）[18]。

　GINA の救済手続と内容は、1964年公民権法第7編の適用される使用者には、その手続が準用されている（207条(a)）（具体的な手続と救済内容は、先に述べた ADA の場合と同様である）。

2　傷病休暇の保障

　1993年家族医療休暇法（Family and Medical Leave Act of 1993、以下、「FMLA」）は、労働者に対して、出産、育児、介護のための休暇を保障する連邦法である[19]。本法は、出産休暇、育児休暇、介護・看護休暇とともに、労働者本人の傷病のための療養休暇を取得する権利も保障している。FMLA が保障している療養休暇は、障害のある労働者が、傷病の治療やリハビリのために休暇を必要とする場合にも利用される。療養休暇は、ADA の「合理的

---

17)　GINA における「遺伝子情報」(genetic information) とは、(i)当人の遺伝子テスト(ii)当人の家族の遺伝子テスト、(iii)当人の家族の傷病の発現、をさす（101条(4)(A)）。「遺伝子情報」には、性、年齢の情報は含まれない（同条(4)(c)）。
18)　例外が6つ設けられている（GINA202条(b)(1)‐(6)）。
19)　P. L. 103-3. FMLA に関する文献には、梶川敦子「アメリカにおける家族医療休暇法制の現状」同志社法学54巻3号（2002）559頁、菅野淑子「アメリカ家族休暇制度の形成 1-4 」労働法律旬報 1336 号（1994）43-52 頁、1337 号（1994）16-23 頁、1338 号（1994）28-34 頁、1339 号（1994）49-54 頁、中窪裕也『アメリカ労働法〔第2版〕』（弘文堂、2010年）(2010) 271-275 頁、Rothstein, Employment Law Cases and Materials, (2011) pp. 538-549, Walworth & Strange, Serving Two Masters: The Interaction between Family and Medical Leave Acts and the ADA, Employee Relations L. J. 18-3 pp. 461-478 (1992).

配慮」として、使用者にその取得を求めることもできるが、小規模の事業所や職場の人員構成によっては、休暇の取得が「過重な負担」と判断されて認められないこともある。FMLA は、こうした場合にも、労働者が療養休暇を取得して病状を回復させ、再び職場に復帰できるように休暇取得の権利を広く保障している。

　FMLA の内容を簡単に紹介すると、まず、本法の適用対象は、50 人以上の労働者を雇用する使用者である[20]。FMLA が保障する傷病休暇を取得できる要件は、①当該使用者に、少なくとも 1 年雇用されており（連続して雇用されている必要はない）、かつ、直近 12 ヶ月の間に 1250 時間以上を労働した者で[21]、②「深刻な傷病状態 (serious health condition)」あること[22]、である。ここにいう「深刻な傷病状態」とは、病気、けが、障害、または、心身の状況が、つぎの(A)(B)の状態にあることを意味する。(A)病院、ホスピス、滞在型医療施設における入院、(B)医療従事者による継続的な治療を必要とするもの[23]。なお、使用者は、「深刻な傷病状態」にあることを確認するために、医療従事者の証明の提出を求めることができる[24]。

　上記①②に該当する労働者は、12 ヶ月の期間に 12 週間の無給の休暇を取得することができる[25]。傷病のための療養期間があらかじめ予測できるときには、労働者は、業務の運営になるべく支障がでないように、休暇を設定する努力が求められ、かつ、少なくとも 30 日前に休暇の取得を申請しなければならない[26]。

---

20)　当年または前年における 20 週またはそれ以上の週の各労働日に、50 人以上の労働者を雇用する使用者。29 C. F. R. §825.104 (a)。
21)　FMLA101 条(4), 29 C. F. R. §825.110 (a)(2)。
22)　FMLA 102 条(a)(1)。
23)　「継続的な治療」とは、基本的には、連続 3 日以上の就労不能状態をさす。29 C. F. R. §825. 115。
24)　FMLA 103 条(a). 使用者は、労働者から提出された医療従事者による証明（診断書等）に疑いがある場合は、セカンドオピニオンに意見を求めることができる。費用は使用者が負担する。(103 条(c), 29 C. F. R. §2613 (c))。なお、この医療情報の取得は、ADA の医療情報管理ルールの例外となる。ADA の医療情報管理ルールについては、第Ⅰ部第2章第5節参照。
25)　この休暇は、連続して取得しなくてもよい。また、1 週間または 1 日の労働時間を短くする措置として休暇を消化してもよい（FMLA102 条(b)(1)）。
26)　「合理的」と思える程度の努力が求められる（FMLA102 条(e)(2)）。

FMLAには、傷病の療養のための休暇取得を保障するだけでなく、休暇を取得した後の原職復帰も保障している[27]。FMLAが適用される使用者は、傷病休暇を取得し終わった労働者を、原則として、休暇取得前の職に復帰させなければならない。原職に復帰させることができない場合には、それと同じ価値（職責、賃金、給付等の雇用条件が同等と評価できるもの）の別な職に配置しなければならない。ただし、高給の労働者の場合は、業務運営において「相当で重大な経済的支障（substantial and grievous economic injury）」があることを理由に、その労働者の復職を拒むことができる[28]。

FMLAの実施の仕組み、権限と救済手続・内容は、「公正労働基準法」(Fair Labor Standards Act、以下、「FLSA」)とほぼ同じである[29]。FMLAに基づく法的救済を求める者は、個別に、あるいは、同じ状況にある者と共に、裁判所に、喪失した賃金や所給付の支払い等を求めて提訴することができる[30]。労働長官も、労働者の利益のために提訴することができる[31]。労働省は、労働者からの苦情を受けて調査をする権限を有しているが、この申立・調査手続は、ADAとは異なり、訴訟提起の前提要件ではない。

3　労災補償

アメリカでは、各州が、独自の労災補償保険制度を整備しているため、連邦法に基づく労災補償は、州間通商の鉄道職員[32]、船員[33]、港湾労働者[34]等を

---

27) FMLA 104条(a).
28) これが適用される者は、労働者が雇用されている事業所と当該事業所から75マイル以内の全事業所において、上位10％の給与を受給している者である。FMLA 104条(b)(1)(2)。
29) 29 U. S. C. §201, et seq..
30) 労働者は、法令違反により蒙った金銭的損害（喪失賃金・喪失給付と同額）を合わせて請求することができる（付加賠償額）。ただし、使用者が、誠実に対応し、かつ、本法違反ではないと信じた合理的な根拠があると証明できた場合は、この付加賠償額は減額される。
31) 労働長官が提訴した場合は、当人は提訴権を失う。
32) Federal Employers Liability Act (FELA), 45 U. S. C. §§51-60.
33) Jones Act, 46 U. S. C. §688.
34) Longshore & Harbor, Workers' Compensation Act, 33 U. S. C. §§901-950.

対象とするものに限られている[35]。各州の労災補償法は、使用者に無過失の補償責任を課して、被災労働者に、医療給付、リハビリテーションサービス、現金給付（休業補償）を提供している。ただし、医療給付のみという州も多い[36]。各州の労災補償制度は、強制加入の保険によって担保されている[37]。日本と異なり、アメリカでは、使用者に対する民事訴訟（労災による損害の賠償請求）は認められていない。

　労災補償の対象は、雇用における事故による傷病と職業病である。職業病については、雇用との因果関係が明確ではなかったために、当初、労災補償の対象とされていなかったが、現在では、すべての州法において、職業病が労災補償の対象に含まれるようになった。

　精神疾患については、次の3つの場合に該当する場合が、業務に起因する疾患として補償の対象になり得る。①労災事故に遭って外傷をおい、その精神的ストレスによって精神疾患が発症した場合、②業務の遂行において強い精神的ストレスを受け、あるいは、業務に関する精神的ストレスが蓄積して、身体的な疾患が発症した場合、③身体的な外傷や疾患が認められないが、業務に基づく精神的ストレスが蓄積して精神疾患を発症したと考えられる場合、である。①②については、身体的な傷病が確認でき、かつ、業務との因果関係もある程度証明しやすいため、労災補償の対象として認められる事例が多いが、③については、身体的な傷病が客観的に確認できず、業務と精神疾患の発症との直接的な因果関係も証明しにくいことから、労災補償の対象として認められにくい傾向にある。なお、③のタイプを、労災補償の対象から除外している州もある[38]。

---

35)　アメリカの労災補償については、注19) 中窪 (2010) 290頁以下、ニューヨーク州とカリフォルニア州の労災補償制度とストレス性疾患をめぐる問題の考察をしたものに、徐婉寧『ストレス性疾患と労災救済』（信山社、2014年）。
36)　注19) Rothstein (2011) p. 760.
37)　労災保険は、民間の保険会社によって運用されことが一般的であるが、使用者が、保険料を自社で積み立てて運営する自家保険（self-insurance）を認めている州もある。また、州が独自に労災補償基金を設立し、その基金によって労災保険を運営している場合もある。
38)　フロリダ州、オクラホマ州など。注35) 徐 (2014) 34頁。

4 使用者への働きかけ

　障害者の雇用確保と労働条件の改善を図るため、障害者を雇用する事業主に対する税制優遇措置が設けられている。ここでは、ADA の要請に応える事業主に向けた制度を2つ紹介する[39]。また、使用者の障害者雇用意欲を高めるために、障害者の賃金を最低賃金法の提供除外とする措置もとられているので、ここであわせて紹介する。

(1) 税制

① 障害者アクセス税額控除

　「障害者アクセス税額控除（Disabled Access Credit）」は、課税対象年度の収入が100万ドル以下、または、雇用するフルタイム労働者が30人以下の、小規模事業主を対象とした税額控除制度である[40]。この対象となる事業主が、ADA で求められる事業所の環境整備を行なった場合、その費用の半額に相当する金額を、5000ドルを上限として、税額から差し引くことができる[41]。事業所の整備には、点字プリンター、拡大印刷機、音声タイプ、手話通訳の準備なども含まれる。

② 障壁除去所得控除

　「障壁除去所得控除（Barrier Removal Tax Deduction）」は、すべての事業主を対象とする所得控除制度である。事業主が、障害のある人々と高齢者のために、建物や交通移動手段に関する障壁を取り除いた場合に、その費用額を、各年1万5000ドルを上限として、課税対象所得額から控除できる[42]。先の障害者アクセス税額控除とこの障壁除去所得控除は、併用することがで

---

[39] このほか、「就労機会所得控除」（Work Opportunity Tax Credit）という、州のリハビリテーションサービスを修了した障害者を雇用した場合に適用される税額控除制度がある。なお、就労機会所得控除は、時限立法による制度で2015年4月時点では、2014年12月31日までに対象障害者を雇用した分までの申告が認められていた。
[40] 26 U. S. C. §44.
[41] 障害者のための改善費用は、250ドル以上から税額控除の対象となる。
[42] 翌年に繰り越しはできない。

きる[43]。

(2) 最低賃金の特例

1938年公正労働基準法（Fair Labor Standard Act, 以下、「FLSA」）の14条(c)では、障害によって就労能力に制限のある労働者に対して、最低賃金を下回る「特別最低賃金（special minimum wage）」を支払うことが認められている[44][45]。

雇用主が、障害者を特別最低賃金で雇用するためには、労働省の賃金労働時間局（Wage and Hour Division, 以下、「WHD」）に、賃金額を申請し、当局の認可を得なければならない。WHDでは、特別最低賃金が適用される場面として、次の3つを挙げている。①ワークセンター（地域コミュニティにおけるリハビリサービスとシェルターワークショップ（保護雇用）を提供する施設）が、雇用、職業訓練、リハビリテーションサービスを提供する場合、②病院や福祉的居住施設が、患者や入所者を雇用する場合（このような働き手は「patient worker」と呼ばれる）、③民間事業主が、特別最低賃金で障害者を雇用する場合。

特別最低賃金は、障害者の生産性に対応した額に設定されなければならない。また、その額は、近隣地域で就労している、同じ職種の障害のない労働者の、労働の質と量とを比較して、決定されなければならない（14条(c)(1)(B)）。

特別最低賃金制度は、障害があり労働能力に制限がある障害者に対しては、能力に応じて最低賃金以下の報酬を支払うことを認めて、使用者に統合的な職場での障害者雇用を促すという目的を有している。しかし、2000年会計年度に実施された統計調査をみると、その目的は充分に果たされていないようにみえる[46]。2000年度では、5600の事業所が特別最低賃金を適用して42万

---

43) 費用額を、両方の制度に重複して申請することはできない。26 U.S.C.§44(d)(7).
44) P. L. 99-486.
45) 2014年時点で、アメリカの連邦最低賃金額は一律で時給7.25ドルである（2009年7月24日から有効）。州によっては、独自の最低賃金法が制定されている。
46) US GAO, Special Minimum Wage Program: Centers Offer Employment and Support Service to Workers with Disabilities, But Labor Should Improve Oversight (2001), pp. 3-4, http://www.gao.gov/new.items/d01886.pdf（最終閲覧2015年10月21

4000人の障害者を雇用している。もっとも、特別最低賃金を利用している事業所の内訳をみると、86％が障害者の就労移行支援事業を営むワークセンターで占められていて、一般事業主がこの制度を活用している割合は、全体の9％程度である。また、一般事業主が特別最低賃金制度を障害者に適用する場合には、障害のない者が同じ仕事をする場合の約半分に設定することが多い（平均時給は2.50ドル）。特別最低賃金で働く障害者の86％が、パートタイマー（所定労働時間週32時間以下）であった。

5 所得保障・就労支援

(1) 社会保障給付

障害者の所得保障を目的とする金銭給付プログラムは、1935年社会保障法の成立時に設けられた「視覚障害者扶助（Aid to the Blind）」から始まった[47]。その後、1950年の社会保障法改正によって、重度障害のある者に向けた「全部永久障害者扶助」が導入され、1972年の社会保障法改正の際に、この2つのプログラムは、「補足的所得保障給付（Supplemental Security Income）」（SSI）に統合された[48]。また、1956年の社会保障法改正において、障害年金保険給付「Social Security Disability Insurance」（SSDI）が創設された。

障害者に対する医療保障については、公的医療保険（Medicare）と公的医療扶助（Medicaid）が整備されている。以下、各制度の内容を簡単に紹介する。

① 障害年金（SSDI）

SSDI（Social Security Disability Insurance）は、社会保障法に基づき創設

日）．
47) アメリカの社会保障制度の歴史的沿革は、藤田・塩野谷編『先進諸国の社会保障7 アメリカ』（東京大学出版会、2000年）、SSDIについては、菊池馨実『年金保険の基本構造・アメリカ社会保障制度の展開と自由の理念』（北海道大学図書刊行会、1998年）、SSA, Annual Statistical Report on the Social Security Disability Insurance Program 2013, (December 2014) http://www.ssa.gov/policy/docs/statcomps/di_asr/index.html（最終閲覧2015年10月21日）
48) 同改正法は、1974年1月1日施行。

された障害年金「社会保障障害保険給付」である。SSDI は、①社会保障法が定める「障害」の定義を充たし、かつ、②保険料を一定期間納付した場合に支給される[49]。資産調査は行なわれない。

①における「障害」とは、「医学的に判断される身体的または精神的な機能障害のために実質的な収入をもたらす活動（SGA）に従事できないこと。この機能障害は、死に至ることが予想されるものか、または、少なくとも12ヶ月以上継続して存在するものをさす」である[50]。したがって、SSDI を受給している間に、職を得て、その収入がSGA の収入基準を超えると[51]、「障害」の定義に該当しなくなるため、SSDI を受給できなくなる[52]。

②の保険料納付期間は、SSDI 満額受給の場合、給与支払税を10年間（120ヶ月）納付している必要がある[53]。10年の納付期間を充たす前に障害を負った場合は、障害を負う前の10年間に少なくとも5年の納付期間が必要である[54]。

給付額は、労働者の平均賃金に基づき算定される。労災保険給付や公務災害を対象とした障害給付を受給している場合には、支給調整によりSSDI が減額される。また、正当な理由なくして職業リハビリテーションの参加を拒絶した場合にも減額される。

SSDI の支給は、申請から5ヶ月後に始まり、65歳の誕生日の前まで支給される。65歳に達した後は、老齢年金保険給付に移行する。

SSDI の受給者は、受給後2年たつと Medicare（公的医療保険）の加入資格を得る（Medicare については、③で後述する）。

---

49) アメリカは税方式で保険料が徴収されるので、「payroll tax」（給与支払税）を所定期間納付することになる。
50) 社会保障法 223 条(d)(1)(A)。55歳以上の視覚障害者については、別の要件が定められている。同法 223 条(d)(1)(B)。
51) SGA（実質的有給活動）とは、月収1040ドル以下の活動（視覚障害者以外）、視覚障害者は月収1740ドル以下の活動を指す（2013年度）。
52) ただし、収入額がSGA のレベルに達した場合にも、ただちにSSDI の受給が停止されるわけではない。SSDI では、受給者の収入が安定するまでSSDI の給付を継続する「トライアル就労期間（Trial Work Period）」という仕組みが設けられている。
53) アメリカでは、保険料（保険税）支払期間の単位が「credit」で計算される。1年が4credit（1credit＝3ヶ月）であり、満額受給するためには40credit が必要である。
54) 若年者は、5年の納付期間も満たせない場合があるので、さらに少ない納付期間が設定されている。

② 公的扶助（SSI）

SSI（Supplemental Security Income,「補足的所得給付」）は、一定のカテゴリーに属する低所得者（障害者、高齢者、児童、児童の扶養義務者、妊婦）を対象とした公的扶助制度であり、SSDIと同じく社会保障法にその定めがある[55]。SSIは、連邦政府から経費援助を受けて州政府が運営している。SSIは、他の金銭給付制度を利用してもなお困窮状態にある者に対する社会保障制度であるため、州が独自に提供する扶助制度がある場合には、そちらの支給額を考慮し、不足分を補う形で支給額が算定される[56]。

障害者としてSSIを受給するためには、社会保障法が定める「障害」の定義を充たし（先のSSDIにおける「障害」の定義と同じ。視覚障害は別要件。）、かつ、収入が所定の基準以下でなければならない。SSIは、無拠出の金銭給付制度であるため、受給前に資産調査が行われる[57]。なお、2015年の支給額（上限額）は、1人当たり月額733ドル（日本円に換算すると約8万6000円[58]）、配偶者がいる場合は、2人で1100ドル（約13万円）である。

SSDIとSSIは、同時に受給することができるが、その場合は併給調整がなされ、SSIの支給額が減額される。

SSIの受給者の多くは、Medicaid（公的医療扶助）を利用して医療サービスを受ける。SSDIとSSIの併給者（障害要件に該当する低所得者）は、Medicareの加入資格も得ることができるので、両方の医療保障制度を補完的に利用することができる。

③ 医療給付

所得が低く民間の医療保険に加入できない者については、公的医療保障制

---

[55] SSIについては、SSA, SSI Annual Statistical Report 2013（September 2014）を参照. http://www.ssa.gov/policy/docs/statcomps/ssi_asr/2013/ssi_asr13.pdf（最終閲覧2015年10月21日）。
[56] 2013年時点で、44の州とコロンビア特別区において、州独自の扶助プログラムが実施されている。注54）前掲 SSA 2013 Report p. 10.
[57] 2015年度時点では、個人資産2000ドル未満（カップルは3000ドル未満）である。前掲 SSA 2013 Report, p. 4.
[58] 1ドル＝118円（2015年4月時点のレート）で計算した場合。http://www.ssa.gov/OACT/COLA/SSI.html（最終閲覧2015年10月21日）。

度が用意されている。連邦全体で実施されている公的医療保障制度には、「Medicare」(医療保険) と「Medicaid」(医療扶助) がある[59]。Medicare は、連邦政府が管掌する医療保険で、65歳以上の高齢者と障害者を対象としている。Medicaid は、州が主導する医療扶助で、低所得者すべてを対象としており、費用は連邦政府と州が分担している。

　なお、アメリカでは、すべての国民をカバーする公的な医療保険は整備されていない[60]。そのため、国民の多くは、民間の医療保険の中から、自分に必要なサービスを選択して加入することになる。雇用主が、民間の保険会社と提携して、福利厚生の一環として、安価で加入できる医療保険を提供している場合は、そちらが選択される場合が多い。ただし、民間医療保険には、利用上限が設定されており、障害者が必要としているサービスを充分にカバーするには至っていない。たとえば、車いす、松葉づえ、人工呼吸器等の費用は保険の対象外という場合が少なくない。精神疾患に対する診療も、対象となる診療や薬剤の範囲が狭く、対象外の医療サービスの費用を全額自己負担しなければならないという問題がある。精神障害のある労働者は、高額な医療費を払いきれず、症状が悪化して職を失うことも多い[61]。

(2) 就労支援

① 労働力投資法 (WIA)

　労働者への就職支援については、1998年労働力投資法 (Workforce of Investment Act of 1998, 以下、「WIA」) に基づいて自治体に設置された「労働力投資委員会 (Workforce Investment Board：WIB)」が、地域に「ワンストップ・キャリア・センター」を整備して、関係機関と連携して、総合的

---

59) このほか、Medicaid の加入資格は認められないが、民間の保険に加入できない低所得家庭の児童を対象とした医療保険プログラム「Children's Health Insurance Program (CHIP)」がある。
60) Obama 大統領は、無保険者をなくすための医療保障改革に取り組んだ。この改革では、すべての国民をカバーする単一の公的医療保険制度の創設は実現しなかったが、民間の保険への加入が義務づけられた。アメリカの医療保障については、加藤・西田編『世界の医療保障』(関ふさ子「アメリカ」171-191頁) (法律文化社、2013年) 参照。
61) 注1) Blanck (2014) p. 858.

な相談・支援サービスを提供している[62]。ワンストップ・キャリア・センターは、障害の有無にかかわらず、だれでも利用することができる。

ワンストップ・キャリア・センターが提供するサービスは、多岐にわたる。職業教育訓練プログラムの紹介、求職情報の提供、キャリアプランの策定、就労能力の評価、起業支援等である。また、生活全般に関する相談も受け付けており、育児支援の情報提供、住居や医療保険の相談にも応じている[63]。

2003年からは、ワンストップ・キャリア・センターの提供サービスに、障害のある労働者のための支援「Disability Program Navigator（DPN）」が追加された。DPNは、連邦労働省（DOL）と連邦社会保障局（SSA）が共同出資して創設したプログラムであり、障害のある労働者（とくに社会保障給付を受給している者）を対象として、経済的自立と社会統合に向けたきめ細かい就職支援を行なっている[64]。

② 労働チケット労働意欲促進法（TWWIIA）

障害者に向けた就職支援としては、他にも、「労働チケット自助プログラム（Ticket to Work and Self-Sufficiency Program）」がある。

労働チケット自助プログラムとは、1999年労働チケット労働意欲促進法（Ticket to Work and Work Incentives Improvement Act, 以下、「TWWIIA」）[65]に基づき社会保障局が展開する事業で、SSDIかSSIを受給する障害者（18歳から64歳まで）が職を得て経済的に自立できるように、必要なサービスを紹介し就職を支援する。プログラムには、無料で参加できる。

本プログラムへの参加を希望する者（社会保障給付受給者）は、事業参加を認められた機関[66]、または、州の職業リハビリテーション局に、プログラム

---

62) アメリカの職業訓練制度について、原ひろみ「アメリカの職業訓練施策の現状と政策評価の取組み―労働力投資法を取り上げて」日本労働研究雑誌579号（2008）42頁以下、日本労働研究機構『公共職業訓練の国際比較研究―アメリカの職業訓練』資料シリーズNo. 96（1999）、沼田雅之「アメリカ合衆国の職業教育・訓練に関する法制度」学会誌98号（2001）175-189頁がある。
63) 注1) Blanck (2014) p. 839.
64) 注1) Blanck (2014) pp. 839-840.
65) P. L. 106-170.
66) 「雇用ネットワーク（Employment Notworks：ENs）」と呼ばれる。民間の事業者と公的機関の両方が参加している。

の参加を申し込む。申し込みが受理されると、受理機関が、参加者に適したサービスを紹介する。本プログラムで利用できるサービスには、キャリアカウンセリング、職業研修、職業リハビリテーション、職業紹介、就職後の継続サポート等がある。

　プログラム参加者は、一定の間、社会保障給付を受けながら（Medicaidの加入資格も保持しながら）就労し、自分の適性や能力を試すことができる[67]。障害者は、就職に興味があっても、働き始めて社会保障給付を受給できなくなった後に、健康状態が悪化して経済的に立ち行かなくなることを恐れて、なかなか就職に気持ちが向かないという傾向があるから、本プログラムは、障害者がそのような経済面や医療面の不安を感じることなく、自分の能力を試す期間を持つことができるように設計されている。

---

67) プログラム参加者が、この事業を通じて条件のよい職につき、一定額の収入確保できるようになると、収入額に応じて社会保障給付の支給額が減額され、一定額を超えると支給停止となる。

第 3 章　障害者の雇用状況

　第1章と第2章でみてきたように、アメリカでは、1970年代から障害者の社会統合を促進する法制度が整備され、障害者に対する雇用支援制度の拡充されてきた。1990年に成立したADAは、障害者に対する雇用差別を禁止し、障害に対する合理的配慮の提供を義務づけるものであり、障害者の雇用機会を拡大させる効果が期待されていた。しかし、ADA施行後に実施された各種の統計をみる限り、これらの施策は、期待されたほどの成果をあげていない。

　たとえば、Cornell大学のチームは、1980年から2008年までの28年間に渡って障害者の雇用状況を調査した[1]。この調査の結果をみると、障害者の雇用率がもっとも高かったのはADA施行前の1989年時の28.8%であり（障害のない者は78.2%）、ADA施行後にはその値が徐々に低下して2008年時点には17.7%に落ち込んでいた（障害のない者は79.2%）。

　近年でもその状況は変わっていない。連邦労働省労働統計局の2013年調査報告によると[2]、障害者の雇用率は17.6%、障害のない者の雇用率は64.0%であった[3]。どちらのグループの数値も、前年の数値と比べて大きな差はない。なお、障害者の失業率は13.2%、障害のない者の失業率は7.1%であった。失

---

1)　Bjelland, Burkhauser, Schrader, Houtenville, Cornell University ILR School, 2009 Progress Report on the Economic Well-Being of Working-Age People with Disabilities. 調査結果の詳細とADAの成果の分析は、拙稿「アメリカの障害者雇用政策―障害差別禁止法（ADA）の成果と課題―」海外社会保障研究171号（2010）62-71頁を参照。
2)　United States Department of Labor, Persons with a Disability: Labor Force Characteristics 2013, BLS News Release, June 11, 2014.
3)　なお、本調査では、次の6つの項目のいずれかに「yes」と答えた者を「障害者」と分類している。①聴覚障害、または、聴力に深刻な問題がある。②視覚障害、または、眼鏡をかけても視力に深刻な問題がある。③身体面、精神面、感情面の問題があるために、集中力、記憶力、判断力に深刻な問題がある。④歩行や階段の昇降が非常に難しい。⑤着替えや入浴を行なうことが非常に難しい。⑥身体面、精神面、感情面の問題があるために、簡単な用事（通院する、買い物に行く等）を1人で足すことが難しい。

業率は、障害のない者の数値が前年より減少しているのに対し、障害者の数値は前年とほぼ変らなかった。

　雇用形態をみると、雇用されている障害者の34％がパートタイム勤務である。障害のない者のパートタイム勤務は19％であり、障害があると、フルタイムの仕事に就きにくいという事情が見受けられる。勤め先をみると、雇用されている障害者の14％が、連邦政府、州政府、地方政府の機関に雇用されていた。これは、障害のない者の割合と変わらない。

　なお、障害者の10人に8人が、労働市場に参加していない状態つまり、雇用されておらず、就職活動もしていない状態にあった。一方、労働市場に参加していない障害のない者の割合は、10人に3人である。この背景には、障害者の46％を65歳以上の者が占めているという事情があるが、他にも福祉的給付に依存し、就労意欲が低い障害者も相当数おり、そのグループが障害者の雇用率の伸びを抑えているという事情が推測される。

第4章　障害者法制における ADA の意義

　第I部では、第1章において、アメリカにおける障害者法制の歴史的展開を概観し、障害の新たな捉え方が障害者政策の方向性を「福祉から権利へ」と変化させたことを確認した。第2章においては、現在のアメリカの障害者労働法制の体系を社会保障制度にまで広げて俯瞰した。第3章においては、障害者雇用に関する統計資料を参照し、ADA を主軸に複線的に展開するアメリカの障害者雇用施策の効果を確かめた。第3章の検討においては、障害者雇用率が、ADA の施行前後によって大きく変化せず、当初期待されていたほどの成果が表れていないことが明らかとなった。第4章では、第I部の総括として、アメリカの障害者法制における ADA の意義を述べたい。はじめに、ADA が障害者法制の歴史的展開に与えたインパクトを考察し、ついで、現行法制において ADA が期待されている役割を述べる。

1　障害者法制の歴史的展開と ADA

　第1章でみてきたように、アメリカでは20世紀の前半まで、障害に対する嫌悪感、とくに知的障害や精神疾患に対する嫌悪や偏見が強く、障害のある者の多くが、閉鎖的な施設で隔離された生活を強いられた。当時は、優生思想が人々に強い影響を与えており、知的障害者への強制的な断種手術が法律によって正当化されていた。第一次世界大戦が終結し、傷痍軍人が多数帰還してくると、政府は、彼らの職場復帰を支援するために、職業リハビリテーションプログラムを創設した。国による職業リハビリ事業の対象者は、その後、一般の障害者まで拡げられていったが、精神疾患にり患している者については、リハビリ訓練の効果が期待できないと考えられて、長い間、リハビリプログラムの利用資格が与えられなかった。
　1950年代に入ると、障害者に対する所得保障制度が創設された。はじめ

に、重度障害者に対する金銭扶助制度（ATPD）が設けられ、つぎに、社会保障障害保険給付制度（SSDI）が整備された。

　このように、1950年代までのアメリカの障害者政策は、職業リハビリテーションプログラムと所得保障給付の充実に力が注がれていた。この背景には、①障害者は、心身の機能が低下しているために生活能力が減退しており、まずは、心身の機能をリハビリテーションによって向上させることによって、社会復帰を目指すべきだという考えと、②リハビリプログラムを完遂しても個人の機能障害を克服することができない障害者については、社会全体で彼ら彼女らを庇護しなければならないという考えがあった。この時代は、障害者は庇護すべき対象という考えが強く、障害者の自己決定（または自律）や統合的な環境における自立的生活という、市民的自由に基礎を置く視点が抜けていた。

　しかし、黒人の公民権運動に示唆を受けた障害者は、1960年代に入り障害者権利運動を活発化させ、障害者の自立と社会統合を社会全体に要望した。この運動は、まず、教育の分野で実を結んだ。障害児の公教育の無償提供と個別ニーズに配慮した教育計画の策定を義務づける法律が誕生し、これを機に障害者を取り巻く環境も少しずつ改善されていった。

　1970年代に入ると、「障害」を個人の抱える機能障害とその個人を取り巻く環境との相互関係のなかでとらえていく「社会モデル」という新たな障害概念が社会的に浸透していく。この社会モデルの考え方は、障害の克服は、個人の努力の問題に留まるものではなく、社会全体の構造にまで視野を広げて取り組まなければならない問題なのだという意識を導き、ここから障害に対する「合理的配慮」という概念が発生した。また、1970年代半ばには、障害を理由とする差別を禁止する条項がはじめて連邦法の中に取り入れられ（リハビリテーション法504条）、これがADA成立の足がかりとなった。

　1980年に入ると、障害者のための公民権法を求める運動が活発になった。「障害」は、だれでもが経験しうる自然な生活体験であり、物理的・心理的・社会的な障壁やその障壁を緩和する調整措置との関係において、障害の制約度は強くも弱くもなる、「障害」は変化し続ける概念なのだという理解が広まっていった。法律分野にもこの考えが浸透すると、選挙、航空機の利用、

住宅の確保等の領域において、障害を理由とする差別を禁止し、障害者のアクセスを保障する法律が整備されていった。

1980年代後半には、全米障害者評議会（現 NCD）が、障害者に対する差別を規制する総合的な法律の制定が必要であるとする報告書をまとめた。これに基づき、ADA の素案が連邦議会に上程され、一度は廃案となったものの、1991年の第 101 回議会において再び上程されて承認され、Bush 大統領の署名を経て、ADA 成立となった。

Bush 大統領が、ADA 署名式の大統領演説のなかで「この歴史的な ADA への署名は、すべての障害のある男性、女性、児童に対し、かつて閉ざされた扉を開いて、平等、独立、自由の新しく輝かしい時代をもたらすものであります。」と述べたとおり、現在では ADA が、アメリカの障害者法制の象徴となっている。ADA は、障害に対する偏見を取り除き、心身の機能障害による制約を緩和させる措置を社会に求め、障害者が能力を最大限に発揮させる手助けをし、障害者の社会への完全参加の保障を図るものである。アメリカの政策姿勢を体現したこの法律は、国際的に注目され、諸外国の障害差別禁止法に示唆を与えた。

ADA の成立によって、アメリカの障害者労働法制の方向は、リハビリによる機能回復と所得保障という社会福祉的アプローチから、雇用機会の平等保障と職場環境の整備・能力開発という権利保障的アプローチへ移った。ADA の雇用分野における成果については、雇用率等の上昇という具体的な形で現れていないだけに、批判的な見方をする識者も少なくないが、ADA は、アメリカの障害者労働法制の規範的な面に強い影響を与えており、その歴史的意義は大きい。

2　現行法制における ADA の役割

アメリカの雇用社会は、19 世紀末から、解雇自由の原則（employment at will）が支配しており、労働協約、あるいは、制定法によって特別の制限がない限り、期間の定めのない当事者は、いつでも自由に特別な理由を有する

ことなく、雇用契約を解約することができる[1]。

　しかし、そのような契約の自由（とくに選択の自由）を尊重する社会の中では、黒人、女性、障害者などの社会的マイノリティに位置するグループは、良い条件の職を得ることが難しかった。そこで、雇用の機会平等を保障するために、1964年公民権法第7編をはじめとする一連の雇用差別禁止法が整備された。ADAも、その流れをくむ差別禁止立法である。ADAは、心身の機能の一部が喪失・減退していても、一定の調整措置を受けることによって、雇用主が求める業務を遂行できる者（障害のある適格者）に対して、必要な調整措置を職場で受けられる権利を付与し（正確には、雇用主に調整措置を図る義務を課し）、障害者が自身の就業能力を最大限に発揮して経済的な自立を確保できるように支援している。しかし、ADAの利益を享受するためには、ADAが定義する「障害」に該当する必要があり[2]、法定要件に該当するまでには至らない程度の傷病を抱えている者（傷病のために、健康な労働者ほどには働けない者など）は、ADAが障害者に保障している合理的配慮を受けることができない。また、ADAの障害要件に該当したとしても、傷病が重篤で、一定の調整措置を受けたとしても雇用主が求める業務を充分に遂行することができない者は、「適格者」には当たらないので、ADAが障害者に保障する利益をやはり享受できない。第Ⅱ部で詳しく検討するが、連邦裁判所は、ADAの保護範囲をかなり狭く解する傾向にあったため、ADAが施行されても、その法的利益を享受して、雇用機会を確保できる障害者（障害のある適格者）は、ごく一部に限られていた。2008年に障害の要件を広く解釈するための法改正がなされたが、それでも、ADAの条件をクリアできる者は今もそう多くない。

　とはいえ、ADAの現行法制における役割は、障害者雇用率の具体的な改善といった政策的効果にのみ求められるものではないであろう。ADAは、障害者に対する機会の平等、障害を理由とする差別的処遇の禁止、障害者の社会統合という規範を職場全体で確認し、雇用主に対して、職場にある様々

---

[1]　解雇自由の原則については、中窪裕也『アメリカ労働法〔第2版〕』（弘文堂、2010年）305-313頁。小宮文人『英米解雇法の研究』（信山社、1992年）。
[2]　ADAの障害定義については、第Ⅰ部第2章1(2)と、第Ⅱ部第2章第1節を参照。

な障壁の除去に自主的に取り組むように促すという、行為規範としての重要な役割を担っている[3]。また、ADA に該当する障害者に対しては、違法な行為に対する行政的救済（EEOC による調査と調整）と司法救済を提供し、ADA が保障する権益を実現する基盤を提供している。

　ただ、アメリカ社会に生活する障害者全体に就労の機会を実質的に広げるためには、ADA に代表される差別禁止立法だけではなく、それを補完する就労支援施策が必要である。そのため、第 2 章でみたように、アメリカでは、FMLA の傷病休暇制度や労災に対する補償制度、各種の就労支援事業（職業スキルの向上プログラムや、就職に向けたリハビリプログラム、適職を見つけるためのマッチングプログラム、就労に移行するまでの所得保障プログラム等）が複線的に展開されており、障害者の多様なニーズへの制度的対応がなされている[4]。また、障害者雇用のインセンティブを高めるために、使用者への税制優遇制度や特例最低賃金制度なども用意されている。契約の自由を尊重し、割当雇用のような強行的なアプローチが受けいれられにくいアメリカでは、このような障害者の雇用機会が任意の形で増えるように誘導する仕組みが好まれる傾向にある。

---

[3]　ADA 施行後は、障害者に対する差別の是正に自主的に取り組む職場が増えている。2004 年に公表された資料によると、ADA 施行後は、年々、雇用における障害差別が「ずいぶん減少した」と感じる者の割合が増えた。具体的には、採用差別を受けたと感じる者の割合が、1998 年には 58％であったが、2000 年には 51％まで減少し、2004 年には 31％になった。昇進拒否については、1998 年が 34％、2000 年は 29％、2004 年に 12％となった。責任の重い仕事に就けなかったと感じる者の割合も、1998 年が 43％、2000 年は 32％、2004 年に 14％になった。NOD-Harris Survey of Americans with Disabilities, Survey of Americans with Disabilities: 2004, http://nod.org/research_publications/surveys_research//survey_americans_disabilities_2004（最終閲覧 2015 年 10 月 21 日）。

[4]　Bush 大統領は、ADA 施行 10 年を機に「New Freedom Initiative」という文書を公表し、障害者施策は新たな段階に進まなければならないとして、雇用に関しては、次の 4 つの重点目標を提示した。①PC ネットワークを活用した在宅勤務の拡大、②自分にあった職業訓練を自ら選ぶことができる「就労チケット」の活用、③ ADA の完全施行、③就労場所までのアクセス手段の刷新。President Bush, The New Freedom Initiative, February 1, 2001.

第Ⅱ部
精神疾患と ADA

「障害のあるアメリカ人に関する法律（Americans with Disabilities Act of 1990）」（以下、「ADA」）は、1990年に成立した全部で5編から成る連邦法であり[1]、障害者に対して、機会の平等保障、社会への完全参加、自立生活、経済的自足を保障するために、障害者に対する差別を禁止し、障害を緩和・除去するための合理的な配慮をうける利益を保障している。

第Ⅱ部では、まず、第1章において、ADAの目的と全体の構造を紹介する。ADAの全体を概観した後に、雇用分野における差別を規制する「第1編（Title Ⅰ）」の規制内容をおおまかに解説する。ADA第1編の施行については、連邦の独立行政委員会「雇用機会均等委員会（Equal Employment Opportunity Commission）」（以下、「EEOC」）が重要な役割を果たしているので、EEOCの活動内容もあわせて紹介する。なお、ADAは、2008年の改正法により、1990年法の一部が変更されている[2]。そこで第1章では、まず、現行法（2008年改正の内容を含んだもの）を概観し、1990年立法当時の内容や改正に至った経緯については、第2章の各部分で詳しく論じることにする。

第2章では、ADAが精神疾患の事案に適用される場合の解釈課題を考察する。ADA第1編の規制は、「いかなる適用事業体も、適格者に対して、障害に基づいて、求人手続、採用、昇進又は解雇、報酬、職務研修、その他の労働条件、雇用上の特典に関して、差別してはならない」という一文が中軸となっている（102条(a)）。なお、ここにいう「差別」には、労働者個人が抱える障害を緩和・除去する調整措置、いわゆる「合理的配慮」を図らないことや、労働者に対する医学的な検査や問い合わせをADA第1編が定める方法に基づいて行なわないことが含まれる。そこで、第2章では、①障害の定義、②適格者の範囲、③差別にあたる行為、④合理的配慮の内容と範囲、⑤医学的検査や問い合わせのルールの5つに焦点をあてて、これまでの裁判例を分析し、すべての障害に共通する解釈問題と、とくに精神疾患の事案で問

---

1) P. L. 101-336, ADAの正式名称は、「An Act to establish a clear and comprehensive prohibition of discrimination on the basis of disability」。1990年7月26日成立。雇用に関する規制は、1992年7月26日までは、25人以上の労働者を雇用する使用者等を対象とする過渡的施行であったが、1994年7月26日に、15人以上の労働者を雇用する使用者等を対象として完全施行された。
2) Americans with Disabilities Act Amendment Act of 2008, P. L. 110-325.「ADAAA」と略される。

題となる点について論じる。

　第3章では、ADAの執行に関わる問題を考察する。精神疾患にり患している労働者、とくに、うつ病をはじめとする気分障害、パニック障害などの不安障害に罹っている者は、行動意欲や判断力が平常時に比して低下することが多く、ADAが障害者に対して保障している権益[3]を、自らの手で実現していくことが難しい。そこで、第3章では、まず、ADAの執行手続や実効性確保に関するシステム（ADRの活用等）の内容を概観し、ついで、ADAの救済手続の意義と課題を指摘する。

---

3) 合理的配慮を求めることや差別の救済をもとめて苦情を申し立てること等。

第1章　ADA 概説

1　ADA の目的

　ADA の冒頭には、「事実の認識と目的（Findings and Purposes）」という章が置かれており、障害者がこれまで置かれてきた境遇が説明されている（2条(a)）。1990年代以前のアメリカ社会のありようが自省とともに叙述されている部分であり、ADA の立法背景を理解するうえで重要である。
　また、事実の認識の後には、ADA の目的が4つ掲げられている。この冒頭部分を邦訳して、以下に引用する[1]。

ADA 2 条
(a)　事実の認識——連邦議会は、次のように認識する。
　(1)　身体的または精神的障害は、個人の有する、社会のすべての側面に完全に参加するという権利を損なうものではないが、いまだに、身体的または精神的障害のある人々は、差別のために、そのような権利の行使を妨げられている。そのほか、障害の記録をもつ人々、または、障害があるとみなされた人々も、同じように差別を受けていた[2]。

---

[1]　1990年法の邦訳にあたっては、斎藤明子『アメリカ障害者法（全訳）』（現代書館、1991年）、を参照した。2008年法については、『平成23年度内閣府委託報告書障害者差別禁止制度に関する国際調査』に掲載されている訳を参照した（http://www8.cao.go.jp/shougai/suishin/tyosa/h23kokusai/index.html、最終閲覧 2015 年 10 月 21 日）。
[2]　ADA 2 条(a)(1)は、2008年改正法によって、本文に引用したように改正されたが、改正前は、「およそ4300万人のアメリカ人は、一つあるいはそれ以上の身体または精神的障害を有しており、その数は、人口全体の高齢化によって増加している。」と定められていた。2008年法改正において、①ADA は、障害者に対する差別を除去する明確かつ包括的な全国的規範として広く適用されなければならないこと、②身体的または精神的障害は、個人の有する、社会のすべての側面に完全に参加するという権利を損なうものではないが、身体的または精神的障害のある人々は、偏見、従前からの態度、社会的・制度

(2) 歴史的に、社会は、障害のある者を孤立させ、隔離する傾向にあった、また、社会は発展しても、障害のある人々に対するそのような形の差別は、深刻で根深く社会の問題としてあり続けた。
(3) 障害のある人々に対する差別は、雇用、居住、公的な施設、教育、交通手段、コミュニケーション、レクリエーション、施設入所、公衆衛生、選挙、公的サービスへのアクセスといった重要な領域にも、存在し続けた。
(4) 人種、肌の色、性、出生地、宗教、または年齢に関する差別を経験した人々とは異なり、障害に基づく差別を経験した人々は、そのような差別を排除するための法的手段をおおよそ持ち合わせていない。
(5) 障害のある人々は、さまざまな差別に遭遇し続けている。その差別には、あからさまに意図的な排除、建築や交通における差別的な待遇、コミュニケーション上の障壁、過保護な規則や指針、現存する施設や制度の調整を怠ること、排除的な資格基準や指標を用いること、隔離、サービスやプログラ等における各種の利益の享受、就職やその他の機会の享受に関して（障害のある者を）劣位に放置すること、が含まれる。
(6) 国勢調査、全国世論調査、その他の研究によると、障害のある人々は、我々の社会の中で劣位に位置づけられた集団の一つであり、社会面、職業面、経済面、教育面において、著しく不利な立場にあった[3]。
(7) 国家の適切な目標は、障害のある人々に対して、平等な機会と完全な参加、自立生活、そして経済的自足を保障することである。
(8) 不当で不必要な差別の持続と偏見は、障害のある人々が平等な基準のもとで競い、また、そのような機会を追い求めること、これは、自

的障壁が除去されないために、社会へ参加する権利を妨げられていること、が議会で確認され（2008年改正法「事実認識」(1)(2)）、その認識を明確に表現するために、1990年法の当該部分が本文引用部分のように書き換えられた。

3) 1990年の立法時には、(6)の後に(7)として次の一文があった。「障害のある人々は、隔離されて孤立しているマイノリティであり、我々の社会のなかで意図的な不平等扱いを課せられ、かつ、政治的には無力な立場に追いやられるという制約と制限に直面していた。この背景には、個人のコントロールを超えた特徴とそれに対する偏った想定がある。しかし、それは、社会に参加し寄与する個人の能力を真に示すものではないものではない」。しかし、2008年改正で(7)の部分は、削除された。

由社会において正当と評価されるものであるが、それらの機会を失わせている。そして、差別と偏見は、アメリカ合衆国に何十億ドルという依存と生産性のなさから生じる不必要な費用を課している。
(b) この法の目的は以下のとおり
 (1) 障害のある者に対する差別を排除するために、明確で包括的な国家命令を発する。
 (2) 障害のある者に対する差別に関する、明確かつ強力で、一貫した実効的基準を提供する。
 (3) 障害のある者の利益になるように、本法が定める基準の実行に関し、連邦政府が中心的な役割を果たすことを保障する。
 (4) 障害のある人々が日々直面している主要な領域における差別に対処するため、合衆国憲法修正第14条による権限と通商を規制する権限を含む、議会の職権を発動する。

2 ADA全体の内容

1で見たように、ADAは、アメリカ社会における障害に対する偏見等を除去し、障害者に対する差別的取扱いを排除し、障害者に対して平等な機会と完全な参加、自立と自足を保障するために制定された。ADAの重要な目的は、障害差別に対する明確で強力な一貫性・実効性のある規準を示すことであり、第1編以下で、差別を抑止するための具体的なルールが置かれている。

ADAは、全部で5編からなっており、第1編には、雇用に関する障害差別の禁止が、第2編には、公的機関による障害差別の禁止が、第3編には、民間団体による公的施設・サービスにおける障害差別の禁止に関する定めが配置されている。第4編は、テレコミュニケーションサービスに関する規定もあり、第5編は、雑則となっている。第1編の内容は節を改めて、3にて概説することにする。そこで、ここでは、第2編から第5編の内容のみを簡単に紹介する[4]。

---

4) ADA全体の内容は、植木淳『障害のある人の権利と法』(日本評論社、2011年) が詳しい。他に、中窪裕也『アメリカ労働法 [第2版]』(弘文堂、2010年) 254-260頁。

【第2編】
　第2編では、次のような一般条項により、公共事業体が提供する各種サービスにおける差別の禁止が規定されている。

ADA 202条
　本法の下においては、障害のある適格者は、その障害を理由として、公共事業体によって行なわれるサービスの受給、あるいは、プログラムや活動への参加を拒まれてはならない、また、それらの事業体によって差別されてはならない。

　ここにいう「公共事業体（public entity）」とは、(A)すべての州または地方政府、(B)州、州政府、地方政府の部局、機関、特別区、あるいはその他の組織、(C)全米鉄道旅客公社とすべての旅客輸送組織、を意味する（201条(1)）。また、第2編の保護を受ける「障害のある適格者」とは、「規則、方針または慣行の合理的な変更、構造上、通信上または輸送上のバリアの除去、あるいは、補助的な器具やサービスの準備により、公共事業体が提供するサービスの受給資格や、プログラムまたは活動の参加資格の本質的な要件に合致することができる者」をさす（201条(2)）。
　第2編の適用をうける公共事業体は、障害のある適格者が、障害のない者と同じようにサービスやプログラムを利用できるように、その事業の運営方法や手続などを調整しなければならない（「合理的変更（reasonable modifications）」）。なお、ここでのサービスには、教育、交通、医療、司法手続、選挙等が含まれる。もっとも、ここで求められている障害者のための様々な調整（合理的変更）は、提供するサービスやプログラムの「根本的な部分」を変更しない範囲に限られている[5]。
　さらに、第2編の適用を受ける公共事業体は、障害者がサービスを平等に享受できるようにするために、構造的なバリアも取り除かなければならない。つまり、第2編の適用を受ける公共事業体は、新たに建物を建造する場合や

---

5)　28 C. F. R. § 35.130 (b) (7).

建物を改造する場合には、障害者もアクセスしやすい構造を用いることが求められる。一方、既存の建物については、速やかな調整が求められるとしつつも、建物の歴史的価値を壊す調整や、財政上や運営上において過重な負担となる調整については行う必要はない[6]。

【第3編】
　第3編では、民間の事業体によって運営される公共施設や公共的サービスにおける差別が禁止されている。

ADA 302条(a)
　いかなる個人も、障害に基づき、公共施設の場所を所有する者、賃貸借する者、運営する者から、公共施設の商品、サービス、施設の利用、特典、利益または各場所における便宜を完全で平等に享受することに関し、差別されてはならない。

　ここにいう公共施設（public accommodation）には、ホテル、レストラン、映画館、集会施設、商業施設、病院、銀行、駅舎、美術館、図書館、公園、動物園、教育施設、社会福祉施設、運動施設など、一般に利用される多くの施設が含まれる[7]。これらの施設を運営・管理する者は、障害者が公共施設の利用に際して排除されないように、様々な調整を図ることが求められる。ただし、そのような調整を行なうことが、商品やサービスの提供の根本的な部分を変更させる場合や[8]、提供側に「過重な負荷（undue burden）」を生じさせる場合は[9]、この限りではない。

【第4編】
　第4編は、聴覚障害者、言語障害者が利用するテレコミュニケーション（電話通信）に関する規定がおかれている。ここでは、一般通信事業者（通常は、電話会社）に対して、聴覚障害者と障害を有しない者との間のコミュニケー

---

6)　28 C. F. R. § 35.150 (a)(3).
7)　ADA 301条(7).
8)　ADA 302条(b)(2)(a)(ii).
9)　ADA 302条(b)(2)(a)(iii).

ションを補助する「電話通信リレーサービス」を24時間、通常の電話料金で提供することが義務づけられている[10]。

【第5編】

第5編は雑則であり、ADAと他法の関係、ADAが保障する権利の行使に対する報復行為の禁止、同法の適用除外等に関する規定がある。

3 ADA第1編（雇用分野）の内容

障害者に対する雇用上の差別的取扱いと機会の不平等は、1970年代以降、政策上の課題として認識されていたが、障害に基づく差別を禁止する法律はなかなか成立に至らなかった。1973年のリハビリテーション法の改正時に挿入された504条によって、連邦政府から資金援助をうける事業体による差別的取扱いが禁止されるようになったが、この規制を受ける雇用主は限られており、一般企業における障害差別は特段の規制がなされていなかった[11]。

1990年に成立したADAは、この問題を解決するために第1編において、雇用領域における障害に基づく不利益取扱いを禁止し、障害に対する合理的配慮の提供を使用者に義務づけた。以下では、このADA第1編による雇用領域の規制内容を概説する[12]。なお、1990年に成立したADAの第1編は、2008年の改正法によって、条文の内容が一部変更されている[13]。ここでは、

---

10) ADA 401条以下。1934年通信法第2章にADA第4章の内容が追加される方法で立法された（47 U. S. C. § 225 et seq.）。アメリカでは、TDD（Telecommunications Device for the Deaf）と呼ばれるコミュニケーション補助装置が、聴覚障害者に普及している。TDDは、電話回線とタイプライター（パソコンの場合もある）を組み合わせたもので、タイプされた文字が電話回線をつうじて相手のディスプレーに表示されるという装置である。聴覚障害者は、相手もTDDを利用する場合、これを利用して意思疎通をすることができる。しかし、TDDをもたない者とコミュニケーションする場合には、TDDで表示される文字を読み上げ、かつ、相手の声をタイプして文字に変換するという作業を行なってくれる通訳が必要であった。ADAは、この通訳サービスを、一般通信事業者に義務づけている。
11) ADA成立に至る経緯は、本書第I部第1章を参照。
12) ADA第1編の内容については、森戸・水町編『差別禁止法の新展開』（日本評論社、2008年）148-162頁（長谷川珠子執筆部分）を参照。
13) ADA第1編は、101条から107条の短い章である。2008年改正によって変更された部分は、101条(8)、102条(a)、102条(b)、103条(c)、104条(a)の5ヶ所である。変更された箇所の具体的な内容は、各論点において言及する。

変更後の内容を説明し、改正前の内容や変更に至った経緯については、第2章で後述する。

(1) 一般原則

ADA 第1編は、以下に示す「102条(a)（一般原則）」が中軸となっており、他の条文が、102条(a)で使用されている各用語の具体的な内容を詳述するという形で構成されている。

ADA 102条(a)　一般原則（general rule）
　いかなる適用事業体も、適格者に対して、障害に基づいて、求人手続、採用、昇進または解雇、報酬、職務研修、その他の労働条件および雇用上の特典に関して、差別してはならない（下線は筆者による）。

1990年にADAが制定された当時、102条(a)の条文は、「いかなる適用事業体も、障害のある適格者に対して、障害により、（中略）差別をしてはならない（No covered entity shall discriminate against a qualified individual with a disability because of the disability）」と規定されていた。しかし、2008年改正によって、この部分は、「いかなる事業体も、適格者に対して、障害に基づいて（中略）差別をしてはならない（No covered entity shall discriminate against a qualified individual on the basis of disability）」と修正された。この修正は、ADAが、「障害に基づく差別」という「行為」を禁止する法律であることを強調するためになされたものと理解されている[14]。たしかに、裁判の過程では、旧法の下でも新法の下でも、差別的な行為が「障害」によって生じたものかどうかを検討するために、行為を受けた者に「障害」があるかどうかを審査するので、102条の一部が変更されたことが、労働者の救済に有利に働くわけではない。しかし、102条の修正によって、本条の適用対象は、"障害のある適格者"ではなく、"適格者の中で障害に基づく差別を受けた者"となり、これにより「個人」と「障害」が切り離なされた。修正後の

---

14)　注4）植木（2011）74頁。

条文からは、ADAの下では、「適格者」すなわち「求められている業務を遂行できる者」に雇用機会の平等が保障され、障害による差別は排除されるという規範的なメッセージが発せられている。

(2) 適用事業体

102条(a)の条文を確認したところで、つぎに、本条に用いられている各用語の内容と第1編の救済を紹介する（詳しい内容と解釈上の問題は、第2章で論じる）。

まずは、102条(a)の対象となる「事業体」について説明する。第1編の適用を受ける「事業体（entity）」には、使用者、雇用あっせん機関、労働団体（一般に労働組合）、労使合同委員会が含まれる（101条(5)(a)）。「使用者」とは、当年又は前年に20週以上勤務する労働者を15人以上使用している事業主をさす（101条(5)）[15]。州および地方政府は使用者に含まれるが[16]、連邦政府は除外されている[17]。また、インディアン部族、私的な会員制クラブ、宗教団体[18]も、使用者に含まれない（101条(5)(b)）。

(3) 適格者と合理的配慮

先にみたように、102条(a)は、適用事業体に対して、「適格者（qualified individual）」に、障害に基づき、雇用上の差別をしてはならないと定めている。ここにいう「適格者」とは、「個人が就いているあるいは就くことを希望している雇用の本質的な部分を、合理的配慮を受けることにより、あるいは、合理的配慮を受けなくても、遂行できる者」（101条(8)）をさす。「雇用の本質的な部分（essential functions of the employment）」とは、個人が担当し

---

[15] 医療法人の共同経営者であり、当法人の株を有する医師が「労働者」に含まれるか否か争われた事件として、Clackamas Gastroenterology Associates, P. C. v. Wells, 538 U. S. 440 (2003) がある。
[16] 州、その他の地方政府は、ADA第1編および第2編の規制を受ける。第1編の場合は、被用者15人以上の部局が対象となる。一方、第2編では、すべての部局が対象となる。
[17] 連邦政府が雇用主となる場合の障害差別は、リハビリテーション法501条が規制している。
[18] 宗教団体については、当宗教に従う者を優先して雇用すること、雇用する労働者や応募者に対して、当団体の教義に従うように求めることができる（ADA 103条(d)）。

ている業務(希望する職務)のなかで核となる必要不可欠な要素をさしており、それを行なう際に付随する作業などは含まれない[19]。何が「必要不可欠な要素」に含まれるかという判断は、基本的には、使用者の考えによって定まるが、たとえば、使用者は募集広告や採用面接などにおいて職務内容を書面で示していた場合には、その内容が斟酌される[20]。

つぎに、適格性を判断する際に求められる「合理的配慮 (reasonable accommodation)」とは、障害のある者が、雇用の本質的な内容を遂行するために必要な環境調整を意味している。ADA の 101 条(9)には、合理的配慮の具体的内容として次のようなものが例示されている。

ADA 101 条(9)
合理的配慮には次の措置が含まれる。
(A) 被用者が使用している既存施設を、障害者も、支障なくアクセスして使用できるようにすること
(B) 職務の再編成、パートタイム化、あるいは、就業時間の緩和、空位への配置転換、器具または装置の導入または修正・改造、試験、訓練教材または方針の適切な調整または緩和、資格を有する朗読者または通訳の用意、および障害者のために提供されるその他の同種の配慮

なお、合理的配慮は、雇用の募集・採用の過程においても求められるものである。したがって、たとえば、求人情報は、視覚障害や聴覚障害のある者(求職者)にも適切に伝わる方法でなされなければならない[21]。また、就職説明会を開催する場合には、車いすユーザー等のアクセスも考慮する必要がある。使用者は、これらの配慮を提供することが、業務の運営にとって「過重な負担 (undue hardship)」とならない限り、そのような措置を提供しなければならない。過重な負担とならないにも関わらず、そのような合理的配慮

---

19) 25 C. F. R. § 1630.2 (n)(1).
20) ADA 101 条(8)。
21) 募集・採用過程における合理的配慮の内容については、Gordon, The Job Application Process after Americans with Disabilities Act, 18 Employee Relations L. J. 185 (1995).

を提供しないことは、「障害に基づく差別」に該当する（差別行為については、(5)で後述する）。

(4) 障害の範囲

ADA における「障害（disability）」とは、次の３つの状態をさす。

ADA ３条(1)
　障害とは、個人に関する次の状態を意味する。
　(A)　主要な生活活動の一つまたはそれ以上を相当に制限する身体的または精神的な機能障害
　(B)　そのような機能障害の記録
　(C)　そのような機能障害があるとみなされていること

　ADA の障害定義は、障害が３つの状態として定義されている点に特徴がある。最初の類型（A 類型）では、個人が有する身体的または精神的な機能障害（impairment）が、その個人の主要な生活活動を相当に制限している場合が想定されている。２番目の類型（B 類型）では、A 類型に該当するような程度の機能障害を過去に患ったことがある場合（病歴がある状態）が想定されており、３番目の類型（C 類型）では、機能障害がないにも関わらず、機能障害があると誤解された場合が想定されている。ADA の障害定義が、現に心身に機能障害がある場合だけではなく、現時点では機能障害が認められない場合（B 類型・C 類型）にも拡げられているのは、障害に対する偏見や誤解によって社会参加が阻まれている個人を、そのような思い込みによる差別から救済するためである。
　では、順に、各用語の内容を解説する。
　３条(1)(A)(B)(C)で用いられている「機能障害」とは、個人が抱える傷病を意味する。身体的な機能障害には、「生理的機能不全、美容上の外傷、解剖学的な欠損であって、神経、筋骨格、特殊感覚器官、呼吸器（発話器官を含む）、心臓器官、生殖器官、消化器官、泌尿器官、血液リンパ器官、皮膚・内分泌

第１章　ADA 概説　71

系器官のうちの一つ以上に影響を及ぼすもの」が含まれる[22]。6ヶ月以内に治癒する軽度な傷病は、(C)の「機能障害」から除外される（3条(3)(B)）

　精神的な機能障害には、「知的障害、器質性脳症候群、感情的情緒的疾患、特定の学習障害」が含まれる[23]。うつ病、不安障害、躁うつ病、統合失調症、パーソナリティ障害などが、精神的な機能障害の典型である。短気、怠惰、感情の起伏が激しいといった性格の特性は、その幅が社会的にみられる性格傾向の範囲を超えない限り、ADAの機能障害には該当しない[24]。

　3条(1)(A)における「主要な生活活動」とは、「身の回りの世話、手作業、見ること、聞くこと、食べること、睡眠、歩行、立つこと、運ぶこと、かがむこと、話すこと、呼吸、学習、読むこと、集中すること、考えること、会話、労働」が含まれる（3条(2)(A)）。また、「免役システムの機能、正常細胞の成長、消化器、腸、膀胱、神経、脳、呼吸器官、血液循環、内分泌、および、生殖に関わる機能」の動きも、「主要な生活活動」に含まれる（3条(2)(B)）。3条(2)(B)に挙げられる機能は、本人の能動的な意思を必要としないものであるが、これらの機能に制限がある人がADAの保護対象であることを明記するために、2008年の法改正時に、この3条(2)(B)が追加された。

　ADAが定義する3つの障害状態のうち、第1の類型（以下、「A類型」とする）に該当するためには、個人の生活活動が、当人の抱える機能障害によって、「相当に制限されて」いなければならない。「相当な制限」があるかどうかは、一般人口の平均的な個人と比較して、その個人の対象となる生活活動を行なう能力がどの程度制約されているかという観点から検討される。検討に際しては、機能障害の性質、程度、影響が長期的かどうか等の点が考慮される。なお、ここでは、個人の主要な活動の「一つ」が、当人の機能障害によって相当に制限されていれば足り、「機能障害」が個人の生活活動の「複数」を制限している必要はない（3条(4)(C)）[25]。また、症状が断続的な傷病に

---

22) 29 C. F. R. § 1630.2 (h)(1) (2011).
23) 29 C. F. R. § 1630.2 (h)(2) (2011).
24) EEOC Guidance (1997).
25) 連邦最高裁は、Toyota Motor Manufacturing, Kentucky, Inc., v. Williams, 534 U. S. 184 (2002) において、主要な生活活動が相当に制限されている状態とは、ほとんどの人々の日常生活において中心的で重要と思われる活動が全くできないか、あるいは著しく制約されている状態をさす、という非常に制限的な解釈を示した。このToyota判決を

については、その症状が発生したときを基準として、生活活動に相当な制限が生じているかどうかを判断する（3条(4)(D)）。

「相当な制限」があるかどうかを判断する際に、機能障害を緩和する装具や処置の影響を考慮するかどうかについては、連邦最高裁がこれを否定する判決を下していたが[26]、2008年の改正法によって、原則として、緩和措置の影響を考慮せずにこれを判断することで立法解決がなされた。ただし、通常の方法で利用される眼鏡とコンタクトレンズの効果については、これを使用した効果を考慮して、「相当な制限」があるかどうかが判断される（3条(4)(E)(i)(ii)）。

(5) 禁止される行為

ADA第1編によって禁止される「差別」には、次の7つの行為が含まれる（102条(b)）。

① 障害のある者の機会や地位に不利な影響を与える形で、求人応募者や労働者に制限を加える、または分離する、あるいは区別すること。
② 障害のある者に差別的な効果をもたらす契約や合意を結ぶこと、そのような関係に参加すること。
③ 障害に基づく差別をもたらす労務管理上の基準や手続を用いること。
④ 障害があると知られている者と関係がある、または、交際していることを理由として、適格者を排除する、あるいは、職務や給付を等しく受けることを妨げること。
⑤ (A)応募者又は労働者の既知の身体的又は精神的な機能障害に対して、その者が適格性を有するにもかかわらず、合理的配慮を図らないこと、ただし、当該適用事業体が合理的配慮を図ることが業務運営に際して過重な負担になると立証できる場合を除く。
　(B)応募者又は労働者が身体的又は精神的な機能障害に対し合理的配慮を必要としていることを理由として雇用機会を与えないこと
⑥ 障害のある者又は障害のある者を集団として振るい落とす傾向のある

　覆すために、2008年改正法によって、この解釈準則が追加された。
26) Sutton v. United Air Lines, 527 U. S. 471 (1999).

資格基準、雇用上の試験又は他の選抜条件を用いること、ただし、適用事業体が用いる基準、試験、他の選抜条件が、問題となる職位の職務に関連があり、かつ、業務上の必要性に一致する場合はその限りではない
⑦　障害のある者に対して試験などを行なう際に、障害ではなく、その者の能力を最も効果的に測る方法を取らないこと。

このほか、ADA第1編が定める方法に従わない形で医学的な検査や問い合わせをすることもADAが禁止する「差別」に該当する（102条(c)）。ADAの条文には、障害に基づく嫌がらせを規制する定めがないが、労働者の雇用条件を著しく敵対的なものにする嫌がらせについては、同法が禁止する差別行為に該当し救済の対象となると判断する裁判例がある[27]。

なお、同法が保障する権利を行使したこと（または、しようとしたこと）に対する報復行為は、第5編において禁止されている（503条）。

(6)　救済手続と救済内容

ADA第1編の救済手続および内容は、1964年公民権法第7編（Civil Rights Act of 1964 Title Ⅶ）の手続に関する規定が準用されている（107条(a)）。救済の手続と内容は、次のとおりである。

まず、ADA第1編違反に基づき法的救済を求める者は、訴訟に先立って、EEOC（雇用機会均等委員会）に救済の「申立（charge）」を行なう。EEOCは、申立を受けて、その内容を調査し、ADA違反が強く疑われるときは、労使双方に問題解決に向けた自主的な話し合いを促す（「調整（conciliation）」）。EEOCの仲立ちにより、和解が成立すれば、合意文書を作成して事案終結となる。合意に至らなかった申立については、EEOCが、原告となって訴訟を提起するか、申立人が、EEOCから「訴権付与通知（Notice of Right to Sue）」を受けて、自ら提訴することになる（申立が取下り下げられる場合もある）。

ADA第1編で認められている救済措置には、①差別行為の差止め、②原職復帰命令と採用命令を含む適切な積極的是正措置、③その他の適切なエク

---

27)　Rohan v. Networks Presentation, LLC., 175 F. Supp. 2d 806 (D. Md. 2001).

イティ上の救済（equitable relief）がある[28]。

このほか、ADA制定当初は認められていなかったが、1991年公民権法の成立によって、意図的な差別が認められる場合には、損害賠償の支払いを命じることができるようになった[29]。損害賠償には、補償的賠償と懲罰的賠償が用意されている。

なお、合理的配慮の不提供に対する賠償については、特則がある。使用者が、合理的配慮の提供に向けて「誠実な努力（good faith efforts）」を尽くしたと認められる場合には、裁判所は、損害賠償の支払いを免じる判決を下すことができる[30]。逆にいうと、使用者は、合理的配慮の提供にむけて障害のある労働者と真摯に話し合いをしておけば、後の訴訟において損害賠償の責を免れる得る余地がある。

4　雇用機会均等委員会（EEOC）

ADA第1編は、「雇用機会均等委員会（Equal Employment Opportunity Commission）」（以下、「EEOC」とする）に、その執行権限を委任している。EEOCは、ADA第1編の施行に関する「規則」を策定する権限を有しており、同法の解釈に関する指針（Guidance）を公表して、法令の遵守を啓発している[31]。

EEOCの規則や施行指針は、裁判所の判断を拘束するものではないが、一般に、裁判では、専門性のある行政機関の見解として、一定の敬譲（deference）が与えられている。連邦最高裁も、議会の立法意図が明確でない限り、行政の合理的な解釈を尊重するという見解を示し、基本的には、行政規則に敬譲する姿勢を示している[32]。

---

28)　42 U. S. C. 2000e-5.
29)　42 U. S. C. §1981a(a)(2).
30)　42 U. S. C. §1981a(a)(3).
31)　EEOCの公式サイト http://www.eeoc.gov/ には、規則と指針が公表されている。指針については、本書の付録を参照。
32)　行政の解釈を尊重した最高裁判決として、Chevron U. S. A. Inc. v. Natural Resources Defense Council, Inc., 467 U. S. 837 (1984).

第1章　ADA概説　75

第2章　ADA が精神疾患に適用される場合の解釈課題

　第1章では、ADA の目的、ADA 全体の内容、ADA の雇用に関する規制（第1編）、EEOC の業務を概観した。これをふまえて第2章では、ADA 第1編が精神疾患の事例に適用される場合の課題を、条文の解釈に焦点を当てて考察する。

　第1章でみたように、ADA 第1編では、「いかなる適用事業体も、適格者に対して、障害に基づいて、求人手続、採用、昇進または解雇、報酬、職務研修、その他の労働条件および雇用上の特典に関して、差別してはならない。」（102条(a)）という一般原則が基軸となって、雇用における障害差別が禁止されている。裁判において、ADA 第1編違反が検討される場合には、まず、苦情を申し立てる者に「障害」があるかどうか、そして、その者が「適格者」であるかどうかが審議される。ADA 第1編の保護対象に当たることが認められると、つぎに、問題となっている雇用上の措置が、ADA の「差別」に当たるか否かが検討される。ADA 第1編では、業務の運営に過重な負担とならないにもかかわらず、合理的配慮を提供しないことは、ADA 第1編にいう「差別」に該当するため（102条(b)）、法が義務づける合理的配慮義務の不履行があったかどうかも、差別の有無として審査される。また、ADA 第1編では、障害の有無や程度を調べる医学的検査や問い合わせについて、制約がかされている。これは、障害の有無を、個人の業務遂行能力を判断する前に検査し認識することによって、その後の業務遂行能力の判断が客観的に行なわれなくなることを予防するために設けられたものである。そして、このルールに従わずに医学的な検査や問い合わせをすることは、「差別」に該当する（102条(c)）。

　ADA 第1編における雇用差別規制は、このような仕組みになっているため、裁判においては、①障害の定義、②適格者の範囲、③合理的配慮の内容と範囲、④差別に当たる行為、⑤医学的検査や問い合わせのルールへの抵触

が、重要な争点となる。そこで、第2章では、①〜⑤について順に考察を進めることにする。

第1節　障害の定義

ADA では、「障害（disability）」が次のように定義されている[1]。

ADA 3 条　"障害"とは、個人に関する次の状態を意味する。
　(A)　主要な生活活動の一つまたはそれ以上を相当に制限する身体的または精神的な機能障害
　(B)　そのような機能障害の記録
　(C)　そのような機能障害をもつとみなされていること

(A)の類型（以下、「A 類型」）は、問題となる雇用上の措置を受けた時において、現に心身に機能障害（impairment）がある者が想定されている。ただし、ADA では、機能障害があるだけでは足りず、その機能障害が個人の「主要な生活活動（major life activity）」を「相当に（substantially）」制限していなければならない。
　(B)の類型（以下、「B 類型」）では、過去に機能障害があったという記録（record）をもつ者や、機能障害の程度に関して誤った評価を下された者が想

---

1)　ADA の障害定義に関する論稿には、永野秀雄「障害のあるアメリカ人法における『障害』の有無に関する判断基準」労旬 1478 号（2000）23-25 頁、同「Toyota Motor MFG. KY., Inc. v. Williams, 534 U. S. 184（2002）―職場における特定の業務に伴う身体的作業を行えないことが ADA の『障害』の定義に該当するか否かの判断基準」アメリカ法 2002-2 号（2002）425-428 頁、畑井清隆「障害を持つアメリカ人法の差別禁止法としての特徴（特集 障害者雇用の現状と就業支援）」労研 578 号（2008）53-61 頁、同「障害差別禁止法における保護対象者の範囲―障害を持つアメリカ人法における障害の定義の意義―」社会科学論集 2 号（2010）77-94 頁、同「障害者差別禁止法における差別禁止事由および保護対象者」学会誌 118 号（2011）65-76 頁、長谷川珠子「差別禁止法における『障害』（disability）の定義――障害をもつアメリカ人法（ADA）の 2008 年改正を参考に（特集 障害者雇用の方向性を探る）」季労 225 号（2009）40-48 頁、川島聡「2008 年 ADA 改正法の意義と日本への示唆―障害の社会モデルを手がかりに（特集 障害者福祉の国際的展開）」海外社会保障研究 166 号（2009）4-14 頁。

定されている[2]。たとえば、10年前にがんを患ったことがあるが現在は医師に完治したと判断されている者、学習障害や知的障害の種類や程度が誤って評価・分類された者等が、この類型に当たる[3]。

(C)の類型（以下、「C類型」）は、機能障害がないにもかかわらず、機能障害があるとみなされた者が想定されている。旧法（1990年法）の下では、C類型に該当するためには、機能障害が実際にはないのにもかかわらず、機能障害があるとされ、それがその人の主要な生活活動を相当に制限していると誤解された場合、あるいは、機能障害があり、しかし、それはその人の主要な生活活動を相当に制限するほどではないにもかかわらず、相手には機能障害がその人の生活活動を相当に制限していると誤信された場合でなければならなかった。しかし、2008年改正によって、C類型に基づいて差別の救済を受けるためには、機能障害があると誤信されて差別を受けたことを立証すれば足り、先の下線部分の立証は不要となった[4]。

ADAの障害定義が、上記のように、現に健康上の制約がある者（A類型）だけでなく、問題となった時点では健康上の制約がない者（B類型とC類型）を含んだ形にされているのは、就労上の制約がないにもかかわらず、障害に対する偏見や無理解によって、雇用において不利に取り扱われることを予防・抑止するためである。

では、障害の3つの定義に関わる解釈問題を、類型順に検討していきたい。

1　A類型

障害の第1の類型は、「主要な生活活動を相当に制限する身体的または精神的な機能障害である」（A類型）。

A類型は、心身の機能不全があるだけではなく、その機能不全がその人の生活活動の主要な部分を相当に制限していなければならないというところに特徴がある。ADAでは、医学面からみた機能障害の有無によってその保護

---

[2]　29 C. F. R. § 1630.2(k)(1) (2011).
[3]　ADA 3条(3)(A), 29 C. F. R. § 1630.2(k) pt. 1630 App. (2011).
[4]　29 C. F. R. § 1630.2(l)(1) (2011).

対象かどうかを判別せず、個人の状態とそれを取り巻く環境との関係において、社会参加が阻まれているかどうかを検討し、同法の保護対象に含まれるかどうかを判断する。ここに、社会との関係において障害の有無を理解する「社会モデル」の視点が反映されている[5]。

(1) 機能障害

① EEOCの解釈

「身体的機能障害（physical impairment）」とは、EEOCが定めるADA施行規則によると、「身体組織の一つまたはそれ以上に対して影響を与える生理学上の機能不全、生理的状態、外貌上の醜状、解剖学上の欠損」を意味する。ここにいう「身体組織」には、「神経器官、筋骨格器官、特定の感覚器官、呼吸機能（発話器官を含む）、心筋機能、生殖機能、消化機能、泌尿器官系、血液・リンパ系機能、皮膚、内分泌腺」が含まれる[6]。もっとも、このリストは、例示であってこれに限定されるものではない。「身体的機能障害」には、左利き、低身長、肥満、通常の妊娠などの単なる身体の状態は、それらが社会通念上一般的な範囲にとどまる限り「機能障害」に含まれない[7]。妊娠に関する諸症状は、B類型、あるいは、C類型に基づく差別として救済される（「一時的で軽微なもの」は除く）[8]。

一方、「精神的機能障害（mental impairment）」とは、「知的障害、脳器質精神症候群、情緒疾患、精神疾患、特定の学習障害、などの知的精神的機能不全」などを意味する[9]。重篤なうつ病、統合失調症、躁うつ病、失行症、自閉症などである。ここには、同性愛、両性愛、服装倒錯、性転換、小児性愛、露出狂、窃視症、性同一性障害、強迫性ギャンブル依存症、窃盗癖、放火癖、薬物を不法に使用した結果として生じた症状は、含まれない（512条(a)(b)）。また、社会一般にみられる性格特性、たとえば、短気、怠惰、感情の起伏が

---

[5] アメリカにおける社会モデルの視点の普及については、本書第Ⅰ部第1章6を参照。医学モデルと社会モデルの違いについては、注1）川島（2009）7-8頁参照。
[6] 29 C. F. R. § 1630.2(h)(1) (2011).
[7] 29 C. F. R. App. § 1630.2(h) (2011).
[8] 29 C. F. R. App. 29 C. F. R. § 1630.2(h) (2011).
[9] 29 C. F. R. § 1630.2(h)(2) (2011).

激しいなども含まれない[10]。

なお、薬物の不法使用者は、ADA の保護を受けられない（104 条(a)）。ただし、ADA が適用されないのは、「現に」薬物を不法に使用しているものに限られていて、①専門家の管理の下にある薬物更生プログラムを修了し、現在は薬物の違法な使用を止めている者や、②現在も更生プログラムを受講しているが、すでに薬物の違法な使用の中止に成功した者、③誤って薬物の不法使用者とみなされた者は、ADA の保護対象となり得る（104 条(b)）。（薬物依存とアルコール依存については、第Ⅱ部第2章第5節5を参照）。

② **判例の状況**

「機能障害」については、次のような問題が裁判で争われている。一つは、ウイルス等に感染していて将来において機能障害が生じる可能性が非常に高いが、症状がまだ表れていない状態にある者に「機能障害」の存在を認めてよいかどうか、という問題である。これは、HIV（ヒト免疫不全ウイルス）の事案で問題となった。二つめの問題は、心身の不調を自覚しているが医師によって診断（病名）がつけられていない状態にある者に「機能障害」の存在を認めてよいかどうか、である。

(i) **HIV 感染者**

HIV に感染した場合、徐々に免疫機能が低下し、一定の期間の後に、後天性免疫不全症候群（AIDS）と称されるいくつかの症状が現れる（現在は、治療によりかなりの割合で、症状の発生を抑えられるとされている）。このため、いくつかの裁判では、HIV 感染者で未だ症状が出ていない者に、「機能障害」の存在を認めるべきかどうかという点が問題となった。1998年、連邦最高裁は、Bragdon v. Abbott において、HIV は、感染直後から、血液とリンパシステムに有害な影響を与えるため、「機能障害」に含まれると判断した。事件の要旨は次のとおりである。なお、当事件は、第1編違反が争われ

---

10) 29 C. F. R. App. § 1630.2(h). リハビリテーション法違反が争われた裁判例 Daley v. Koch, 892 F. 2d 212 (2d Cir. 1989) では、警察官に応募した者が、採用選考において、精神科の医師から、「かっとなり衝動をコントロールできない」「無責任な言動」等の性格傾向がみられると評価され、不採用となった。第2連邦控訴裁は、これらの気質は「機能障害」に当たらないと判示した。

たものではないが（第3編の公的施設・サービスにおける障害差別の有無が争点）、ADAの障害定義は、各編を通じて共通であるので、ここで取りあげる。

【1】 Bragdon v. Abbott, 524 U. S. 624（1998）

〈事実〉

　Abbott（被上訴人）は、歯科治療を受けようとBragdon医師（上訴人）の歯科クリニックを訪れた。Abbottは、診療申込書を記載するなかで、HIVに感染していることを申告し、クリニックで予備検査を受けた（この時点で、Abbottには、HIV感染から生じる自覚症状はあらわれていなかった。）。検査終了後、Bragdon医師は、AbbottがHIVに感染しているため、専用設備のある病院で治療を行なうことを提案した。Abbottは、病院で治療を行なう場合、施設利用料として追加費用がかかるとの説明を受け、治療を受けることを辞退した。

　Abbottは、Bragdon医師の歯科クリニックにおいて治療を拒否されたことは、公共施設（病院を含む）における差別を禁じるADA第3編に違反するとして、Bragdon医師を訴えた。

〈判旨〉Kennedy裁判官の法廷意見

　HIVは、感染した直後から、人の血液とリンパのシステムに継続的かつ有害な影響を与えるものであるため、HIVに感染した状態は、生理的に異常な状態といえる。よって、HIV感染は、ウイルスに感染した直後からADAにおける「身体的機能障害」に含まれる。

(ii) 病名が付かない症状

　心身に不調があるが医学的な確定診断がなされていない者が、体調不良を理由に解雇されたり降格されたりする事案がある。とくに、精神疾患の事案では、肉体的な機能低下とは異なり、画像や数値データではっきりと病変をしめすことが難しい場合が多いため、確定的な病名がつくまでに時間がかかるということがよくある。しかし、病名がつくほどに重い症状がでていなくても、労働者に精神面の不安定さがみられた場合、使用者は、適格性の欠如などを理由にその者を解雇したり、降格したりする。

　そのような処遇を受けた者が、ADA第1編の救済を求める訴訟では、病

名の付かない心身の不調を「機能障害」と認めることができるかどうかが最初の争点となる。

ADA の「障害」に該当するか否かは、問題となっている健康上の問題が個人の生活にどのような影響を与えているのかに着目して判断がなされるので、その心身の状態（病状等）に医学的な名称が付されているかどうかは障害の存在を分ける決定的な要素ではない。そのため、連邦裁判所の判断のなかには、精神医学的に確定的な病名が下されていなくとも、「機能障害」の存在を認めたものがある。

Weiler v. Household Finance Corp.[11] では、顎関節症にり患し、症状がなかなか回復しなかった原告 Weiler が、心身の不調から仕事の能率が落ち、そのことを上司に叱責されて、出社できない状態に陥った。Weiler は、上司に叱責され、別な部署への異動を願い出たが、この希望は受け入れられなかった。裁判において、Weiler は、合理的配慮の提供を拒否されたと主張したが、会社は、Weiler は精神疾患にり患しているという診断を受けていないため、障害のある者ではないと反論した。連邦地裁は、顎関節症と、それに続く不安や気分の落ち込みといった精神的不調は、Weiler の労働や睡眠などの主要な生活活動を相当に制限していると認められるとして、Weiler には「障害」が認められると判示している。

Leisen v. City of Shelbyville[12] でも、不眠や自殺念慮に関して治療を受けていた原告 Leisen に「機能障害」が認められるかが問題となったが、連邦地裁は、DSM[13] で分類される病名が確定していなくても、Leisen の症状は医学的な治療が必要な状態にあったとして、「機能障害」の存在を認めている。

一方、医学的な治療を受けていただけでは立証が不十分とする例もある。Paleologos v. Rehab Consultants, Inc.[14] では、ストレス状態（ストレスが鬱

---

11) 1994 U. S. Dist. LEXIS 7825, 3 AD Cases (BNA) 1337 (N. D. Ill. 1994), aff'd, 101 F. 3d 519 (7th Cir. 1996).
12) 968 F. Supp. 409 (S. D. Ind. 1997).
13) 「Diagnostic and Statistical Manual of Mental Disorders」、アメリカ精神医学会が監修している診断マニュアル。日本では「精神障害の診断と統計マニュアル」と呼ばれる。2014 年に邦訳された第 5 版が発表されている。日本精神神経学会監修『DSM-5 精神疾患の診断・統計マニュアル』（医学書院、2014 年）。
14) 990 F. Supp. 1460 (N. D. Ga. 1998).

積しイライラした心理状態）とうつ状態について治療を受けていた原告Paleologosが、病休の延長を申し出た後に解雇された。連邦地裁は、精神的な不調がADAの「機能障害」に含まれるのは、その不調が精神疾患の症状の一部と認められる場合に限られるとしたうえで、ストレス状態、不安状態、うつ状態に対して医学的な治療を受けていたというだけでは、機能障害があることの立証としては不十分であると判断している。

(2) 主要な生活活動

すでにみたように、A類型に該当するためには、「機能障害」によって「主要な生活活動」が「相当に制限」されていなければならない。制定当時の1990年法には、「主要な生活活動」に何が含まれるかについて、詳細な定義がなかったために、裁判では、この用語を制限的に解する判断が出され、差別の救済を求めた労働者の多くが、「障害」が認められないとして敗訴した。2002年には、連邦最高裁がToyota事件において、次のような制限的な判断を下し、ADAの保護対象はかなり限定されることになった。そこで2008年、連邦議会は、連邦最高裁の判決を修正するために、「主要な生活活動」の内容を詳述する解釈規定を追加した。

ここでは、初めに、Toyota事件判決を紹介する。また、「主要な生活活動」と精神疾患との関係では、「人と関わること」が「主要な生活活動」に含まれるのかが問題となっている。この点も障害の範囲を考えるうえで興味深いので合わせて考察する。

① 1990年法下の判例

(i) Toyota事件

1990年法には、「主要な生活活動」の内容を具体的に定義する条文がなかったため、EEOCは、規則において、「主要な活動とは、自分の身の回りのケア、手作業、歩行、見ること、聞くこと、発話、呼吸、学習、労働などを意味する」と、具体的な活動を例示し、障害の解釈の統一化を試みていた[15]。

---

15) 29 C. F. R. §1630.2 (i) (1998).

2002年、連邦最高裁は、Toyota Motor Manufacturing Kentucky, Inc. v. William において、主要な生活活動が相当に制限されている場合とは、「ある人が、ほとんどの人々の日常生活において中心的で重要な活動といえる活動について、それを全くできないか、あるいは、それを行なうことに著しい制限がある状態（severely restrict）」を指す、と解し、手根管症候群によって、腕を肩より上に上げる等の動作ができないが、家庭での雑用、入浴、歯磨き等は行なうことができた労働者 William には、「障害」が認められないと判断した。事件の要旨を、次に示しておく[16]。

【2】Toyota Motor Manufacturing Kentucky, Inc. v. Williams, 534 U. S. 184 (2002)

〈事案〉

　Williams（被上訴人）は、Toyota Motor Manufacturing 社の Kentucky 州にある自動車組立工場に勤務していた。彼女は、エンジン組立ラインを担当していたが、次第に、手、手首、腕に痛みを感じるようになり、会社内のクリニックで診察を受けたところ、手根管症候群であると診断された。彼女は、この疾患によって、組立ラインの作業のうち、腕を肩より上に上げて作業を長時間行なうことが難しくなった。会社は、担当医から、症状と症状から生じる就労上の制約の説明を受け、彼女の負担を軽減するために、彼女を、品質管理検査などを行なう部署へ異動した。会社は、しばらく様子をみていたが、彼女が、休みがちで、割り当てた作業を十分に行なうことができなかったため、最終的に彼女を解雇した。

　Williams は、合理的配慮を受けられずに解雇されたとして、連邦地裁に提訴した。

　連邦地裁は、請求を棄却したが、第6連邦控訴裁は、彼女の手根管症候群は、「手作業（performing manual tasks）」という主要な生活活動を相当に制限しており、障害があると認められるとして、連邦地裁の判断を否定した。

〈判旨〉O'Conner 裁判官の法定意見

　第6連邦控訴裁の判断は、日常の手作業のうちの一部に対する制限しか見

---

16) 本事件の評釈として、注1) 永野 (2002)。

ずに、「主要な生活活動を相当に制限する機能障害」があると判断しているため、適切ではない。また、彼女の機能障害が、大概の人の日常生活において中心的で重要な活動を行なう時に、相当な制限をもたらしているか否かという検討を怠っている点においても、支持することができない。

　まず、「相当に（substantially）」という用語は、語法的には、一般に「たいそう（considerable）」あるいは、「かなりの程度に（to a large degree）」という意味で一般にもちいられている。この意味にしたがえば、手作業にわずかな制限をもたらす程度の機能障害は、ADAの「障害」から除外されていることが明らかである。

　つぎに、「主要な生活活動が相当に制限されている」とは、「ある人が、ほとんどの人々の日常生活にとって中心的かつ重要な活動といえるものが、全くできないか、あるいは、著しく制約されている状態（severely restrict）」、であると解するべきである。そして、本件では、手作業に関する制限が問題となっているから、ここでは、彼女が携わっている特定の業務に関連する手作業に制限があるか否かを検討するのではなく、ほとんどの人々の日常生活において、中心的な位置をしめる様々な手作業について、当該労働者がそれをすることができるかどうかという点の検討が必要である。ADAの障害は、ケース・バイ・ケースで判断されるべきものであるから、機能障害が認められるだけで、直ちにADAの「障害」が認められるわけではないからである。

　本件についてみると、「手や腕を伸ばす動作を反復する、あるいは、長時間にわたって肩よりも上にあげている」という活動は、ほとんどの人々の日常にとって重要な部分を占めているとはいえない。一方、家庭での雑用、入浴、歯磨きなどは、大概の人々の日常の重要な部分に含まれるのであり、この点の検討が必要である。Williamsは、合理的配慮を求めた時点よりも症状が重くなっているとはいえども、証人尋問において、歯磨き、洗顔、花壇の手入れ、朝食の用意、洗濯、家のまわりを片付けるなどについて、大きな支障を感じることなく行なうことができると述べている。一方、症状の悪化にしたがって、彼女の日常には、掃き掃除、ダンスをしない、時には着替えを手伝ってもらう、子供と遊ぶことや、庭仕事、長距離の運転などを控えるなどの変化があったことが認められる。しかしながら、この程度の変化では、ほとんど

の人々の日常生活の重要な部分に著しい制限が生じているとは認められない。

　ただ、上記の Toyota 事件連邦最高裁判決のような立場を採ると、たとえば、学習障害や ADHD（注意欠如・多動症）があり、労働する際には合理的配慮を受けなければ相当な制限があるという者が、ADA の保護の対象から外れる可能性がある。すなわち、労働という一部の生活活動に制限があっても、日常生活の全般をみるとその人の主要な生活活動全体に著しい制限があるとは認められず、ADA の「障害」はないと判断される可能性があったのである[17]。

　そこで、連邦議会は、②で後述するように、2008 年に ADA 改正法[18]成立させ、「主要な生活活動」の具体的な解釈に関する条文を追加し、Toyota 事件連邦最高裁判決の解釈を修正した。

(ii) **人と関わること**

　統合失調症を患う場合、時に妄想の症状がでて、人と落ち着いてコミュニケーションできなくなる場合がある。また、うつ病や気分障害がある場合も、職場の雰囲気によっては、強いストレスを感じて、コミュニケーションがうまく図れなくなることがある。対人恐怖や広場恐怖を抱えうる場合も、同じような問題が起こり得る。

　裁判では、精神疾患にり患している労働者が、精神疾患により、「人と交流する（interacting with others）」という活動が、相当に制限されていると主張がすることがあるが、「人と交流すること」が「主要な生活活動」に含まれるかどうかについては、1990 年法には具体的な規定がなかったため、裁判所の見解はまとまっていなかった。

---

17)　2008 年改正が行なわれる前の裁判例には、癌、HIV 感染、聴力障害、学習障害、ADHD について、これらの機能障害は、「主要な生活活動」を相当に制限しているとはいえないとして、ADA の救済を認めないものがあった。Colker, Federal Disability Law 4ed., (2010), p. 28. HIV 感染者が生殖活動に制限があることは認められるが、当労働者にとっては、生殖活動は主要な生活活動とはいえないとした例に、Blanks v. Southwestern Bell Communications Inc., 310 F. 3d 398 (5th Cir. 2002)（労働者には子供が 1 人おり、かつ、以上子供をもたないと決断し、妻が避妊手術を受けていたため）。なお、連邦最高裁は、Bragdon v. Abbott (524 U. S. 624, 1998) では、生殖活動は「主要な生活活動」に含まれると判断していた。

18)　Pub. L. 110-325 (2008).

たとえば、「人と交流すること」を主要な生活活動として認めた例には、Lemire v. Silva[19]がある。原告Lemire（当時36歳）は、高校のホッケー部のコーチで、20代から広場恐怖症とパニック障害を患っていた。Lemireには、不安発作、睡眠障害、イライラ感、教会やショッピングモール等の公共スペースにいると恐怖を感じるといった症状があり、内服治療によっても、症状を完全に抑えることはできなかった。ある日、Lemireの疾患は、ホッケーチームのメンバーの親に知れるところとなり、高校（被告）には、Lemireがコーチに相応しくないという苦情が寄せられるようになった。そのため、Lemireは、コーチを解任された。Lemireは、裁判において、パニック障害は、労働する、人と交流する、旅行をする、集中するという活動を相当に制限していると主張した。連邦地裁は、「人と交流する」ことについて、次のように判示している。まず、他者と交流する能力は、それが人間の最も基本的な交流を含めた広い能力をさす場合には、主要な生活活動に含まれる。また、人と交流する能力は、少なくとも、学習する、労働するという場面においては、基本的で重要な能力と考えられる。しかし、「人と交流すること」が主要な生活活動に含まれるとしても、それが「相当に制限されている」と解するためには、当人と接していると非常に敵対的な雰囲気になるとか、社会的に引きこもっているとか、必要なことを伝えることができないという程度の制限が認められる必要がある。本件では、Lemireは、夫や子供等家族と関わることに問題はないが、混雑した場所では、うまく交流することができない。しかし、それだけでは、Lemireの症状が人と交流するという活動を「相当に」制限するものであったとは認めることができない[20]。このようにLemire事件では、「人と交流すること」自体は主要な生活活動に含まれると判断された。

　一方で、人と交流することが、主要な生活活動に含まれないと判断する裁判例もある。Soileau v. Guilford of Maine[21]をみておきたい。エンジニアとし

---

[19] 104 F. Supp. 2d 80 (D. Mass. 2000).
[20] 本件は、原告は本件解雇が精神障害を理由としてなされたものであるとの立証が尽くされていないとして、ADA違反については請求が棄却されている。
[21] 105 F. 3d 12 (1st Cir. 1997).

て勤務していた原告 Soileau は、雇用されて約6年たった時、上司が交代し、新しい上司との関係に悩んで、4年ほど前に発症したうつ病の症状が悪化していった。Soileau は、上司に病気の再発を申告して、上司の態度の改善を求めた。彼の主治医も、会社に対して、Soileau は批判的な言動に敏感になっているので、人との交流をなるべく避ける等の便宜が必要であると記した手紙を送った。しかしながら、会社は、Soileau を解雇した。裁判で Soileau は、本件解雇は合理的配慮を求めたためであると主張したが、第1連邦控訴裁は、次のように述べて、使用者の主張を認めた略式判決を下している。「人とうまくつき合う（ability to get along with others）」という能力という概念は、非常に不確定な概念であり、EEOC 規則に挙げられている「呼吸」「歩行」等とは、違う種類のスキルである。「人とうまくつき合う」能力が制限されているか否かは、主観的に判断するしかなく、また、その時々の状況によっても判断が異なってくる。このような曖昧な概念を法的な義務の基礎とすることは問題である。Soileau は、4年前にうつ病の症状が見られたが、その後しばらくは、深刻な症状がでていない。人との交流の本質的な部分は、主要な生活活動に含めることができるとしても、本件で、制限されていると主張されている人との交流は、そのような本質的な部分に関するものとはいえない。

　なお、2008年改正においても、「人と交流すること」や「人とうまくつき合うこと」が「主要な生活活動」に含まれるかどうかについては、条文上は明確にされなかった。ただし、立法審議における報告書には、「人と交流すること」「書くこと」「性行為」「嚥下」「咀嚼」なども、「主要な活動」に含まれると解するべきとの見解が示されている[22]。

---

22) 110th Cong. 2d sess. House of Representatives Rept. 110-730, Part1, 11. Littleton v. Wal-Mart Stores, Inc.（231 Fed. Appx. 874, 11th Cir. 2007）は、知的障害者の不採用が問題となった事案である。会社は、雇用コーディネーターを同席させた面接を行なうことを拒否し、原告は、面接がうまくいかず、不採用となった。原告は、知的障害により、学習、考えること、コミュニケーションをとること、他者と交流することが、著しく制限されていると主張したが、裁判所は、原告は、高校を卒業し、技術系の大学を卒業しており、運転免許を所持し、読むことや会話にも支障がないとして、「障害者」に該当しないと判断した。委員会報告書は、この判決を引用し、改正法の下では、このような原告も、障害者に該当すると述べている。

② **2008年法改正**

①でみたように1990年法の下では、「障害」を画する重要な概念である「主要な生活活動」について、以上のような制限的な判断がなされたため、連邦議会は、これを修正するために2008年に改正法を成立させた。新法には、3条(2)と(4)(C)において、次のような解釈方針が示された。

ADA 3条(2)
(A) 一般原則
　主要な生活活動には、次のものが含まれる、ただしこれに限定されるものではない。
　身の回りの世話、手作業、見ること、聞くこと、食べること、睡眠、歩行、立つこと、運ぶこと、かがむこと、話すこと、呼吸、学習、読むこと、集中すること、考えること、会話、労働。
(B) 主要な身体機能
　主要な生活活動には、次の身体機能が含まれる。ただし、これに限定されるものではない。
　免役システムの機能、正常細胞の成長、消化器、腸、膀胱、神経、脳、呼吸器官、血液循環、内分泌、および、生殖に関わる機能
(4)(C)　障害の存在を認める際には、「相当に制限されている」という用語は、主要な生活活動の一つが機能障害によって相当に制限されている状態と解されるべきであり、その機能障害が他の主要な生活活動をも制限している必要はない。

(3) 相当に制限されている状態

つぎに、「主要な生活活動」に該当する活動が「相当に制限されている」かどうかについては、立法後にEEOCが規則において、次のような考慮要素を示していた。

29 C. F. R. § 1630.2(j)
(1)「相当に制限されている」という用語は、次の状態をさす。

(i) 一般集団の平均的な人ならば行なうことができる主要な生活活動が行なえないこと。
　(ii) 特定の主要な生活活動について、ある人の場合、それを行なう条件、方法、持続期間が、一般集団の平均的な人が行なう場合と比べて、著しく制限されていること。
(2) ある人の主要な生活活動が相当に制限されているかどうかを判断する場合には、次の要素を考慮しなければならない。
　(i) 機能障害の性質と程度。
　(ii) 機能障害の持続期間または予想される持続期間。
　(iii) 機能障害からもたらされる、あるいは、もたらされると予想される永続的または長期的な影響。

　しかし、EEOCの規則で示された要素だけでは、「相当な制限」の具体的な程度を容易に想定することができなかった。裁判においても、この部分の解釈をめぐって様々な問題が浮上した。以下、とくに注目すべき解釈問題を取り上げて考察する。

① **1990年法下の判例法理**
(i) **Sutton Trilogy**
「相当に制限されている」という用語については、その判断に際して、①機能障害による制限を緩和する手段、たとえば、眼鏡、コンタクトレンズ、補聴器などの効果を考慮して判断するべきか、それとも、②緩和させる措置をとる前の状態をみて判断するべきか、という点について意見の対立があった。
　EEOCは、②の見解（緩和措置を考慮せずに制限の度合いを判断する）を採っていたが、対して連邦最高裁は、1999年 Sutton v. United Air Lines（強度の近視である労働者が、国際線パイロットの視力要件を充たすことができずに採用を拒否された事件）[23]、Murphy v. United Parcel Service Inc.（高血圧の車両整備士が、営業用車両を運転するための医学的基準を満たすことが

---
23) 527 U. S. 471 (1999).

できずに解雇された事件)[24]、Albertsons, Inc. v. Kirkingburg（営業用のトラックの運転手が、連邦運輸省の定める視力基準を満たすことができずに解雇された事件)[25]という3つの判決において、障害の有無は、補助器具などの緩和効果を考慮して判断すべきとの考えを示し、EEOCの解釈を否定した。これらの事件は3つ合わせて「Sutton Trilogy」と称されている。各事件の要旨を、以下に紹介する。

【3】 Sutton v. United Air Lines, 527 U. S. 471 (1999)

〈事案〉

　双子の姉妹SuttonとHilton（2人とも本件上訴人）は、UAL社の国際線パイロットの職に応募したが、2人は共に強度の近視であったため（両眼ともに20/200以下、日本の基準では、0.1以下）、航空会社が設けた国際線パイロットの視力要件（裸眼で20/100以上、日本では0.2以上）を充たすことができず、パイロットに採用されなかった。ただし、彼女らは、眼鏡やコンタクトレンズを使用すると、視力は20/20（日本では、1.0程度）程度になり、日常生活に特段の支障はなかった。

　彼女らは、今回の不採用は、①障害に基づく差別（A類型に基づく差別）、あるいは、障害があるとみなされたことによる差別（C類型に基づく差別）であるとして、連邦地裁に提訴した。連邦地裁は、①彼女たちの視力は完全に矯正できるものであり、ADAの「障害」に該当しない。②会社は、彼女たちの視力は、特定の職（本件では、国際線パイロット）に必要とされる要件を充たさないと認識していたが、他方で、彼女たちの視力が、主要な生活活動を相当に制限するものであると考えていたわけではない。よって、会社が、彼女たちを「障害」がある者とみなしていたとは判断できない、として彼女たちの主張を斥けた。第10連邦控訴裁は、原審の判断を支持した。

〈判旨〉　O'Conner裁判官の法定意見

　ADAは、EEOCに第1編の雇用に関する規則制定権を与えているが、本件で問題となっている「障害」の定義（ADA全編に共通する）に関する規則を制定する権限までは与えていない。EEOCは、雇用に関する規則を制定

---

[24]　527 U. S. 516 (1999).
[25]　527 U. S. 555 (1999).

する際に、障害の定義の解釈についても触れており、また、規則の内容を具体的に解説する「解釈指針 (Interpretive Guidance)」も公表している。そして、解釈指針では、障害の有無は制限を緩和する手段を考慮せずに判断するという見解が示されている。しかし、すでに述べたとおり、障害の定義に関する規則制定権は EEOC に付与されておらず（どの行政機関に付与されていない）、ADA の条文自体にもその内容は明記されていないから、当裁判所は、規則の内容には依らずに、今回の問題を判断する。

　ADA の障害の定義(A)は、「主要な生活活動の一つまたはそれ以上を相当に制限する身体的または精神的な機能障害」となっている。この条文において、「制限する」という「現在形」が用いられているのは、障害の A 類型では、「現在の状態」に着眼して判断すべきという意図が込められているからである。つまり、緩和手段を用いなければ、その者の機能障害が、生活活動を相当に「制限するかもしれない」あるいは「制限しうる」、または「制限するだろう」、と読むべきではないのである。よって、緩和手段などを用いることによって機能障害が矯正されている者は、現に主要な生活活動が制限されている機能障害があるとはいえない。

　先に述べたように、EEOC の解釈指針においては、障害の有無は制限を緩和する手段を考慮せずに判断するという見解が示されているが、当裁判所は、EEOC の見解は、ADA の条文の文言と趣旨に一致しないと解する。なぜなら、ADA における障害 A 類型の定義は、「その個人の主要な生活活動を相当に制限する機能障害」となっており、事案ごとの個別的な判断を求めている。EEOC の見解は、緩和手段を用いている者については、その者の現在の状態ではなく、緩和手段を用いていない一般的な状態を想定して、「障害」の有無を判断している。これは、個人の状況ごとに「障害」の有無を見極めるという ADA の解釈方法に反するものである。

　また、ADA の冒頭に示されている「事実認識 (Finding)」では、ADA 1990 年法の制定に際して、アメリカ社会には4300万人の障害者がいると指摘されている。連邦議会が、EEOC のように考えていたならば、この事実認識において、4300万人より多い人数を示していたはずである。

　障害の有無は緩和手段を考慮して判断すべきであり、当裁判所は、第10連

邦控訴裁の判断を支持する。

【4】 Murphy v. United Parcel Service Inc., 527 U. S. 516（1999）
〈事案〉

　1994年8月、Murphy（上訴人）は、UPS社の整備士として採用された。UPS社の整備士は、業務において営業車両を運転することが求められており、連邦運輸省（DOT）が定める営業車両のドライバーに関する健康上の基準を充たす必要があった。高血圧の持病をもつMurphyは、採用された当時、DOTの基準を充たしていなかったが、手違いによって、UPS社の整備士の職を得ていた。

　同年10月、医学ファイルの確認が行なわれ、会社は、Murphyの健康状態がDOTの基準を充たしていないことに気がついた。会社は、Murphyの健康状態を再検査し、DOTの基準を充たしていないことを理由に、Murphyを解雇した。

　Murphyは、本件の解雇は、①障害に基づく差別（A類型に基づく差別）、あるいは、障害があるとみなされたことによる差別（C類型に基づく差別）であるとして、連邦地裁に提訴した。連邦地裁は、①治療などを受けている「機能障害」は、治療の効果を考慮して検討するべきである。Murphyは、投薬治療を受けた状態で、重いものを持ち上げることができないだけで、そのほかの機能に問題がないため、「障害」があるとは認められない。②会社は、Murphyが、DOTの基準を満たしていないと判断したが、それは彼が「障害」のある者だと思った（みなしていた）からではない、としてMurphyの訴えを斥けた。第10連邦控訴裁も、原審の判断を支持した。

〈判旨〉O'Conner裁判官の法定意見

　当裁判所は、Sutton事件においても述べているように、ADAにおいて、個人の機能障害が一つまたはそれ以上の主要な生活活動を相当に制限しているかを判断する場合には、緩和手段を考慮すべきと解する。したがって、当裁判所は、Murphyの高血圧は、投薬治療を受けた状態でみると、主要な生活活動を相当に制限しているとは認められないという第10連邦控訴裁の判断を支持する。

【5】 Albertsons, Inc. v. Kirkingburg, 527 U. S. 555（1999）

〈事案〉

　Kirkingburg（上訴人）は、食料品店チェーンの Albertsons 社に、トラックドライバーとして雇用された。

　連邦運輸省（DOT）は、営業用のトラック運転者に関して視力基準（左右各 20/40 以上（矯正視力を含む）、日本の基準では 0.5 以上）を定めており、Kirkingburg は、Albertsons のドライバーとして雇用されるためには、これを充たす必要があった。色覚異常を患っていた彼の視力は、左目が裸眼で 20/200（日本では、0.1 相当）であり、DOT の基準を充たしていなかったが、採用時に視力検査を担当した医師が、検査を誤って、Kirkingburg が DOT の基準を充たしていると判断したため、彼は、Albertsons 社でドライバーとして働き始めた。

　後の検査において、Kirkingburg が DOT の視力基準を充たしていないことが明らかとなり、会社は、DOT の基準を充たしていないことを理由として彼を解雇した。

　DOT では、視力障害のある者を対象として、DOT の視力認定の免除する認定手続を行なっており、Kirkingburg は、後に、DOT から視力基準の適用を免除する認定を受け、再度、Albertsons のドライバーの職に応募したが、会社は再雇用しなかった。

　Kirkingburg は、再雇用拒否は ADA 違反だとして連邦地裁に提訴したが、連邦地裁は、DOT の視覚基準を充たさない Kirkingburg は ADA における「適格者」とみとめられない、また、DOT の免除認定を受けるまで解雇を猶予するという配慮は、ADA が求める合理的配慮とはいえないとして、Kirkingburg の訴えを認めなかった。対して、第 9 連邦控訴裁は、次のように述べて、原審に判断を差戻した。① Kirkingburg は、事実上右目の視力によって物をみており、多くの人の物の見方とは著しく（significantly）異なった方法（manner）をとっている。これは、ADA の障害類型(A)に当たると解するべきである。② DOT は、視力障害者のために、基準の適用免除認定を行なっている。このような適用除外制度がある場合は、会社は、DOT の視力基準に準拠して、会社が設定した視力基準を正当化することができない。適

用免除制度は採用していないから③会社が独自の視力基準を設けることは許されているが、その場合においても、ADAの下で会社の基準が正当化できるか否かが吟味される。本件においては、会社の基準の正当性が立証されていない。

〈判旨〉Souter 裁判官の法廷意見

　当裁判所は、第9連邦控訴裁の障害に関する判断を支持しない。理由は次のとおりである。

　①　第9連邦控訴裁は、EEOC の規則に示されている解釈、すなわち、「（機能障害が個人の主要な生活活動を）相当に制限する（substantially limits）」とは、機能障害のある個人が、ある主要な生活活動をする場合、その態様や方法、活動に要する時間の長さなどが、平均的な人が同じ活動をする場合と比べて、「著しく（significantly）」制限されている場合をさす、という立場に依拠している。しかしながら、第9連邦控訴裁は、ADA の根本的な要請である「個人の能力」が相当に制限されているかどうかという検討を省いてしまっている。Kirkingburg の物の見方が、他の者の方法と著しく（significantly）異なっていることから、早急に ADA の障害を認めている。

　②　当裁判所は、Sutton 事件で述べたとおり、緩和手段の効果を障害の有無の判断に考慮すべきと解する。一方、本件の Kirkingburg は、視野や視力の欠陥部分を脳のなかで補う体内メカニズムによって、視力の障害を緩和しているのであるが、この体内の補正メカニズムと Sutton 事件で問題となったような人造の補助具（医学的治療や医療器具など）を区別しなければならないと解する原理的根拠が見当たらない。

　③　ADA のもとでは、障害の有無はケース・バイ・ケースで判断しなければならないと解されるため、第9連邦控訴裁のように、単眼であることから、ただちに、障害があると導くことはできない。単眼といっても、その制約のありようは様々である。障害が認められるためには、当該個人の経験に照らして、視力や視野の欠損の重篤さが、相当な制限を生んでいることを立証しなければならない。

　(ii)　**内服の効果**

　Sutton Trilogy で示された"障害の有無の判断において緩和手段の影響を

考慮する"という考え方は、てんかん、糖尿病、統合失調症などの、内服治療によって症状をコントロールできる疾患を抱える労働者を、ADAの保護から排除してしまうという可能性があった[26]。

たとえば、Swanson v. University of Cincinnati[27] では、うつ病の研修医に対する解雇が問題となった。Swansonは、研修医として病院に勤務するようになったが、勤務し始めた時点では、睡眠が1日5時間以下で、長時間にわたって集中することが難しく、周囲とコミュニケーションを十分にとれなかった。Swansonは、精神科を受診し、医師の勧めで、パキシルやプロザック（抗うつ剤）の服用を始めたところ、精神の状態はずいぶん回復し、治療前と比べて、研修の評価も向上した。しかし、病院は、彼を解雇した。裁判において、Swansonは、本件解雇はADA違反であるとして主張したが、第6連邦控訴裁は、睡眠が1日5時間以下というのは適切とは言い難いと認めたものの、彼の睡眠が、一般的な人と比べて著しく制約されているとはいえず、一方で、Swansonは、内服治療により、コミュニケーション能力や集中力も回復しているのであって、このような状態では、障害があるとは認められないと判示した。

また、Krocka v. City of Chicago[28] では、プロザックを服用していた警察官Krockaが、プロザックを服用しているというだけで、人事管理において注意すべき者として監視下におかれたことが障害に基づく差別に当たるかが問題となった。第7連邦控訴裁は、Krockaは、うつ病を患っているが、内服治療を受けて良好な勤務評定を維持し続けており、このような状態では、労働が相当に制限されているとはいえないと判示した[29]。

---

26) もっともたとえば、内服治療自体が、日常生活に著しい制約を生じさせる場合（薬の副作用が強い場合等）や、緩和手段を用いても、日常生活に制約を完全に取り除くことができない場合（義足などを用いる場合等）は「障害」があると判断される可能性がある。
27) 268 F. 3d 307 (6th Cir. 2001).
28) 203 F. 3d 507 (7th Cir. 2000).
29) もっとも、服用している薬の副作用が強い場合、機能障害からではなく、副作用から、日常の行動が制約される場合がある。Taylor v. Phoenixville School District (184 F. 3d 296, 3rd Cir. 1999) では、躁うつ病等により入院していた労働者が、症状が回復して職場復帰したものの、タイプミスや締め切りを守れない等の軽微なミスが続いたため、解雇された。Taylorは、内服治療を受けて、妄想症状は落ち着いていたが、薬の副作用によって、集中力や記憶力の低下がみられた。第3連邦控訴裁は、Taylorには、副作用

このように、「相当に制限する」という用語を緩和措置の効果を考慮して判断するという解釈方法は、内服治療を受けている精神疾患のり患者を、ADAの保護対象から外すというという問題があった。2008年法改正では、この点の修正が行なわれている。2008年改正については②で詳しく述べる。

(iii) **症状が間欠的な場合**

身体障害や知的障害は、病状が長期にわたって固定するものが多く、その結果として、日常生活に対する制限も、長期的あるいは永続的になることが多い。これに対して、精神障害の場合は、環境の変化やストレスに影響を受けやすく、症状の出方に波があるという特徴がある。そのため、症状に波のあるという状態のどの時点を起算点にして「相当に制限のある状態」を評価すべきかが問題となった。

たとえば、Edmond v. Fujitsu-ICL Systems, Inc.[30]では、顧客サービス部門勤務する原告Edmondが、不安発作やうつ状態の療養のために、約3週間の休暇を取得し、その後1日つき4時間勤務時間を短縮する措置を受けていた。会社は、他の従業員が退職したため、Edmondに、その部署への異動を命じたが、彼は異動を拒否して辞職した。Edmondは、病休を取得した後に、障害に基づく昇格差別やハラスメントを受けたとして提訴した。連邦地裁は、Edmondが、精神疾患により、3週間の休暇と1日4時間の就業短縮を1週間行なっていたが、その配慮の終了後は、通常勤務に戻ることができていると指摘して、彼の精神疾患は、短期的、一時的にしか労働に制限をもたらしておらず、A類型に該当する障害があるとは認められないと判示した。

2008年の改正では、この点についても修正がくわえられ、間欠的な症状は、症状が現れた時を基準に障害の有無を判断することになった。詳細は②で後述する。

(iv) **労働に対する制限**

「労働」は、ADAの障害定義における「主要な生活活動」に含まれるが、いかなる状態をとらえて「労働が相当に制限されている」と判断すべきかに

によって「考える」という活動に一定の制限が生じていると認め、その制限の程度が「相当に制限される」という程度にあるかどうか、審理しなおすように事件を差し戻した。
30) 1997 U. S. Dist. LEXIS 4835 (1997).

ついては、裁判所の見解は分かれていた。たとえば、精神疾患を患う労働者は、ある特定の状況におかれると、緊張や不安などから、発作を起こしたり、気分が悪くなったりする。このような特定の状況において労働に制約が生じる場合を「労働に相当な制限がある」状態に含めてよいかどうかが、いくつかの裁判例で問題となったのである。

　たとえば、Davidson v. Midelfort Clinic, Ltd.[31] では、定例会議において口頭で書類を読み上げて、内容を説明するという行為が、ADD（Adult Residual Attention Deficit Hyperactivity Disorder,「注意欠陥多動性障害」とも呼ばれる）のためにできなくなることが問題となった。精神科のセラピストであった Davidson は、ある日の定例会議において、患者の様子を口頭で説明するように求められたが、非常に時間がかかって、他の出席者にうまく内容が伝わらなかった。そこで、Davidson は、会議で口頭の説明をする前に、あらかじめ、話す内容を紙にまとめておきたいと上司に相談したが、時間がかかりすぎるとして認められなかった。また、Davidson は、自宅で利用している録音機器を会議でも利用したいと述べたが、これも認められなかった。その後、病院は、彼女の作業のスピードが遅いこと、業務の未処理が多いことなどを理由として、Davidson を解雇した。Davidson は、合理的配慮を受けることができずに解雇されたとして提訴した。第 7 連邦控訴裁は、Davidson は、ADD によって、会議での口頭での説明に制限があると認めたが、一方で、この口頭で書類の内容を説明するという行為は、クリニックにおける業務の一側面にすぎないと判示した。さらに、現在勤務している病院では、会議での口頭説明が要求されているが、すべてのセラピストが、口頭での説明を要求される訳ではないとして、ADD によって、会議での口頭説明が制限されているだけでは、労働に相当な制限があるとはいえないと判示した。

　この問題は、(i)で取り上げた Sutton 事件においても問題となっていた。Sutton 事件では、労働者が、UAL 社の国際線パイロットに必要な視力基準を充たしていなかったために、不採用となったが、一方で、国内線のパイロットに採用される可能性が残されていた（国際線と国内線とは、視力規準が異

---

31) 133 F. 3d 499 (7th Cir. 1998).

なるため)。そのため、機能障害により、ある一部の職種や業務ができないが、一方で、他の職種や業務は遂行することができるという場合には、「労働に相当な制限がある」とはいえないのではないかという点が問題となったのである。

連邦最高裁は、この点について、まず、「労働が相当に制限されている場合」とは、「ある職種 (class of jobs) について、広範な制限が認められる状態」を意味すると判示し、そして、不採用となった双子の姉妹は、国際線のパイロットに就くことはできないとしても、国内線のパイロット等への就職の可能性は残されているのであるから、「労働が相当に制限されている場合」という状態にあるとはいえないとの結論を下した。

(i) の Murphy 連邦最高裁判決でも、同じ論理が用いられている。この事件の労働者 Murphy は、高血圧のため、営業車両用の運転免許を得ることができなかった。連邦最高裁は、この場合の Murphy も、営業車両用の運転免許を必要とする職種には就けないが、それ以外の職種で就労することができるとし、本件の労働者は、労働に対して相当な制限があるということの立証に成功していないとして、使用者の主張を認める原審の略式判決を是認した。

2008年の法改正では、この「労働に対する相当な制限」に関する解釈の問題に明確な答えはだされなかった。しかし、2008年法には、「障害の範囲は、広い範囲の個人に適用されるように、この法律で許される最大範囲をもって解釈されるべきである」との定めが追加されており (3条(4)(A))、これにより、今後は、Sutton 事件で示された最高裁の解釈も、修正される可能性がある。なお、2008年法改正後に示された EEOC の新規則 (2011版) では、「ある職種 (class of jobs)」の代わりに、「ある労働のタイプ (type of work)」という用語が使われている[32]。

(v) **移動への制限**

パニック障害や広場恐怖症等を患う者は、ある特定の場所にいくことができないという症状に苦しむことがある。「移動」に制約がある労働者については、基本的には、その制約の程度が「相当」といえるかどうかについて個別

---

32) 29 C. F. R. § 1630.1 (i)(7)(ii).

的に検討がなされる。

　これまでの裁判例には、自宅と職場の移動など、就労に必ず不可欠な移動とは異なり、ある特定の場所への移動に関する制限では、「相当な制限がある」とはいえないとして、障害の範囲が狭く解されているものがある。

　たとえば、Reeves v. Johnson Controls World Services, Inc.[33]では、パニック障害と広場恐怖により、労働者が特定の場所にいくことができないことが問題となった。この事件の原告であるReevesは、パニック障害と広場恐怖のために、人混みの多い場所にいくと極度の不安を感じ苦しんでいた。彼は、日用品のちょっとした買い物で行き慣れないショッピングモールに行くことや、一人で列車に乗ること、トンネルや橋、高速道路等を通過することができなかった。Reevesは、会社でマネージャー職に就いていたが、勤務中にパニック発作を起こすようになり、会社を早退することが多くなった。会社は、Reevesを、他の労働者に不当なプレッシャーをかけたことを理由に解雇した。しかし、Reevesは、そのような理由は障害に基づく解雇の口実であるとして提訴した。第2連邦控訴裁は、Reevesに障害が認められるかに関して、次のように判示している。たとえば、精神障害のために、自宅から職場への移動ができないというような場合には、移動に相当な制限があるものとして「障害」を認めることができる。しかし、Reevesのように、自宅と職場の移動等に制限はないが、ある特定の場所に行くことができないという場合は、日常生活の移動に相当な制限があるとは認められない。よって、Reevesは、ADAの保護対象とはいえない、と判断した。

　(vi)　**不眠**

　不眠は、多くの精神疾患に共通する症状の一つである。ADAでは、「睡眠」は主要な生活活動の一つと解されているが、適切な睡眠時間は人によって異なるものであるため、「睡眠が相当に制限されている場合」をどのように判断すべきかが、裁判では重要な争点となっている。

　なお、この点、EEOCの指針では、不眠症状がADAの「障害」に当てはまる場合とは、総人口における平均的な個人と比較して、睡眠が相当に制限

---

33)　140 F. 3d 144 (2d Cir. 1998).

されている場合をさすが、不眠状態は長期でなければならず、短期的な場合はADAの障害とは認められないとされている[34]。

裁判例の状況をみると、「睡眠が相当に制限されている」という状態が認められることはほとんどないように思われる。

たとえば、EEOC v. Sara Lee Corp.[35]では、夜間、週に1、2度、震え等のてんかん発作が起こり、そのたびに目覚めて熟睡することができない労働者Turpinが、交代制勤務において、朝のシフトを割り当てるように配慮を申し出た。Turpinは、日中の業務の間にも、てんかん発作が起こることがあったが、夜に比べると症状は軽く（2〜3分の発作で、数年間で4、5回程度）勤務自体に大きな支障は生じていなかった。Turpinは、勤務開始から約10年間に、新たな工場へ異動を命じられた。異動に際してTurpinは、新しい工場でも、朝のシフトを希望したが（朝・昼・夕の3交代制がとられていた）、先任権制度により、昼か夕方のシフトしか選択することができなかった。Turpinは、会社にてんかんの持病があることを申し出て、シフトの割り当てに配慮を求めたが、会社は、①昼か夕のシフトのどちらかで希望をだすか、②12ヶ月以内に再雇用される権利をつけてレイオフに応じるか、③契約解除をするか、のいずれかを選ぶように指示した。Turpinは、③を選択して辞職したが、後に、EEOCにADA違反を申し立て、EEOCは、原告としてこの申立を連邦地裁に提訴した。しかし、第4連邦控訴裁は、次のように述べて、EEOCの主張を棄却した。Turpinは、毎晩熟睡ができているわけではないが、一度も目覚めずに睡眠できる日もある。また、一般にみて、一晩に何度か睡眠が中断する者は多いと思われる。そのように考えると、当該労働者の睡眠は、平均的な個人の睡眠と比べて、相当に制限されているとはいえず、障害のA類型に該当するとは認められない。

同じく、Pack v. K-Mart Corp.[36]でも、障害の存在が否定されている。本件では、調剤師Packが、不眠に苦しみ、業務中に薬のラベルを張り間違える等のミスが見られるようになっていた。会社は、ミスがめだつPackに懲戒

---

34) EEOC Guidance 1997b.
35) 237 F. 3d 349 (4th Cir. 2001).
36) 166 F. 3d 1300 (11th Cir. 1999).

処分を行ない、最終的に解雇した。Pack は、裁判において、会社は、他の業務への異動を希望したにも関わらずこれを認めず解雇したと主張したが、第10連邦控訴裁は、Pack は、夜中に目覚めて、泣いたり、動揺を感じたりし、2～3時間たたなければ再び眠ることができない状態もみられ、その症状が1年ほど続いている。たしかに、Pack は断続的に睡眠時間が短くなっていると解されるが、そのような期間が1年ほどでは、睡眠に長期間の深刻な影響が生じているとは認められず、障害があるとはいえないと判断した。

② 2008年法改正
(i) 緩和措置の効果

先にみたように、Sutton Trilogy で示された連邦最高裁の判断には、ADA の「障害」の概念を著しく狭め、障害差別に関する法的救済を受けにくくするという問題があった。そこで、連邦議会は、2008年の ADA 改正法において、障害を緩和する措置の効果に関する条文を追加し、「相当な制限」あるかどうかは、緩和措置の効果を考慮せずに判断するとした。この改正法により連邦最高裁の解釈は、修正された。ただし、眼鏡やコンタクトレンズの一般的な使用については、障害の有無の判断に斟酌するというルールも一緒に追加されている。追加された条文は、以下のとおりである。

ADA 3条(4)(E)
(i) 主要な生活活動を相当に制限する機能障害か否かの判断は、軽減措置の改善効果を考慮せずに行なう。軽減措置とは、たとえば、
  (I) 治療、医学的補助具、機器、器具、視力低下用器具（通常のめがねやコンタクトレンズをのぞく）、義足等の装具、補聴器、人工耳、その他埋め込み式補聴器具、移動器具、酸素吸入機器など、
  (II) 補助的な技術の使用
  (III) 合理的配慮　あるいは、補助的な用具やサービス
  (IV) 学習的、行動的、順応的、神経的な緩和措置
(ii) 通常のめがね、あるいはコンタクトレンズの軽減措置の緩和効果は、主要な生活活動が相当に制限されているか否かの判断において、斟酌される。

(iii) 本条において
 (I) 通常のめがね、あるいは、コンタクトレンズとは、視力を十分に回復する、または、ゆがみを十分に取り除くことを目的としたレンズをさす。
 (II) 視力低下用器具とは、拡大、質感の強調、その他視覚的なイメージを改良する装置をさす。

(ii) 間欠的な症状

先の①(iii)で見たとおり、1990年法の下では、機能障害の症状が間欠的に出現する者について、どの時点をもって障害の有無を判断するかという問題があった。2008年法改正では、この問題への対応がなされている。新法の下では、間欠的な症状は、その症状が重いときをみて、相当に制限している状態にあるかどうかを判断することになった。条文は、以下のとおりである。

ADA 3条(4)(D)
 一時的、あるいは、鎮静している機能障害は、その機能障害の症状が現れた際に、主要な生活活動を相当に制限するのであれば、障害に該当する。

2 B類型

ADAでは、過去に機能障害があったが、今は、そのような機能障害がない者を保護するために、「そのような機能障害の記録があること」を障害の第2類型に定義している（以下、「B類型」とする）（3条(B)）。

(1) EEOCの解釈

EEOCの規則では、B類型に当たる者とは、①その個人の主要な生活活動の一つ、または、一つ以上の活動を相当に制限する、身体的または精神的な機能障害の記録がある者、または、②そのような機能障害があると誤って分類された者とされている[37]。2008年改正では、この類型に関する修正はな

---

37) 29 C. F. R. § 1630.2(k)(1) (2011).

かったが、EEOC 規則では、B 類型も ADA において許される最大の範囲にて解釈されなければならないが、拡大解釈はされるべきではないとの付言がなされた[38]。

具体的な例をあげると、上記①には、癌を克服したが、癌の既往を示す医療記録があるために差別を受ける者が想定されている。②には、誤った分類方法に基づき知的障害（学習障害等）があると判定されてしまい、その判定記録によって差別を被る者が想定されている[39]。

(2) 判例の状況

以下、B 類型に関する争点を、裁判例を挙げて考察する。

① 病名

「病名」は、精神疾患の「記録」の一つである。しかしながら、連邦裁判所の多くは、病名だけでは、その病気によって、労働者の生活がどの程度制限されていたのかどうかを決定できないと判断している。

たとえば、Olson v. General Elec. Astrospace[40] では、うつ病の入院歴があった原告 Olson が、レイオフされた後、再雇用の募集に応募し、面接試験に進んだ。しかし、うつ病の入院歴があること、多重性人格障害と PTSD の診断を受けていること等が明らかとなったため、不採用となった。裁判において、Olson は、今回の不採用決定は、多重性人格障害と PTSD の病名、不眠検査の受診記録、うつ病の入院歴が明らかになったことが原因であり、このような採用拒否は ADA 違反であると主張した。しかし、第 3 連邦控訴裁は、これらの記録では、当時、Olson の日常生活がどの程度制限されていたのかが明らかなっていないとして、Olson の訴えを斥けた。

---

38) 29 C. F. R. § 1630.2(k)(2) (2011).
39) 101 H. Rep. 485, Part 2. Labor Report. 52-52, H. Rep. 485, Part 3 Judiciary Report p. 29.
40) 101 F. 3d 947 (3d Cir. 1996).

② 入院の記録

入院を示した記録が、B類型の「記録」に当たるかについてという点については、リハビリテーション法の下で障害差別が問題となったSchool Board of Nassau County, Flolida v. Airline[41]において、連邦最高裁が、入院の記録は、当時の機能障害が、主要な生活活動を相当に制限していたことを示す事実として十分であるとの判断を示していた。ADAの解釈は、基本的には、リハビリテーション法の下で確立した判例法理が尊重されるが、ADA第1編の裁判では、Airline事件連邦最高裁判決とは異なる見解をとる判決もしばしば見られる。

たとえば、Horwitz v. L. & J. G. Stickley, Inc.[42]では、原告Horwitzが、裁判において、採用面接時に提出した健康調査票に、躁うつ病の入院歴を申告があったために、採用を拒否されたと主張した。連邦地裁は、Horwitzには、2回の入院記録があり（そのうち1回は、2週間の入院）、退院後は、6週間にわたって集団のセラピー療法を受けていたことが認められるとしながらも、これらの記録では、当時、Horwitzが、主要な生活活動を相当に制限される状態にあったかどうかが十分に立証されていないとした。しかし、一方で、これらの記録は、Horwitzがセラピー療法に移れるまでに症状が安定したことを示しているのだから、B類型に該当する記録があるとはいえないとして、結論では障害の存在を否定した。

③ 障害年金の受給歴

障害年金の受給記録が、B類型の「そのような機能障害の記録」に当たるかどうかについては、これを肯定する裁判例がある。

Lawson v. CSX Transp. Inc.[43]では、糖尿病により、SSDI（公的障害年金保険給付）[44]を12年間受給していた原告Lawsonが、私鉄会社の車掌に応募にあたって、SSDIの受給を申告したところ、採用を拒否された。第7連邦控

---

41) 480 U. S. 273 (1987).
42) 122 F. Supp. 2d 350 (S. D. N. Y. 2000).
43) 245 F. 3d 916 (7th Cir. 2001).
44) SSDIについては、第I部第2章5を参照。

訴裁は、SSDI の受給記録があるだけで、直ちに、B 類型が認められるとはいえないと述べつつも、SSDI を受給するためには、少なくとも 12 ヶ月以上継続する身体的または精神的機能障害によって、実質的に、有給の就労をすることとができない状態にあり、かつ、過去に従事していた就労ができなくなっただけでなく、年齢、学歴、職歴等からみて、全国のあらゆる種類の有給の就労を行なうことができない状態でなければならないと SSDI の受給資格要件を確認した。そのうえで、本件では、12 年間の SSDI の受給歴と、他の事情を勘案すると、Lawson の糖尿病は、当時、労働を相当に制限するものであったと判断することができると述べて、結論として、B 類型の障害があることを認めた。

3　C 類型

障害の第 3 の類型は、「そのような機能障害があるとみなされている（regarded as）」状態である（以下、「C 類型」とする）。C 類型は、機能障害に対する無自覚な懸念や誤った思い込み、おそれや言い伝え、偏見などが基になって、雇用において差別を受けることを禁止してほしいという要望に応えるために設けられた[45]。

(1)　EEOC の解釈

C 類型は、「そのような機能障害があるとみなされている状態」と定義されているが、この条項の解釈について見解の対立があった。一つの見解は、ここにいう「そのような機能障害（such an impairment）」とは、A 類型の機能障害を指している、つまり、C 類型とは、「個人の主要な生活活動を相当に制限する機能障害があるとみなされた場合」と捉えるべきである、というものである。もう一つの見解は、もともと C 類型は、機能障害に対する思い込みによる差別を禁止するために設けられたのだから、A 類型とは切り離して、機能障害があると誤解された場合をすべて含むべきとするものである。

---

45)　29 C. F. R App. § 1630.2 (1) (2011).

前者の見解によれば、うつ病にかかっていないにもかかわらず、うつ病にかかっていると誤信されて解雇されたという事案は、使用者が、労働者のことを主要な生活活動に相当な制限がでるほどに重いうつ病にかかっていると誤解していたと認められた場合にのみ、ADA 第 1 編違反の救済を受けられることになる。一方で、使用者が、うつ病の重篤さは考えておらず、単にうつ病という精神疾患にかかっている労働者を雇用したくないと考えて解雇に至った場合には、うつ病の重さに関する誤解がないので、C 類型に基づく差別は成立しないことになる。つまり、前者の見解では、C 類型の該当者が著しく狭くなるのである。

2008 年法改正前の段階では、EEOC は前者の立場を採っており、EEOC の規則も、次のように定められていた。

EEOC 規則（1998 版）
29 C. F. R. § 1630.2(l)
そのような機能障害があるとみなされた場合とは、以下のことをさす。
　(1)　機能障害があるが、その程度は主要な活動を相当に制限するほどではないにもかかわらず適用事業体から、相当な制限がある者として扱われた場合
　(2)　他者の態度の結果として、機能障害が主要な活動を相当に制限する状態に至った場合
　(3)　EEOC 規則に列記されている機能障害は実際にはないのにもかかわらず、適用事業体にそのような相当な制限の生じる機能障害があるように取り扱われた場合

(2)　1990 年法下の判例

① Sutton 事件

つぎに、C 類型の定義をどのように解すべきかという点について、判例の状況をみていきたい。

この点については、連邦最高裁が 1999 年の Sutton 事件において、EEOC が採用している制限的な解釈を確認していた。Sutton 事件では、国際線のパ

イロットに応募した原告らが、視力条件を充たすことができずに、雇用を拒否されたことが問題となり、A類型との関係ではコンタクトレンズを使用すると視力が回復する者に、障害の存在を認めるかどうかが問題となった（第Ⅱ部第2章第1節1(3)①参照）。そして、この事件では、このような視力要件による雇用拒否を、C類型に基づく差別として救済すべきかどうかという点も争われた。

この点について、連邦最高裁は、次のように説示していた[46]。

【Sutton事件のO'Conner裁判官法定意見の要旨】

　C類型の定義に当たる個人として、次の2つがある。(1)適用事業体が、その個人の状態を、主要な生活活動の一つ、または、それ以上に、相当な制限をかす機能障害をかかえていると誤信している場合、(2)適用事業体が、その個人にある機能障害の状態を、主要な生活活動の一つ、または、それ以上を、相当に制限するものだと、実際にはそのような制限をもたらすものではないにもかかわらず誤信している場合である。

　労働者は、当裁判所において、会社が、自分たちの視力を「労働を制限する身体的な機能障害」であると誤信していたと主張している。具体的には、会社は、思い込みやステレオタイプに基づいた視力要件を採用し、その視力要件に充たない場合は、国際線のパイロットとして雇用することができないと誤って思い込んでいるという。

　しかし、ADAは、使用者が、ある身体的な特徴を優先すること、身体的な選考基準を用いることを規制していない。ADAは、使用者が、主要な生活活動を相当に制限する機能障害に基づいて雇用上の決断を行なうこと（機能障害があると誤信し、その機能障害に基づいて決断することを含む）を規制しているのである。よって、ADAが規制するレベルに至らない身体的特徴や医学的な状態（身長や体格、歌声など）を選ぶことは自由であるし、ADAの規制レベルには至らないが、労働に幾分制限を生じさせる機能障害については、その機能障害を理由として、職務適格性を低く判断することもできる。また、ADAにおいて、労働が相当に制限されているとみなされた

---

[46]　527 U. S. p. 489.

と主張するためには、一つの業種や職務が制限されていると思われていただけで足りず、職種や業務が広範囲にわたって制限されていると思われていなければならない。

被告会社は、視力要件に充たない者を国際線パイロットの採用から外しているが、「国際線パイロット」は職種の一つであり、会社が、視力の低いことに基づいて、一つの職種から外したというだけでは、視力の低いことを、労働に相当な制限がある機能障害とみなしていたということにはならない。一方で、原告労働者らの技量に照らすと、他に就くことができる職種（国内線のパイロットやパイロットの養成に携わる教官など）が数多くある。

よって、当裁判所は、原告らは障害があるとみなされたとはいえないとした原判決を支持する。

まとめると、Sutton事件における連邦最高裁のC類型に関する重要な判断は、① ADAが定義する障害のレベルに至らない軽度の障害については、雇用において業務遂行能力を評価する要素として用いることができる、② C類型の立証は、使用者が、労働者の機能障害をみて、ある特定の職務を遂行するのに相応しくないと思ったというだけでは足りず、その機能障害によって、職務が相当に制限されていると誤って思い込んでいるというところまで立証する必要がある、ということになる。

② **カウンセリングの提案**

以上のようなSutton事件連邦最高裁の判断は、精神疾患の事案の救済範囲を著しく狭めるものとして、従前から批判があった。Sutton事件以前の下級審判決でも、この立場が採られる場合があり、立法者がC類型の救済対象として想定していたケースが、数多く敗訴となったからである。

たとえば、Pouncy v. Vulcan Materials Company[47]では、原告Pouncyの勤務態度が、少しずつ反抗的で非協力的になり、同僚からも苦情が寄せられるようになったため、会社が、Pouncyに専門家によるカウンセリングを受

---

47) 920 F. Supp. 1566 (N. D. Ala. 1996).

診させた。カウンセラーからは、プライベートな問題も一緒に解決できるような専門的な心理カウンセリングを受けた方がよいとのアドバイスがだされた。会社は、Pouncy に、会社の福利厚生プログラムの一つとして用意されている心理カウンセリングの受診を勧めたが、本人は、これに難色を示し、代わりに異動を願い出た。しかし、会社はこれを認めず、Pouncy を解雇した。Pouncy は裁判において C 類型に基づいて障害差別を主張したが、連邦地裁は、カウンセリングを強く勧められたという事実は、機能障害があるとみなされたという根拠の一つとなるが、「労働が相当に制限された状態にあるとみなされた」という点を立証するためには、ある職務を解雇されたというだけでは足りないと述べた。そのうえで、会社が、Pouncy を、雇用一般において相当な制限がある者とみなしていたという点に関して、労働者の立証が充分ではないとし、Pouncy の訴えを斥けた。

ただし、他の裁判例では、カウンセリングを勧められたことを重視し、C 類型の存在が肯定されたものがある。Miners v. Cargill Communications, Inc.[48] では、労働者 Miners が、アルコール依存症を改善するプログラムに参加しなければ、解雇すると通告された。上司は、Miners が、飲酒した翌日に業務上のミスがめだったことから、アルコール依存症を疑い、民間の調査員をやとって、Miners の退社後の様子を監視した。上司は、調査員から、Miners が会社の車を飲酒後に運転していた等の報告を受けて、本人に、アルコール依存症の回復プログラムに参加するように強く勧めた。しかし本人はこれを受け入れなかったため、会社は Miners を解雇した。裁判において、Miners は、アルコール依存症であるとみなされたことにより解雇されたと主張した。第 8 連邦控訴裁は、①上司が、業務上のミスがめだつ前日に、Miners が飲酒していたことを知っていたこと、②会社は、Miners に、アルコール依存治療プログラムの参加か解雇のどちらかを選択するように通告したこと、を指摘して、Miners は、上司にアルコール依存症だとみなされていたと判断した。

---

48) 113 F. 3d 820 (8th Cir. 1997).

(3) 2008年法改正

① C類型の立証ルール

Sutton事件連邦最高裁判決の解釈には、(1)(2)で示した課題があったため、連邦議会は、2008年の法改正において、次のような規定を追加し、Sutton事件連邦最高裁判決のC類型に関する判断を修正した。

ADA3条
(A) 個人が、実際の、あるいは、認識された身体的または精神的な機能障害を理由として、本法で禁じられた行為を受けた場合には、その機能障害が主要な生活活動を制限したかどうかに関わらず、あるいは、そのように認識されたか否かに関わらず、そのような機能障害があるとみなされたという要件を充たす。
(B) (1)(C)（筆者注：障害C類型の定義）は、一時的で軽微な機能障害には適用されない。一時的な機能障害とは、実際に、または、想定される期間が6ヶ月以下のものである。

この2008年法改正により、C類型に基づき障害差別を主張する場合は、次の2点、①当該個人には機能障害があり、かつ、その機能障害によって雇用において不利な取扱いを受けた、または、機能障害がないのに、そのような機能障害があると誤信されて雇用において不利な取扱いを受けた、②その機能障害は一時的なものでも軽微なものでもない、を立証すればよくなった。つまり、その（実際にある、もしくは、ないのにあると誤信された）機能障害の程度について、主要な生活活動を相当に制限しているものと誤って認識されているという点については、立証する必要がなくなったのである。

② 残された課題—ストレス脆弱気質

とはいえ、障害のC類型については、まだ残された課題もある。以下、裁判例を挙げて検討を加える。

上司に、強いストレスに耐えられない者（ストレス脆弱性気質）と思われ

て、採用を拒否された、あるいは、解雇されたという場合、当該労働者は、C類型の該当性を主張してADA違反を争う余地がある。しかし、過去の裁判例をみると、ストレス脆弱性気質とみなされたという事実だけでは、C類型に当たると判断されにくい傾向がみられる。

たとえば、Mundo v. Sanus Health Plan of Greater N. Y.[49] では、労働者Mundo が、昇格して業務が忙しくなった直後に、虫垂炎を発症して入院治療を受けた。会社は、Mundo を強いストレスに耐えられない者であると判断し、解雇した。裁判において、Mundo は、ストレスに脆弱で労働に相当な制限が生じているとみなされて解雇されたと主張したが、連邦地裁は、C類型は、「障害」に対する誤った認識や根拠のない思い込みによる差別を是正するために設けられた定義であり、「一般的な性格傾向」は、ADAの「機能障害」とはいえず、ADAの保護するところではないと判断した。

また、Greenberg v. New York State[50] では、ニューヨーク市刑務所の矯正官の選考過程において、精神面の検査が実施され、その結果が出た後に、応募者 Greenberg の採用が見送られた。Greenberg は、当該選考では、筆記試験に合格した後に精神面の検査を受けたが、その結果は、①緊急事態における安全確保に関する判断能力が乏しい、②ストレスが多い状況において、有効かつ効率的に行動する能力に乏しい、③将来または現在の非常事態を察知する能力に乏しい、というものであった。ニューヨーク市は、この結果を受けた後に、Greenberg の不採用を決定した。Greenberg は、裁判において、今回の採用拒否は、精神障害があるとみなされたからであるとし、C類型による差別を訴えたが、連邦地裁は、テストの結果で明らかになった精神面の特徴は、「性格傾向」であり、ADAにおける「障害」に達しないと判断した。

第2節 適格者

ADA102条(a)は、適用事業体に対し、「適格者（qualified individual）」に

---

49) 966 F. Supp. 171 (E. D. N. Y. 1997).
50) 919 F. Supp. 637 (E. D. N. Y 1996).

対して、障害に基づく差別的な取扱いをしてはならないと規定する。ここにいう「適格者」とは、「個人が就いている、あるいは、希望している職位の本質的な部分を、合理的配慮を受けることにより、あるいは、合理的配慮を受けなくても、遂行できる者」を指している（101条(8)）。

　アメリカの法制度は、個人がその才能に基づいて志を抱き、目標を達成し、社会に貢献する平等な社会を築くことを目的に構築されている[51]。したがって、アメリカにおける「平等」の概念は、「機会の平等」が基本であり、「特定の集団に特別な権利を与えること」は、特別な場合を除き選択されない[52]。ADAも、機会の平等を保障する連邦法であり、使用者に、障害のある者に対する優遇を求めるものではない[53]。

　しかしながら、心身に機能障害のある者は、機能障害によって、仕事の方法や進め方や作業時間の長さ等に制約があることが多く、職場において何の配慮も受けないままでは、当人がもつ潜在的な職務能力を発揮することが難しい。そのため、ADA第1編では、「適格者」という概念が導入されている。「適格者」の概念により、使用者には、次の2つのルールが課されることになる。第1のルールは、使用者が障害者の職務能力を評価する場合には、職務の「本質的な部分（essential functions）」を遂行できるかどうかという点から検討しなければならず、本質的な部分を行なう際に付随して生じる周縁的な作業は、職務能力を評価する際には含めてはならない[54]というものである。第2のルールは、障害者の職務能力を評価する際には、「合理的配慮を受けた場合」を考慮しなければならないというものである。

　「適格者」の定義から導かれる職務能力の評価に関する2つのルールは、伝統的な雇用差別禁止法とは一線を画する、ADA第1編の規制の重要な特徴

---

51) 森戸・水町編『差別禁止法の新展開』（日本評論社、2008年）（安部論文）23頁。
52) 差別を是正するために、特定のグループの雇用を積極的に行なう措置、いわゆる「アファーマティブ・アクション（affirmative action）」は、そのような措置を受けない者との関係で逆差別となりうるので、過去の差別状態を解消する目的で一定の範囲内において、許容されている。中窪裕也『アメリカ労働法［第2版］』（弘文堂、2010年）207-210頁。
53) ただ、連邦最高裁は、U. S. Airways v. Barnett, 535 U. S. 392 (2002) において、状況によっては、時に障害者を優遇する措置が合理的配慮の一種として求められることもあると述べている。Barnett事件は、次節で後述する。
54) 29 C. F. R. § 1630.2 (n)(1) (2011).

の一つである[55] [56]。

1 適格者の判断枠組み

差別の救済を求める者が、ADA 第 1 編における「適格者」に当たるかどうかは、次の 2 段階の審査を経て判断される。まず、はじめに第 1 の審査として、職務を遂行する際に必要とされる技術、経験、学歴、その他の資格を備えているかどうかが検討される。職務資格があると判断されると、つぎに、第 2 の審査として、その人が就いている、あるいは、希望する職位の本質的な部分（essential functions）を、合理的配慮を受けることによって、あるいは、受けなくとも、遂行することができるかどうかが検討される[57]。

(1) 職務資格の有無

① EEOC の解釈

適格者か否かに関する第 1 審査では、問題となる職位に就くに際して必要となる資格の有無が確認される。たとえば、学歴、職業資格（医師免許等）、特定の免許（運転免許等）である[58]。これらの資格基準は、当該職位の「職務に関連し業務の必要性と一致する」ものでなければならない[59]。職務に関連しない基準や業務上の必要性と一致しない基準を用いて、障害者を排除するこ

---

[55] ADA 2 条(8)（旧法では、同条(9)）では、「不当で不必要な差別の持続と偏見は、障害のある人々が平等を基礎に（equal basis）競う機会、または、そのような機会を追い求める機会を失わせている」と記されている。ここにいう平等な基準とは、第 1 編では、障害者の潜在能力を考慮した評価基準を意味し、それが「適格者」という概念の採用に現れていると解される。

[56] 長谷川は、公民権法第 7 編では、職務の本質的な機能を遂行できる者が保護対象となることが当然に前提とされており、ADA 第 1 編において、「適格性要件」が明記されたのは、等しき者に対する差別の禁止であることを強調した結果であるから、これは、障害者差別禁止法の固有の特徴ではなく、雇用差別禁止法の固有の性質であるとする。しかし、私見は、「適格者」の概念は、障害者の潜在的能力を引き出す重要な機能を有し、ADA 第 1 編固有の特徴と理解すべきではないかと考える。長谷川珠子「障害者差別禁止法における差別概念」学会誌 118 号（2011）82-83 頁。

[57] 29 C. F. R. § 1630.2 (m) (2011).

[58] 29 C. F. R. § 1630.2 (m) (2011).

[59] ADA 103 条(b).

とは、障害に基づく差別となる[60]。

　使用者は、障害者のために、これらの資格基準を緩和する必要はない。また、食品を取扱う職務の採用では、連邦保健福祉省（DHHS）が定めるリストに基づき、一定の感染症にり患している者をあらかじめ排除することができる[61]。

② **Albertson's 事件**

　第1節1(3)で取り上げた【5】の裁判例 Albertson's 事件では、トラックのドライバーとして Albertson's 社に勤務していた労働者 Kirkingburg が、採用後に、Albertson's 社で用いられていた視力基準（営業車両を運転する者用）を充たしていないことを理由として解雇されたことが問題となった。Albertson's 社が用いている視力基準は連邦運輸省（DOT）が示している営業用車両運転者の視力基準を踏襲するものであったが（左右20/40以上[62]）、DOT の基準には、視力要件の適用を免除する制度が用意されていた。一方、Albertson's 社は、DOT の視力基準だけを利用し、免除制度を使えば視力基準をクリアできる者は採用しなかった。

　Kirkingburg は、DOT の免除制度を申請して、視力基準の免除資格を得ていたため、裁判では、自分は DOT の視覚基準免除認定によって営業車両の運転に関する安全性が担保されており、ADA 第1編における「適格者」に該当すると解されるべきだと主張した。対して、Albertson's 社は、視覚基準免除制度を利用して安全性を担保されたとしても、Kirkingburg が運転する場合には、周囲の者の健康と安全を害する恐れがあり、これは ADA 第1編における「直接的な脅威」に該当するから[63]、Kirkingburg は、「適格者」には当たらないと主張した。

　連邦最高裁判決は、Albertson's 社の用いた独自の視力基準（職務資格）の

---

60) ADA 102条(b)(3)(6)。
61) ADA 103条(e)(2)。
62) アメリカの視力の表現方法は、20/20が日本の1.0に対応する。20/40は、日本では0.5と表記される。
63) 「直接的な脅威」とは、職場において他の者の健康や生命を脅かすという危険をさす。直接的な脅威が認められる者は、「適格者」ではない。詳しくは、第Ⅱ部第2章第2節2で後述する。

適否について、次のように述べている。

【Albertson's 事件の Souter 裁判官法定意見の要旨】

　Kirkingburg は、DOT の視力基準の原則部分（左右 20/40 以上）とその免除制度は、同じ価値をもつものとして評価されるべきであると主張し、視覚基準免除制度は、DOT の視力基準の緩和を認めるものと解するべきであるから、視覚基準免除制度によって営業車両の運転が認められる場合も、公衆の安全が担保されていると解するべきであると主張する。しかし、当裁判所が、視力基準と視覚基準免除制度の目的を制定経緯にそって検証した限りでは、視覚基準免除制度は、DOT の視力基準の緩和を認めるものではなく、公衆の安全が担保するものでもないと解される。視覚基準免除制度は、単に、客観的な事実に基づいて、運転車の能力を個別的に評価し、当人の能力を追認する方法として試行的に設けられているもので、視力要件の本質的な部分を変更する（緩和させる）ものとは評価できない。視覚基準免除制度は、使用者に、DOT の仮定的で試行的な追認に付き合うように求めているものではない。

　Albertson's 社は行政が示した視力基準を用いつつも、視覚基準免除制度を利用して資格を得た者は雇用しないという運用をしている。そのため、本件では、そのような運用が ADA 第 1 編の「業務上の必要性」の観点から正当化できるかどうか使用者に新たに立証させる必要があるのかを考えなければならない。この点については、当裁判所は、ADA の立法者が、そのような立証責任を使用者に課したとは確信できないので、そこまでの立証は求めずに、DOT の基準に準拠する視力基準を業務上の必要性があるものと認める。

　このようにして、連邦最高裁は、Albertson's 社の用いた視力基準は、行政の示した視力基準の基本部分しか準拠していないが（免除制度は省いている）、その基本部分は、公衆の安全を守る目的で定められたものであるから、その部分については、「業務上の必要性」の立証を新たにする必要はないと判断した。そして、免除制度の部分を自社の視力基準に採用しない点については、DOT にその免除制度が用いられた経緯をみると、免除制度は試行的制度であるから、基本部分と免除制度をセットに用いなくとも、視力基準の正当

性(業務上の必要性)が認められ、これを充たさない労働者は、「適格者」とはいえないと判断している。

しかし、連邦最高裁のこのような判断によると、今回の Kirkingburg のような片方の目しか視力がない者は、Albertson's 社と同じような視力基準を設定する会社から、画一的に採用を拒まれることになる。そのような結末については、学説から批判が寄せられている。たとえば、本件では、Kirkingburg は、DOT から営業車両の運転能力に関してお墨付きをもらっているから「適格者」に該当するとの推定が働き、Albertson's 社は、そのような適格者を先の視力基準を用いて排除することの正当性を個別的に立証しなければならなかったのではないかとの指摘がある[64]。

(2) 「職務の本質的な部分」を遂行できるか否か

① EEOC の解釈

適格者に該当するかどうかに関して、以上のような第1審査が終わると、つぎに、問題となっている労働者が「職務の本質的な部分(essential function of the job)」を遂行できるかどうかが検討される(第2審査)。ここでは、職務の「本質的な部分」にいかなるものが含まれるのかという点が大きな問題となる。

EEOC の規則では、「職務の本質的な部分」とは、現在の職、あるいは、希望する職の必要不可欠な部分を意味し、必要不可欠な職務を行なう際に付随的に生じる作業は含まないとされている[65]。また、ADA の条文上は、職務の「本質的な部分」の範囲は、基本的には使用者の判断が尊重されるが、求人広告や採用面接の際に書面で職務要綱(description)が示されていた場合には、これも参照することができると定められている[66]。

EEOC は、「本質的な部分」の判断する要素として、他にも、問題となる作業に費やされる労働時間、その作業が行なわれない場合の職場への影響、労働協約で規定された労働条件、前任者がその作業に費やした時間(期間)、

---

64) Bargenstos, Disability Rights Law 2nd ed., (2014) p.114.
65) 29 C. F. R. § 1630.2(n)(1).
66) ADA 101 条(8).

同種の作業に携わる者が、それを行なうために費やす時間（期間）等を挙げている[67]。

② 判例の状況

ついで、「職務の本質的な部分」に含まれるものについて、判例の状況を確認していきたい。適格者の判断では、まず、問題となっている職位の「本質的な部分」は何かが審査され、つぎに、その「本質的部分」を当該労働者が遂行できるかどうかが検討される。労働者が職務の本質的部分を遂行できるかどうかを検討する際には「合理的な配慮」を得ることによって遂行できるかどうかという点も、考慮される。この審査では、使用者にどのような措置が「合理的配慮」として求められるかという点もあわせて問題となる。

合理的配慮をめぐる問題については、第3節で述べることにし、以下では、職務の本質的部分の解釈について検討する。なお、ここでは、精神疾患にり患した労働者との関係で多く問題となるものを取り上げる。

(i) 規則正しく職場に出勤すること

就業時間を守って規則正しく出勤することは、雇用における大事な条件の一つである。しかし、精神疾患を患う労働者のなかには、決められた出勤日に約束どおりに出勤するということが難しい人がいる。外出することに強い不安を感じたり、毎日の身支度の手順が何らかのハプニングによっていつもの通りに進まなかったりすると、外出すること自体をプレッシャーに感じはじめ、会社にいけなくなってしまうのである。裁判において適格者の該当性が問題となった時に、「規則正しく職場に出勤すること」自体が、職務の本質的な部分に含まれると解されてしまうと、精神疾患のためにそれができない者は「適格者」ではないと判断されることになるので、ADAの保護を受けられないということになる。そして、そのような場合は、出勤日や就業時間を柔軟に設定する等の「合理的配慮」をその人に行なう必要はない。「合理的配慮」は、「適格者」にのみ義務づけられるものだからである。

---

67) 29 C. F. R § 1630.2(n)(3).

たとえば、Greer v. Emerson Electric Company[68]では、うつ病を患う原告Greerが、懲戒処分を3回受けて最終的に解雇された。この会社では、90日以内に3日以上の欠勤をした者は、懲戒処分の対象となるという規程があり、Greerの解雇はこれに基づき行なわれた。Greerは、裁判において、会社は、うつ病のために規則正しい出勤が難しい労働者に対しては、欠勤について一定の配慮（懲戒の猶予）をするべきであり、このような配慮を提供せずに自分を解雇することはADA違反となると主張した。しかし、第8連邦控訴裁は、仮に、原告にADAにおける障害が認められるとしても、規則正しく出勤すること自体が、「職務の本質的な部分」と解されるから、これを守ることができずに欠勤を重ねる者は、「適格者」としてADA第1編の保護を受けることはできないとして、使用者の主張を認める原審の略式判決を維持した[69]。

　一方、Humphrey v. Memorial Hospital Association[70]では、Greer事件よりも柔軟な判断が示された。この事件では、病院で転記事務を担当する原告Humphreyに強迫性パーソナリティ障害があり、身支度がうまくいかない日は、出社する時間が極端に遅くなる等の問題があった。病院は、出社時間を遵守しなくとも、規定された出社日（24時間以内）に出社できればよいという措置を、Humphreyに期間を区切って行なった。しかし、そのような措置を受けても、Humphreyは、出勤日が終わる前に出社できないということがたびたびあった。Humphreyは、在宅勤務を認めて欲しいと申し出たが、この希望は受け入れられなかった。病院は、裁判において、規則正しく事務所に出勤することが「職務の本質的な部分」に含まれると主張したが、第9連邦控訴裁は、「規則的で確実な労務提供」が「職務の本質的な部分」に含まれるとしても、それは、事務所に規則正しく出勤できるかどうかとは区別して考えなければならない。そして、Humphreyが在宅勤務によって「規則的で確実な労務提供」ができるようになれば、「職務の本質的な部分」を遂行していると解することができる。本件では在宅勤務という配慮をHumphreyに提

---

[68]　185 F. 3d 917 (8th Cir. 1999).
[69]　本件では、原告のうつ症状と不安症状は、ADAの「障害」に該当しないと判断されている。また、原告は、本件解雇決定が障害を理由とするものなのか（あるいは非差別的な理由に基づくものなのか）についても、立証できていないと判断されている。
[70]　239 F. 3d 538 (7th Cir. 1995).

供できるかどうか審理を尽くさなければならないとして、原審に事件を差し戻した。

　(ii)　**出勤時間の遵守**

　精神障害のある労働者は、日によって症状の重さが変わることがあり、「定時に」出社できないという問題を抱えていることがある。また、通院治療のために、出社時間に間に合わないということもある。このような例においては、「出勤時間を遵守すること」が「本質的な部分」に含まれるかどうかが問題となる。(i)と似ているが、「時間を厳守する」という点に焦点を当てる点が異なる。

　たとえば、Earl v. Mervyns, Inc.[71]では、雑貨店にシフト交代制で勤務していた原告 Earl が、強迫性障害により、出勤時間が守れず、遅刻の多さ（1年に30回程度）を理由に解雇された。Mervyns 社は、Earl に対し、勤務態度が怠惰であると警告し、15分までの遅刻は許容すると提案したが、その後もEarl は、出勤時間を守ることができなかった。そこで、会社は、Earl を遅刻の多さを理由に解雇した。第11連邦控訴裁は、①Mervyns 社では、出社時間の遵守が会社の方針であるとハンドブックで周知されており、違反者に対する警告制度があった、②Earl の職務はシフト交代制で実施されており、Earl がシフトの交代時間を遵守しない場合は、顧客や他の労働者に迷惑がかかって、業務運営に大きな支障が生じる、という2点を挙げて、定時出社は「職務の本質的な部分」に含まれるから Earl は「適格者」ではないと判断し、会社の主張を認めた原審の略式判決を維持した。

　一方、定時出社は「職務の本質的な部分」に含まれないとする裁判例もある。Ward v. Massachusetts Health Research Institute[72]では、データ入力作業を担当する労働者 Ward が、関節炎の痛みが朝にひどく、遅刻を繰り返し、解雇された。第1連邦控訴裁は、Ward が担当していたデータ入力作業は、深夜0時を超える前に作業を終了すればよいものであり、また、Ward の作業は他の同僚の作業に影響を与えるものではなかったとして、定時出社は「職

---

71)　207 F. 3d 1361（11th Cir. 2000）.
72)　209 F. 3d 29（1st Cir. 2000）.

務の本質的な部分」に含まれないと判断し、会社の主張を認めた略式判決を破棄して、審理をやり直すように事件を原審に差し戻した。

(iii) シフト勤務

「決められた交替制シフトで勤務すること」が「職務の本質的な部分」に含まれるかどうかは、障害のある労働者の就いている職種や問題となる職場の状況による。

たとえば、Laurin v. Providence Hospital[73] では、3交替シフト制で勤務する看護師であった原告 Laurin が、疲労などの症状を緩和するために、昼シフトのみの勤務にして欲しいと病院に申し出たが、認められなかった。裁判において、Laurin は、昼シフト勤務に固定する配慮をしないことは ADA 違反であると主張したが、第1連邦控訴裁は、病院では、すべての看護師に3交替制シフトでの勤務を要請しており、3交代制勤務は、雇用の「本質的な部分」を構成している、また、Laurin を昼のシフトに固定すると、Laurin が勤務できない時間帯を他の看護師に割り当て直すか、あるいは、新たに看護師を採用しなければならないことになるが、ADA は、そのような負担を使用者に負わせるものではないと判断し、病院の主張を認めた原審の略式判決を維持している。

これに対して、交替制シフトで勤務することは「職務の本質的な部分」に含まれないと解する裁判例もある。精神疾患の事案ではないが、たとえば、Garvey v. Jefferson Smurfit Corp.[74] では、高血圧でめまいがひどくなった原告 Garvey が、医師のアドバイスを受けて、会社に、深夜から朝にかけてのシフトに割り当てることを免除して欲しいと申し出た。裁判では、3交替シフトで就労することが「職務の本質的な部分」に含まれるかどうかが問題となったが、連邦地裁は、Garvey と同じ管理職の地位にある者をみると、全員がシフト勤務についている訳ではないので、3交替シフト勤務は、「本質的な部分」に含まれないと判断した。

---

73) 150 F. 3d 52 (1st Cir. 1998).
74) 2000 U. S. Dist. LEXIS 15468 (2000).

(ⅳ) 長時間勤務

疲れやすく長時間の勤務が難しいという問題は、基本的には、就労時間を短くするという配慮を図るべきか否かという、合理的配慮義務の問題として捉えられる。しかし、時には、「長時間働くこと」自体が、職務の「本質的な部分」に含まれるかという形で、「適格者」の問題として捉えられることがある[75]。

たとえば、Simmerman v. Hardee's Food Systems, Inc.[76] では、原告 Simmerman が、うつ病を理由に、週40時間と定められていた勤務時間を短縮して欲しいと申し出た。しかし、Hardee's Food Systems 社は、これを認めずに Simmerman を解雇した。裁判において、Simmerman は、時間の短縮を認めずに解雇することは ADA に違反すると主張したが、第3連邦控訴裁は、雇用契約を締結する際の書面（職務要綱）において、週50時間以上勤務することが提示されていたことを指摘し、週40時間以上の勤務ができない Simmerman は、「適格者」ではないと判断し、会社の主張を認める原審の略式判決を維持した。

(ⅴ) 職場でうまく周囲とつき合うこと

精神障害の裁判例のなかには、労働者が妄想や幻覚など様々な精神的な症状の出現により、職場の同僚とうまくコミュニケーションを築くことができず、会社に態度の悪さを指摘されて解雇されるというものがある。このような事案では、「周囲と円滑に接するということ」が、「職務の本質的な部分」に含まれるかどうかが、問題となる。

たとえば、Baker v. City of New York[77] では、ニューヨーク市にケースワーカーとして雇用されていた原告 Baker が、統合失調症を発症し、職場で

---

[75] 長時間の就労に耐えられないことは、「障害」の有無との関係でも問題になりうる。Overton v. Tar Heel Farm Credit, 942 F. Supp. 1066 (1996) では、強迫性人格障害のために、労働時間が週40時間を超える勤務ができない原告 Overton を解雇したことが ADA 違反となるかどうかが問題となった。連邦地裁は、週40時間労働することができる労働者は、労働に相当な制限があるとは認められないと述べて、Overton は「障害」のある者ではないと判断している。

[76] 1996 U. S. Dist. LEXIS 3437 (1996).

[77] 1999 U. S. Dist. LEXIS 14324 (1999).

不穏な行動をとるようになって解雇された。Bakerは、勤務中に妄想等が発現して独り言をつぶやき、時には、急に笑い出すようになり、周囲を困惑させた。また、同僚の後をついてまわったり、トイレで、下着を足首にまきつけたまま床に寝ていたりすることもあった。裁判において、Bakerは、市が、Bakerに対して、統合失調症を治療するために休暇を与えたり、リハビリプログラムに参加させたりする配慮を行なわずに解雇しており、これは、ADA違反に当たると主張した。しかしながら、連邦地裁は、同僚や上司等と良好な関係を築くことは、雇用の「本質的な部分」に含まれるとし、さらに、使用者は、職場の雰囲気を良好に保つべく、合理的な範囲において労働者に行動基準を設けることができると述べた。そして、本件では、Bakerが職場で破壊的で奇怪な行動をとっており、この様子ではBakerが「適格者」に当たるとはいえないと判断した。さらに、Bakerが、解雇される前に一度も休暇の付与やそのほかの配慮を自分から求めていないことを指摘し、ADA第1編は、使用者に対して、療養に必要な日数が確定しない段階で、労働者に休暇を与えることを求めるものではないと判断した。

また、Palmer v. Circuit Court of Cook County, Illinois[78]では、妄想性障害のある原告Palmerが、上司や同僚に対し脅迫的な発言を繰り返して、停職処分を受け、その後も、問題が改善されなかったために解雇された。第7連邦控訴裁は、他者を脅迫する行動は許容しがたい行為であり、そのような行動をとる労働者は、ADA第1編における「適格者」とはいえないと判断した。

(vi) 社会保障給付を受給している者

この他に、「適格者」の解釈をめぐっては、社会保障給付を申請した者を、一律に「適格者」から排除してよいか否かという論点もある。アメリカには、SSDI（社会保障障害保険給付）やSSI（公的扶助）といった社会保障給付制度があるが、これらの制度は、障害のために職に就くことができない者を対象としており、受給要件もそのように設定されている。そのため、使用者側

---

[78] 117 F. 3d 351 (7th Cir. 1997).

から社会保障給付の申請をしたという事実は、問題となる職位の本質的部分を遂行できないという使用者側の証拠となるのではないか、つまり、社会保障給付申請者はADA第1編の救済対象である「適格者」から画一的に除外されると考えるべきではないのか、という主張がしばしばだされていた。

　この点については、連邦最高裁が、次に挙げるCleveland v. Policy Management Systems Corp.の判決において、社会保障給付の申請者を一律に「適格者」から排除することは許されず、個別に、当該労働者が「職務の本質的な部分」を遂行できるかどうかを、合理的配慮の提供も考慮して審査しなくてはならないと述べている。事件の要旨は次のとおりである。

【6】Cleveland v. Policy Management Systems Corp., 526 U. S. 795 (1999)
〈事案〉

　Policy Management社で、採用予定者の経歴調査を担当していた原告Clevelandは、ある日、脳卒中の発作をおこし、記憶障害と言語障害を負った。Clevelandは、1994年1月に、社会保障局（SSA）に、「従前の業務ができない」としてSSDIの申請をした。同年4月、Clevelandは、症状が回復したため、会社に復職し、SSAにその旨を報告した。同年7月、SSAは、Clevelandから報告を受けてSSDIの申請を却下したが、同月、Clevelandは、Policy Management社を解雇された。Clevelandは、SSAに、再度SSDIの申請を認めて欲しいと申し出て、その際に、「4月の半ば頃、私は、職場で元のように働こうと努力し3ヶ月間働いたが、7月に、健康状態を理由に解雇された。今は、障害のために働くことができないので、SSDIを給付して欲しい」と説明した。SSAは、再度、支給の可否を検討したが、この時は不支給の決定を下した。Clevelandは、その後、新たな資料を追加して再申請し、1995年9月、SSDIの受給資格を得た。

　Clevelandは、SSDIの受給資格を得る1週間前に、連邦地裁に、解雇はADA違反であると訴えていた。この時Clevelandは、自分は、職業研修と業務を完了させる時間の延長という便宜（合理的配慮）を受けることができれば、職務の本質的な部分を遂行できるのにもかかわらず、会社は配慮の提供を拒否して、Clevelandを解雇した、このような配慮の提供拒否と解雇は第1編の差別に該当すると主張した。

連邦地裁は、Clevelandは、SSDIの支給申請をしつつ（つまり、就労ができないと訴えつつ）ADA第1編の適格者であると主張しているが、これは禁反言であるとして、会社の主張を認める略式判決を下した。第5連邦控訴裁も、原審の判断を支持した。

〈判旨〉Breyer裁判官の法定意見

SSDIの申請をしつつ、ADA違反の救済を求めることは、一見すると矛盾するようにもみえる。しかし、2つの主張は、裁判所が、SSDIの受給者は、ADAの適格者ではないと一貫して判断できるほどに、根本的な対立関係にあるとはいえない。

なぜなら、SSDIの受給資格の認定では、合理的配慮を受ける可能性が考慮されていない。一方、ADAの適格者概念は、合理的配慮を受けることによって、雇用の本質的な部分を遂行できる者を含むものである。したがって、SSDIの受給者も、状況によっては、ADAの適格者と認められる余地がある。本件においては、合理的配慮を提供する可能性が審理されていないから、原判決を破棄し、事件を第5連邦控訴裁に差し戻す。

Cleveland事件連邦最高裁判決の後に出された、Motley v. New Jersey State Police[79]の第3連邦控訴裁判決では、労働者側が立証すべき要素について、さらに進んだ判示がなされている。この事件では、業務上の事故によって身体障害を負った騎馬警官が昇進を拒否されたことが問題となった。第3連邦控訴裁は、労働者が「適格者」と認められるためには、労働者の側で、①ADA第1編の適用対象の範囲と他の制定法の適用対象の範囲が異なることを示し[80]、さらに、②ADAの訴訟を提起する時点において、自身が「適格者」の状態にあったということを具体的な事実をふまえて立証しなければならない。①のみでは、労働者が「適格者」に含まれないとして使用者が略式判決を求めた場合に、これを反駁することはできないと述べている。

---

79) 196 F. 3d 160 (3rd Cir. 1999) cert. denied, 525 U. S. 1087 (2000).
80) 本件のMotleyは、労災保険の障害給付を受けていた。労災保険障害給付の対象者は、「永続的全面障害（permanently and totally disabled）」のある者であった。

2　直接的な脅威の抗弁

(1)　EEOC の解釈

1(1)で取りあげた Albertson's 事件でも問題となっていたが、ADA 第1編では、使用者が、雇用する労働者に対して、「職場において他の者に危害を加えないこと」という安全条件をつけることが認められている。この安全条件は「直接的な脅威 (direct threat)」と呼ばれる。ADA 上では、「直接的な脅威とは、他の者の健康および安全に対する著しい危険を意味し、かつ、合理的配慮によっても取り除くことができないものをさす」と定義されている (101条(3))。

「直接的な脅威」があるかどうかは、次の4つの点をふまえて検討される。①危険が持続しうる期間、②起こりうる危険の性質および程度、③危険が生じる蓋然性、④危険発生の切迫度合いである[81]。なお、「直接的な脅威」の存否は、医学的な知見などの客観的な事実に基づいて、雇用の本質的な部分の安全な遂行につき、個別具体的に判断されなければならないと解されている[82]。

---

[81]　29 C. F. R. § 1630.2 (r).
[82]　EEOC v. Exxon Corp., 203 F. 3rd 871, (5th Cir. 2000) では、過去に、大きなタンカー転覆事故を経験した会社が、過去の薬物依存（アルコール依存を含む）の治療を受けた労働者は、監督を受けない職位には就けないという規則を設けていた。これは、以前起きたタンカー事故に乗船していたチーフ乗組員がアルコール依存の治療を受けていたことをきっかけになされた安全対策の一つであった。しかし、この規則の下では、アルコール依存症を克服した「適格者」が包括的に、監督を受けない職位から排除されてしまうため、労働者複数名が、この基準は、障害に基づく差別（いわゆる「間接差別」）に当たると EEOC に申し立てた。EEOC が原告となった訴訟において、連邦地裁は、この基準が「職務に関連し、業務上の必要性がある」と立証するためには、会社側が、当該労働者が就労に際して「直接的な脅威」をもたらす者であることを個別に立証する必要があるとして、EEOC の主張を認める略式判決を下した。対して、第5連邦控訴裁は、「直接的な脅威」の抗弁は、「職務に関連し、業務上の必要性がある」とは別の場面で機能する。「職務に関連し、業務上の必要性がある」という抗弁は、障害のある者に不利益な効果をもたらす一般基準の正当性を証明するために用いられるものであり、他方、「直接的な脅威」の抗弁は、労働者の有する機能障害が、職場に特別の危険をもたらすことを個別に立証するためのものとして解されるべきである。本件では、会社は、当該基準が「業務上の必要性」に適うものであることを立証すれば足りるとして、原判決の考えを否定している。

(2) 直接的な脅威に関する立証ルール

「直接的な脅威」の存在の立証を、原告（労働者）と被告（使用者等）のどちらが負うのかという問題については、連邦控訴裁の多数が、被告側が負うべきであるという立場を示している[83]。ただし、いくつかの連邦控訴裁は、原告側が、「一応の証明（prima facie case）」において、自分は「直接的な脅威」をもたらす者ではなく、雇用の本質的な部分を遂行できる者（＝「適格者」）であるとの立証を尽くさなければならないとの立場を採って、労働者側に直接的脅威のないことの立証責任を課している[84]。

(3) 判例の状況

精神疾患にり患した労働者の裁判では、直接的な脅威の有無が、結論を左右する重要な論点となることが多い。以下、裁判例を挙げて、直接的脅威に関する重要な解釈問題を検討する。

① 同僚等に対する脅威

警察官や警備員など、銃を携帯する業務に携わる者は、他の業種以上に、精神面の安定さが求められる。この種の職業では、「直接的な脅威」を理由として雇用を拒否されることがたびたびあり、それがADA違反であるかどうかが問題となる。裁判の状況をみると、精神面の不安定さから引き起こされる「直接的な脅威」は、合理的配慮を行なっても除去できないものであると判断されて、労働者の「適格性」が否定されることが多くなっている。

たとえば、Layser v. Morrison & West Chester State University[85] では、精神面の不安定さが懸念される大学の警備員に、銃の所持を1年間認めない措置をとることがADA違反にあたるかどうかが問題となった。原告 Layser は、過去に、精神科医に、「上司を銃で撃つ夢をみた」と相談しており、警備

---

[83] Moses v. American Nonwovens, Inc., 97 F. 3d 446 (11th Cir. 1996), cert. denied, 519 U. S. 1118 (1997), Nunes v. Wal-Mart Stores, Inc., 164 F. 3d 1243 (9th Cir. 1999).
[84] McKenzie v. Benton, 388 F. 3d 1342 (10th Cir. 2004), cert. denied, 544 U. S. 1048 (2005).
[85] 935 F. Supp. 562 (1995).

会社との面談では、「上司や同僚私を怒らせるようなことをしたら、私は、トラブルを起こすかもしれません。」と発言したことがあった。連邦地裁は、Layser は、ストレス、怒り、気分の落ち込みなどをきっかけにして、上司に銃を向ける可能性があったと認め、「直接的な脅威」の存在を肯定して、会社の主張を認める略式判決を下した。

また、HIV に感染した研修医を手術がない部署に異動させたことが問題となった Doe v. University of Maryland Medical system Corporation[86] では、たとえば研修医が感染の可能性が高い作業を行なう手術以外の手術が可能であり、かつ、これまで、医師と患者間で感染があったという例が報告されていないとしても、いかなる合理的配慮によってもそのような感染可能性が完全に取り除けないと判断できる本件においては、手術のない部署へ異動させることも差別には当たらないとの判断がなされた。

② **本人への脅威**

(i) **Chevron 事件**

使用者が、労働者の病状の進行を回避するために、雇用を拒否した場合に、これが ADA 違反となるかという論点がある。ADA では、すでに述べたように「直接的な脅威」という抗弁が使用者に用意されているが、もし、この抗弁を本人の健康に危険が及ぶ場合も含めることができれば、先の論点は、ADA 違反が否定されることになる。しかし、ADA の条文では、「他の者に対する著しい危険を及ぼさないこと」としか記されておらず、「本人」については、何も明記されていない（101 条(3)）。そのため、裁判ではしばしば解釈が分かれていた。

EEOC は、施行規則を策定するにあたって、「直接的脅威」には「本人への脅威」が含まれるとの立場を示した[87]。連邦最高裁は、2002 年に、Chevron U. S. A. Inc. v. Echazabal において、EEOC の立場を支持し、「直接的な脅威」の基準は、本人の病状悪化が懸念される事案にも適用することができると結論づけた。事件の要旨は、次の通りである。

---

86) 50 F. 3d 1261 (4th Cir. 1995).
87) 29 C. F. R. § 1630.2(r) (2011).

【7】 Chevron U. S. A. Inc. v. Echazabal, 536 U. S. 73（2002）
〈事案〉
　Chevron 社と請負契約を結んでいる事業者に雇用されていた Echazabal は、同社の石油精製所で作業に従事していた。彼は、Chevron 社に直接雇用されたいと思い、同社の求人に応募した。しかし、雇入時の健康診断において、肝機能不全の症状が認められ、担当医師から、石油精製所において一定の有害物質に晒され続けると、本人の病状が悪化するおそれがあるとアドバイスされた。これを聞いた会社は、Echazabal を採用せず、また、彼を雇用していた請負業者も、Echazabal をレイオフした。そのため、彼は、Chevron 社の石油精製所において働くことができなくなった。
　Echazabal は、今回の不採用とレイオフは ADA 違反であるとして提訴した。Chevron 社側は、EEOC の規則に、就労によって本人の病状が悪化する場合は、雇用を拒否することができるという定めがあることを指摘して、今回の不採用は違法ではないと主張した。連邦地裁は、会社の主張を認めたが、第 9 連邦控訴裁は、連邦地裁の判断を否定した。

〈判旨〉Souter 裁判官の法廷意見
　当裁判所は、次の①②③の理由により、EEOC の規則を支持する。本件には、事実認定に関して根本的な問題があるため、事件を原審に差し戻す。
　①　「適格者」かどうかを判断する際に用いられる「適格基準」は、「職務に関連し、かつ、業務の必要性に一致」するものでなければならない。なお、ADA 第 1 編によると、この「適格基準」には、「職場において、他の者の健康や安全に対し、直接的な脅威を引き起こさない者」という条件も「含めることができる」とされている。Echazabal は、この条文では、「他の者」だけが挙げられており、ここには、「本人の健康悪化」は明記されておらず、これには、「本人の健康悪化」を明確に排除する意図があると主張する。しかし、当裁判所は、「含めることができる」という語尾をみるかぎり、そのような「本人の健康悪化」を明確に排除する意図は認められないと判断する。
　②　リハビリテーション法（ADA の母法）の規則をみると、「直接的な脅威」には、本人の健康悪化が含まれるとの定めがある。EEOC は、ADA の規則を定めるにあたって、この理解をそのまま踏襲している。一方、

Echazabal は、立法者（議会）が、すでにあったリハビリテーション法の規則を認識したうえで、あえて、ADA の制定では「他の者」という文言しか用いなかったのは、本人の健康悪化を含まないという明確な意図があったからだと主張する。しかし、当裁判所は、そのような議会意図を明確にしめす根拠はないと判断する。

③　仮に、「職場において他の者に直接的な脅威を引き起こす」という部分を、文字にそって厳格に解するならば、使用者は、「職場の外で」他の者に脅威をもたらす者の雇用を拒むことができなくなる。それに、別な視角からみても、EEOC の規則は合理的な範囲にあると考えることができる。会社が、雇用する者の病休により予想稼働時間が減ること、病気による退職や病死によって離職者が極端に増えること、州法に基づく不法行為訴訟が提起されること、連邦職業安全衛生法（OSHA）違反を避けること、等を想定して、病状の悪化が予想される者の雇用をあらかじめ避けることは不当なことではない。また、OSHA 違反を避けるためということだけをみても、EEOC の規則を合理的だと考えるに十分である。

なお、差戻審において第9連邦控訴裁は、次の2つの事実を指摘した。①会社が証人として指名した医師は、肝臓疾患の専門医ではなかった、② Echazabal が証人として指名した医師（肝臓疾患の専門医）は、仕事に就くことによって病状が悪化する危険は非常に小さいと述べている。これらの事実を踏えて第9連邦控訴裁は、「直接的な脅威」の立証は、合理的な医学的知見に基づかなければならず、その知見は最新の客観的な証拠に基づくものでなければないが、①②の事実をみる限り、本件では、事実問題について本質的な争いが認められる。したがって、使用者からの略式判決の請求は認めることができないと判断した[88]。

(ii) **自殺念慮**

本人への脅威に関しては、上記の問題の他に、うつ病等により自殺をほのめかす労働者を、「直接的な脅威」に基づき、雇用を拒むことができるかとい

---

88) 336 F. 3d 1023 (9th Cir. 2003).

う問題もある。

　この点、EEOCは、指針において、自殺をほのめかしただけでは、ただちに、本人の健康に切迫した危険があるとは認められず、自殺をほのめかしたことをもって、雇用を拒否することも許されないとしている。また、使用者は、可能な限り、最新の医学的な知見と労働者を取り巻く客観的事実を収集して、自殺が生じる危険の蓋然性や切迫性を判断すべきであるとしている[89]。

③　障害のある家族による脅威

　ADAでは、障害者と関係があることに基づいて、障害のない者を不利益に取り扱うことも「障害に基づく差別」となる（102条(b)(4)）。よって、使用者は、精神障害者の家族がいること等を理由としてその者の雇用を拒むことは許されない。その一方で、その者を雇用し続けることによって、その家族によって当該職場に危険がもたらされる場合は、雇用を拒否することができると解されている。

　たとえば、Den Hartog v. Wasatch Academy[90]では、精神障害のある息子をもつ教師が、学校に息子が来て生徒や職員に脅威をもたらすとして、再雇用を拒否された。原告Den Hartogは、私立の専門学校の教師であり、躁うつ病を患う21歳の息子Nathanielがいた。Nathanielは、校長の息子と知りあいで、校長の家を訪れることがあった。Nathanielは、校長が自分を嫌がっていると思い込み、校長に脅迫的な電話をかけるようになった。学校側は、Nathanielが父（原告）に会いに校内に入りり、校長に脅迫的な言動をとることを恐れて、原告を、郊外のオフィスで学校史をまとめる作業を担当させるようにした。しかし、Nathanielの脅迫的な行動が治まらなかったために、原告との契約更新を見送った。裁判において、原告は、契約の不更新は、障害のある家族がいることを理由にしており、ADAの差別に該当すると主張したが、第10連邦控訴裁は、Nathanielには今後も周囲の安全を脅かす危険があり、その危険は合理的配慮をしても排除することができないとして、契約の不更新はADA違反に当たらないと判断した。

---

[89]　EEOC Guidance 1997b.
[90]　129 F. 3d 1076 (10th Cir. 1997).

第3節　合理的配慮

1　合理的配慮とは

「合理的配慮（reasonable accommodation）」とは、障害のある者が雇用機会を平等に享受できるように、職場の環境や慣例を変更する措置である[91)][92)]。職場における合理的配慮には、次の3つの類型がある。

(1)　障害のある求職者に対する応募手続における調整措置
(2)　障害のある被用者が、現在就いている職位または希望する職位の本質的部分を遂行できるようにするための調整措置
(3)　障害のない被用者が享受している給付や特典を障害のある被用者も同様に享受できるようにするための調整措置

ADA第1編の適用を受ける事業体は、業務の運営に際して「過重な負担」とならない限り、求職者、または、雇用している障害者の障害に対して、合理的配慮を提供しなればならない。過重な負担とならないにもかかわらず、障害のある者に配慮しないことは、障害に基づく差別となる（102条(b)(5)(A)(B)）。なお、合理的配慮の提供は、ADAの3つの障害類型のうち、(A)に当たる者（現に心身に機能障害のある者）と(B)に当たる者（障害の記録がある者）に義務づけられるものであり[93)]、(C)に当たる者（障害があるとみなされた者）に対しては、合理的配慮を提供する必要はない（501条(h)）[94)]。

---

91)　29 C. F. R. App. § 1630.2 (o).
92)　ADAの合理的配慮については、長谷川珠子「障害をもつアメリカ人法における『合理的配慮』」法学67巻1号（2003）78-117頁、独立行政法人高齢・障害者雇用支援機構・障害者職業総合センター『障害者雇用にかかる合理的配慮に関する研究―EU諸国及び米国の動向』（2008）57-83頁（石川執筆部分）。
93)　B類型に当たる者への配慮とは、病気自体は寛解したが、一定の間、医療機関に通院し経過観察が必要な場合に、その機会を付与する等である。29 C. F. R. § 1630.2 (k)(3).
94)　障害定義は、第Ⅱ部第2章第1節を参照。

ADA 第1編には、合理的配慮の具体的な例が次のように示されている。

ADA 101条(9)
(A) 従業員が利用する既存の施設を、障害者も支障なくアクセスし、利用できるようにすること。
(B) 職務の再構成、パート・タイムへの移行、就業スケジュールの緩和、欠員がある部署への配置転換、器具や装置の購入や調整、試験・研修教材・業務指針の適切な適用あるいは調整、朗読あるいは通訳の資格をもつ者の配置など。

2　過重な負担とは

ADA 第1編の適用を受ける事業体は、障害のある労働者の就労上の制限を取り除くために、先にみたような調整措置（合理的配慮）を行なわなければならないが、もし、そのような措置を図ることが、事業の運営において「過重な負担（undue hardship）」となる場合には、そのような配慮は行なわなくともよい。

ここにいう「過重な負担」とは、障害のある者のために調整を行なう結果として生じる著しい困難や多額の費用をさす（101条⑩）。著しい困難や多額の費用となるかどうかは、次の観点から検討される。

ADA 101条(9))
(A) 「過重な負担」とは、次の(B)の各要素に照らして、著しい困難や費用を要するものをさす。
(B) 適用事業体にとって過重な負担となるかどうかを判断する際には、次の要素などを考慮する。
(i) 配慮の性質および費用。
(ii) 合理的配慮の提供を行なう事業所の総資産：これには、その事業所の従業員数、支出と財源に及ぼす影響、当該配慮が与える事業運営上の影響が含まれる。

(iii)　適用事業体の総資産：これには、適用事業体の全従業員数、事業所数・種類および設置場所が含まれる。
　　(iv)　適用事業体の業種：これには、適用事業体の労働力の編成・組織構造・その役割、および、一事業所または事業所間の地理的距離、事業所の管理状況、または、財務上の関係が含まれる。

　過重な負担となるかどうかは、上にみたように、問題となる事業の全体の規模と当該労働者が所属する事業所の両方を視野にいれながら、経済面に著しい負担を強いるかどうか、労務管理面に著しい負担を強いるかどうか、事案ごとに検討される。なお、経済的に著しい負担となるかどうかは、補助金の受給や税制上の優遇措置等の公的支援の可否も考慮される。
　事業の性質や運営を根本から変えてしまうような配慮は、「過重な負担」にあたるので、労働者にそのような配慮を行なう必要はない[95]。たとえば、照明を少し落としてほの暗い中で営業しているナイトクラブに、視覚障害のある労働者が応募し、当該障害者が、明るい照明の下ならば、求められる職務を完全に遂行できると申し出たとする。しかし、ここでは、照明を明るくするという調整は義務づけられない。照明を明るくして営業することは、著しい費用をかすものではないが、お店の雰囲気やショーの内容を根本的に変更するものであるため、「過重な負担」となるからである[96]。

3　合理的配慮義務の規範的根拠

　「合理的配慮」という概念が、はじめて用いられたのは、人種、肌の色、宗教、性、出身国を理由とする雇用差別を禁止する公民権法第7編においてである。1972年に公民権法第7編が改正された際に、宗教差別のなかで、使用者は、過重な負担とならない限り、宗教上の儀式や慣習に対して合理的な範囲で配慮を行なわなければならないことが定められた[97]。

---

95)　29 C. F. R. App. § 1630.2 (p).
96)　Id.
97)　1972年改正では、「宗教」の定義に、宗教上の儀式や慣習には、過重な負担とならな

障害に基づく差別の文脈のなかで、合理的配慮の提供拒否が差別に該当するると解されるようになったのは、社会保障事業に関する定めを置くリハビリテーション法のなかに、504条が追加されたことによる。504条は、連邦政府から資金援助を受ける事業における障害差別を禁止するものであり、この条文の内容を具体化する行政規則[98]が、合理的配慮の提供を適用事業体に要請した。そして、その後に、判例法理のなかで合理的配慮義務の考え方が確立した[99]。

1990年に成立したADA第1編では、リハビリテーション法の経験をふまえて、過重な負担にならないにもかかわらず、適格者の障害に対して、合理的配慮を行なわないことは障害に基づく差別に該当する、と明記された(102条(b)(5))。ここには、障害を、個人にある機能障害とその人を取り巻く社会環境との関係において把握しようとする「社会モデル」の考え方が現れている。すなわち、機能障害がある者は、総じて、心身の状況によって職務能力に制約があると思われがちであるが、しかし、機能障害のある者が、雇用で求められている職務を十分に遂行できないのは、職場の物理的環境や労務管理上の慣行が、機能障害のある者の職務能力の発揮を妨げていることによる場合が多い。そして、そのような状況は、職場のありようが機能障害のない者を想定したものになっていることに起因する。使用者は、機能障害のある者にも雇用機会を均等に保障するために、機能障害のない者だけでなく、機能障害のある者（過去に機能障害があった者を含む）も、本人の有する職務

い範囲において合理的な配慮を要するものを含むという内容の記述が追加された(701条(j))。これにより、宗教を理由とする差別には、過重な負担とならないにもかかわらず、使用者が、宗教上の儀式を行なうための合理的配慮を行なわないことが含まれることが、条文上明らかとなった。合理的配慮義務の創造と展開については、中川論文 (2003)、注51）森戸・水町編 (2008) 61-62頁（長谷川論文）。宗教差別と合理的配慮については、櫻庭涼子「使用者の配慮を導くアプローチ：労働者の宗教への配慮を素材として」季労243号 (2013) 186-196頁。

98）連邦保健教育福祉省（HEW）が策定したもの。

99）連邦最高裁は、School Board of Nassau County, Florida v. Arline, 480 U. S. 273 (1987) において、障害のある者 (handicapped person) が、職務の本質的な部分を遂行できるかどうかを検討する際には、使用者は、合理的配慮を得て遂行する場合もあわせて検討しなければならないと述べている。Id. p.287. リハビリテーション法504条の合理的配慮については、小石原尉郎『障害差別禁止の法理論』（信山社、1994年）) 111-136頁。

能力を十分発揮できるように職場環境を調整しなければならない[100]。見方を変えれば、使用者は、機能障害のない者に対しては、すでに様々な調整を行なっている（機能障害のない者を想定して、職場のありようを決定している）。しかし、そのような調整は、機能障害のない者に対しても等しく提供されなければならない。それゆえ、機能障害のある者が必要とする調整措置を提供しないことは「差別」に該当し、雇用平等の観点から、合理的配慮を提供するという積極的な行為が義務づけられるのである[101]。

もっとも、合理的配慮義務を、このような差別禁止原則から導く場合には、「機能障害のない者」と「機能障害のある者」を等しく扱うという要請が強く働く。そのため、機能障害のない者には認められない措置を、機能障害のある者のみに提供する場合には、そのような措置を提供することが、平等保障の観点から「合理的（reasonable）」といえるかどうかが慎重に検討される。雇用平等の理念を超えた優遇は、機能障害のない者に対する差別（逆差別）となる可能性があるからである。

機能障害のある者に対してどこまでの措置が求められるかという問題は、後述する U. S. Airway, Inc. v. Barnett 事件[102]（先任権制度で決定されるポジションに、先任権に先立って障害のある者を配置することができるかが問題となった事件）で問題となった。連邦最高裁は、先任権制度は、労働者を均一に扱う要請に応えた制度であり、合理的配慮として、障害者をその職位に、先任権制度に先立って配置するためには、そのような措置が「合理的」と判断できるだけの、特別な状況が必要となると判断している。この Barnett 事件については、次の4で詳しく説明する。

4 合理的配慮義務の存否

3では、ADA 第1編における合理的配慮義務の内容と同義務の規範的根拠

---

[100]　植木淳『障害のある人の権利と法』（日本評論社、2011年）38頁。
[101]　注64) Bagenstos (2014) p.78. 次の文献を引用している。Burgdorf, "Substantially Limited" Protection from Disability Discrimination: The Special Treatment Model and Misconstructions of the Definition of Disability, 42 Vill. L. Rev. 409, pp. 550-531 (1997).
[102]　U. S. Airways, Inc., v. Barnett, 535 U. S. 391 (2002).

について考察した。つづく4では、いかなる措置が「合理的配慮」として使用者等に義務づけられるのかを検討していきたい。ここでは、はじめに、合理的配慮義務に関する立証責任の分配ルールを確認し、ついで、精神疾患の事例で多く求められる調整措置を列記し、その提供が法的に義務づけられるかどうかを検証する。

(1) 立証の分配

連邦最高裁は、2002年のBarnett事件判決において、合理的配慮義務の存否に関する立証分配のあり方について具体的な方法を示した。以下に、その内容を概説する。

【合理的配慮の提供に関する判断枠組み】
① 原告（労働者）が、まず、(ア)ある配慮を受けることによって、求められている職務の本質的部分を遂行することができるようになること、(イ)その配慮は、一応「合理的」に思われること、の2点を立証する。ここにおける合理性の証明は、使用者の規模や経営状態、他の従業員への影響等の資料を摘示することにより、求めている配慮が職場において実現可能であると示すことで足りる。この時点で、使用者の正確な資産状況の証明や、実現可能性に関する詳細な証明は要求されない。

② 原告が①の立証に成功すると、被告（使用者）に、立証責任が移行する。被告は、職場の状況や資産状況、配慮を実際に提供した場合の影響の強さ等、個別具体的な資料を示して、配慮を提供することが業務運営において過重な負担になると反駁する（抗弁）。

以上のように、Barnett事件連邦最高裁判決では、配慮の合理性は原告（労働者側）が証明しなければならないが、ここで求められる証明は、厳格なものではなく、事業規模や経営状態、他の従業員への影響などから一応実現可能と推認される程度でよいとされた。ここでは配慮にかかる費用や労務管理に与える影響の大きさなどは、使用者側でなければ、正確な資料を提示できないという事情が斟酌されている。そして、原告が、職場の状況をみると問題となる配慮は、「一応実現可能」である（＝合理性がある）と立証に成功す

ると、使用者側に立証責任が移行する。使用者側が、そのような配慮は過重な負担になると反駁できなければ、ADA 第 1 編違反となる差別の存在が認められることになる。

(2) 判例の状況

このように、先の Barnett 事件連邦最高裁判決では、配慮の合理性については、原告側がその配慮は実現可能であると立証すれば、合理性が「一応」推定されると判示された。もっとも、過去の下級審判決をみると、たとえ当該職場においては実現可能と思われる配慮であっても、ADA の趣旨に改めて照らして考えた場合には、労働者が求めている配慮は合理的とはいえないと判示するものもある。たとえば、障害者の雇用を維持するためには、シフトの調整が必要であるが、そのような調整をすると、他の同僚に大きな負担がかかるという場面では、配慮の合理性が否定されてしまう。合理的配慮は、障害者の職務能力を引き出すための調整であり、調整を受けた後は、障害者も障害のない者と同じように働くことが求められる。職務の負担割合が、障害のない者と障害のある者との間でアンバランスになるような調整は、雇用平等の原則に照らしてみても、社会的に許容される範囲を超えてしまうという判断がここにある。

そこで以下では、精神疾患の事例において多く求められる調整措置を類型別に列挙し、いかなる配慮が、「合理的配慮」として法的に義務づけられるのかについて考察していきたい[103]。

① 始業・終業時間の緩和

勤務時間の調整、たとえば、出勤時間を遅らせることや 1 日の就業時間を柔軟に設定すること等は、障害に対する配慮の一つである（109 条(9)(B)）。しかし、勤務時間の遵守は職場の規律を保持するための必須条件とも評価できるので、始業・終業時間の緩和措置を合理的配慮として認めるべきかについ

---

[103] 精神疾患に関する裁判例の検討は、永野秀雄「〈論説〉障害のあるアメリカ人法における『精神的障害をもつ人』に対する雇用差別規制法理」法学志林 98 巻 1 号（2001）70-79 頁。

ては、裁判所の判断が分かれるところである。

たとえば、Earl v. Mervyns, Inc.[104] では、雑貨店で売り場のコーディネーターの職にあった原告 Earl が、1日3交替のシフトで就労していたが、1年に30回程度の遅刻をする状況が2年ほど続いたため、上司に、遅刻の多さを注意された。そして、朝のシフトの出勤時間を守れないならば、昼や夜のシフトに異動してはどうかと提案された。Earl は、上司に、強迫性障害にり患しており、どのシフトについても出勤時間を守ることが難しいと説明して、自分が出勤した時間を始業時間と取り扱って欲しいと伝えた。会社は、そのような措置は認められないとして、Earl を解雇した。第11連邦控訴裁は、Earl の担当している業務では、シフトの開始時間にきちんと出勤していなければ、顧客や他の従業員に迷惑をかけることになるため、「出勤時間を守ること」が、「雇用の本質的な内容」に当たると判断し、そのうえで、Earl に出勤時間を守らせるために、会社が行なうべき配慮は想定し難く、他方、Earl が求めた「出勤した時間を始業時間と取り扱う」という配慮は、出勤時間を守るという雇用の本質的な内容自体を変更させるものであり合理的ではないと判断した。

一方、Ward v. Massachusetts Health Research Institute[105] では、既定の就業開始時間よりも遅い時間から仕事を始めるという措置が問題となった。原告 Ward は、コンピューターを使ったデータ入力作業を担当しており、朝9時30分頃に出勤し、そこから7時間半程度作業をして帰宅していた。しかし、本来であれば、フレックスタイム制のもとで朝7時から9時までの間に出勤し、7時間から7時間半程度作業をしなければならなかった。Ward は、関節炎の痛みが朝に強くなるとして、規定の就業開始時間よりも30分ほど遅い時間から仕事を始めることを認めてほしいと申し出たが、会社は、全従業員に、規則正しい出勤をするように求めており、「出勤時間を守ること」が「雇用の本質的な内容」に含まれるとして、そのような措置を認めなかった。第5連邦控訴裁は、会社が従業員全員に「出勤時間を守る」ように求めただけでは、それが「雇用の本質的な内容」に含まれるとは認めることができな

---

104) 207 F. 3d 1361 (11th Cir. 2000).
105) 209 F. 3d 29 (1st Cir. 2000).

いとし、Ward は、開始時間は他の従業員よりも遅いとはいえ、7時間半の作業のなかで求められた入力作業を終えており、かつ、その作業状況は、「雇用の本質的な内容」を遂行していると評価できると判示した。そして、Ward の業務は、常に監督を受けて行なう必要のないもので、他の従業員と情報を共有する必要もないとした。ただし、第5連邦控訴裁は、開始時間を遅らせて7時間半の作業することを認めることが、業務運営において「過重な負担」となるならば、そのような措置は提供する必要がないので、この点について、事実を検討し直さなければならないと判断し、原審に判決を差し戻した。

② 勤務時間の短縮
(i) 所定労働時間の短縮

傷病により所定労働時間の長さに耐えられない者には、勤務時間を短く設定するという労働条件の調整が必要となる。しかし、「所定労働時間を勤務する」こと自体が、「雇用の本質的な内容」に当たる場合には、勤務時間の短縮という措置を合理的配慮として提供する必要はない。所定労働時間を勤務できない者は、「適格者」というADA第1編の保護要件を充たさないからである。

たとえば、Simmerman v. Hardee's Food Systems, Inc.[106] では、ファーストフードチェーン店でジェネラル・マネージャーをしていた Simmerman が、うつ病を発症し、病気休暇を1年取得した。復職に際して、Simmerman は、上司に週40時間以上の勤務はできないので、これまでの週50時間勤務から40時間勤務に変更してほしいと願い出た。しかし、この申し出は受け入れられず、Simmerman はマネージャー職を解かれ、解雇された（その後、クルー管理者として復帰した）。裁判では、週40時間勤務への変更が認められなかったことがADA違反に当たるかどうかが問題となったが、連邦地裁は、「所定時間（週50時間）就労する」ということ自体が「雇用の本質的な内容」であり、週40時間の勤務しかできない者は、「適格者」ではないと判示して、会社の主張を認める略式判決を下した（勤務時間の短縮という措置が、合理的

---

[106] 1996 U. S. Dist. LEXIS 3437 (ED. Pa. 1996).

配慮に当たるかどうかという問題は検討されなかった)。第3連邦控訴裁も、原審の判断を維持した[107]。

(ii) 時間外労働の免除

所定の労働時間は就労することができるが、所定の労働時間を超える長時間に及ぶ労働は難しいという障害者がいる。このような場合は、時間外労働の免除が合理的配慮として求められるかどうかが問題となる。時間外労働の免除が、事業の運営に著しい負担とならない場合には、使用者は、その者に時間外労働を命じることができない。

もっとも、下級審のなかには、この紛争を「障害」の有無の問題として捉えるものがある。多くはないが、判断枠組みとして興味深いので、ここで取り上げておきたい。

Shpargel v. Stage & Co.[108] は、手根管症候群を発症した労働者 Shpargel に、時間外労働を免除する措置を認める義務があるかどうかが問題となった事件である。Shpargel は、1日8時間の所定労働時間で勤務していたが、繁忙期になると、8時間を超えた時間外労働をしなければならなかった。Shpargel は、手根管症候群を発症した後、医師から長時間労働を控えるように指示され、会社に、8時間を超える部分の就労を免除してほしいと申し出た。しかし、この要望は受け入れられず、Shpargel は解雇された。連邦地裁は、Shpargel は、少なくとも8時間は就労できるのであり、手根管症候群は、労働者の主要な生活活動を実質的に制限している機能障害とはいえないと判断し、障害が認められない以上、Shpargel に合理的配慮を図る義務もないとし、会社の主張を認める略式判決を下した。

(iii) パート・タイムへの変更

ADAの条文では、パート・タイム勤務への変更が、「合理的配慮」の一つとして列挙されている（101条(9)(A)）。EEOCの指針では、当該職場で、パート・タイムという就労形態が採用されていなくても、もし、そのような就労形態を採用することが業務の運営上過重な負担とならない場合には、パート・

---

107) 118 F. 3d 1578 (3rd Cir. 1997).
108) 914 F. Supp. 1468 (1996).

タイムの就労を認めるべきと述べられている[109]。

たとえば、Ralph v. Lucent Technologies, Inc.[110] では、うつ病の療養のために休んでいた労働者 Ralph が、復職に際して、最初の4週間はパート・タイムで働きたいと申し出た。会社は、すでに、1年強（52週間）の休暇取得を認めていたため、さらに、4週間のパート・タイム勤務を認めることはできないと申し出を拒否した。そのため、Ralph は、連邦地裁に、4週間のパート・タイム勤務を認める仮処分命令を求めた。連邦地裁は、ADA の義務は1度行なえばよいというものではなく、使用者は、措置を図ることが過重な負担とならない限り、合理的配慮を続ける義務を負うとした。そして、本件の措置は、措置の期間があらかじめ決まっていて、しかも、比較的短期であるから過重な負担になるとは認められず、かつ、合理性も認められるとして、4週間のパート・タイム勤務を認めるように命じた。第1連邦控訴裁も、連邦地裁の判断を支持している。

もっとも、先の②(1)の Simmerman 事件のように、契約上定められている所定労働時間を就労すること自体が、「雇用の本質的な内容」であると判断される場合には、その規定時間よりも短い時間のパート・タイム勤務への異動は、ADA の求める合理的配慮ではないと解されてしまうので注意が必要である。

なお、裁判例のなかにはパート・タイム勤務に移行している期間の賃金については、フルタイム勤務とみなして賃金を支払う必要はなく、パート・タイム勤務に対応した額を支払えば足りると判示されたものがある[111]。

③ シフトの調整

精神疾患にり患している労働者の事案には、シフト制の割当において、昼間シフトの固定にしてほしい等と願い出たが、その申し出は受け入れられなかったというものが多くある。ただ、この点については、シフト上の配慮を行なおうとすると、障害のない労働者にその分のシフトを振り分けなければ

---

109)　EEOC Guidance 2002a.
110)　135 F. 3d 166 (1st Cir. 1998).
111)　Roads v. Bob Florence Contractor, Inc., 890 F. Supp. 960 (1995).

ならないので、ADA の趣旨にそぐわないとする判断がある。

たとえば、Laurin v. Providence Hospital[112]では、病院の産婦人科において、3交替シフト制で勤務する看護師 Laurin に対する、夕方シフトと夜勤シフトの免除する措置が問題となった。Laurin は、深刻な疲労の症状があり、夕方シフトと夜勤シフトの割り当ては免除して欲しいと申し出たが、病院は、産婦人科の看護師にはシフト上の配慮を行なっていないし、例外的な措置はしないとして、Laurin を解雇した。第1連邦控訴裁は、本件では、3交替シフト勤務自体が「雇用の本質的な内容」に含まれると解されるため、Laurin は「適格者」と認められず、合理的配慮義務はないと判断した。また、裁判所は、仮に、Laurin の希望（昼シフトの固定）を認めると、他の看護師が、勤務できない時間帯の作業を受け持たなければならないし、そうでなければ、新たに看護師を採用しなければならなくなる。ADA は、そのような便宜を求めるものではないとも判示した。

④ 配置転換

EEOC の指針では、障害のために、現在就いている職務の本質的な部分が遂行できなくなった労働者には、何らかの配慮を提供することで、再び職務を遂行できるようにならないかどうかを検討し、そのような方法が見つからない場合には、他の職務に配置転換する措置を検討すべきであるとしている[113]。ただし、異動先の候補となるのは、その時点で空位になっている職位か、程なく空位となる職位に限られる。障害者を異動させるために、障害のない者をその職位から異動させる必要はないし、新たな職位を作り出す必要もない。

(i) 別な業務への再配置

労働者が、病気の進行によって現在行なっている職務を遂行できなくなった場合、合理的配慮の一つとして、他の職に再配置するという選択が考えられる。しかし、見方を変えると、現在就いている職務を遂行できなくなった者は、もはや「適格者」とはいえないとも解されるので使用者は、当人に合

---

112) 150 F. 3d 52 (1st Cir. 1998).
113) EEOC Guidance 2002a.

理的配慮を行なう必要がないとの判断も成り立ち得る。

　この点に関しては、雇用の本質的な内容を遂行できるかどうかという適格者該当性の検討は、現在の職位だけでなく、当人が希望している職位も含めて検討すべきであるという判断を示す裁判所がある。たとえば、Smith v. Midland Brake Inc.[114] では、車両の部品を組み立てる業務に就いていた労働者 Smith が、作業中に多くの化学物質に被曝し、皮膚炎が慢性化した。Smith は、医師から、現在の業務を続けるべきではないと指示され、上司に、他の仕事に異動させてほしいと頼んだが、この申し出は受け入れられず解雇された。Midland Brake 社は、裁判において、Smith は、いかなる配慮をしても現在の業務に就くことができないので、合理的配慮を受けることができる「適格者」ではなく、ADA 違反はないと主張した。しかし、第 10 連邦控訴裁は、社内に、障害のある労働者が行なうことができる職があり、その職がその時点で空位であれば、その空位にその者を配置することも、「合理的配慮」の一つとして検討されなければならない。ただし、使用者に再配置が求められるのは、当該労働者が、希望する職に想定されている本質的な内容を遂行できる場合であって、空いている職務の本質的な内容を変更させてまで、再配置をすることが求められる訳でないとの考えを示した。

(ii) **優先的な配置**

　配置転換では、障害者を障害のない者に優先して配転しなければならないのか、それとも、配転を希望する障害者に対して、希望する職場に応募する機会を与えるだけでよいのかという点も問題となる。後者の見解では、空いている職位の後任選考に当該労働者を参加させる義務はあるが、他に適任者がいれば、当該労働者を配置する必要はないことになる。

　この点については、第 2 連邦控訴裁が、Wernick v. Federal Reserve Bank of N. Y.[115] において、議会は、障害のない者が得ることのできる機会を、障害のある者にも同じように提供すべきであると考えて、ADA 第 1 編に合理的配慮義務を設けたと解されるから、障害者を異動のチャンスに応募できるように計らえば足りると判断している。

---

114) 180 F. 3d 1154 (10th Cir. 1999).
115) 91 F. 3d 379 (2rd Cir. 1996).

第7連邦控訴裁も、EEOC v. Humiston – Keeling[116]において、ADAは、使用者が、雇用選考において、当該職務に最も相応しい応募者を選ぶことを否定するものではないと判断した。ここでは、雇用選考の段階では、障害のない応募者と、ADA上の配慮としてその職に就けてくれるように求めている障害のある労働者（被用者）は、同じ条件で並んでいるのであって、ADAにおける配慮として、使用者に、障害のある者を、最も生産性の高いと思われる応募者に優先して配置するように求めることは不合理であるとの判断がなされた。

(iii) 先任権と合理的配慮の優劣

アメリカでは、勤続年数の長い者から順に配置していく「先任権制度（seniority system）」によって、職務の割り当てがなされることがある。この先任権制度に関しては、U. S. Airways, Inc. v. Barnettにおいて、合理的配慮として、障害者を先任権によって後任となることが決まっていた者よりも優先してその職位に異動させることが必要かどうかが争点となった。

連邦最高裁は、先任権制度は、労働者の公正で均一な取扱いに対する期待を保障するものであり、雇用上の決定を恣意的なものから遠ざける指針として存在しているから、このような制度と衝突する措置（職務の再割当）は、ADAにおける「合理的」な配慮とは認められないと説示した。

もっとも、最高裁は続けて、特別な状況においては、先任権制度の例外を認めることも合理的と考えられるとして、次の2つの例を示している。①使用者が、先任権制度を独自に変更する権限を有しており、その権限を公正かつ柔軟に行使して障害者に配慮を提供することが、特別な取扱いとは思われない場合、②先任権制度には、当初からいくつかの例外が想定されており、合理的配慮を優先させるという例外も、とくに問題とはならない場合である。そして、労働者が、このような①または②の状況を立証することができれば、先任権制度の例外となる措置も「合理的配慮」として要請される可能性がある。しかし、本件では、そのような立証が充分になされていないと判断した。そして、使用者の主張を認める略式判決を破棄し、第9連邦控訴裁に判決を

---

116) 227 F. 3d 1024 (7th Cir. 2000).

差し戻している。Barnett 事件の要旨は次の通りである。

[7] U. S. Airways, Inc., v. Barnett, 535 U. S. 391（2002）

〈事案〉

　U. S. Airways 社の貨物配送部門に勤務していた原告 Barnett は、腰痛がひどくなり重い物を運ぶことが難しくなくなったため、腰への負担が少ない部署への異動を願い出た。会社は、原告の希望を受け入れ、郵便物の仕分け部門に異動させたが、この便宜は、暫定的なものとされていた。

　U. S. Airway 社では、先任権制度が運用されており、郵便物の仕分け部門も、その対象であった（なお、通常、先任権制度は、労働協約に定められた制度であることが多いが、当該会社における先任権制度は、会社が独自に取り入れたものであった）。定期人事異動の時期になり、Barnett が希望している職には、先任権をもつ者2名が配属を希望した。Barnett は、先任権がなかったが、会社に、先任権制度の例外として、郵便物の仕分け部門で就労を継続させて欲しいと申し出た。しかし、会社はこれを認めず、Barnett を解雇し、先任権制度にしたがって他の者をその職に就けた。

　Barnett は、U. S. Airway 社が、配転という「合理的配慮」を認めずに、解雇したとして ADA 違反を訴えたが、連邦地裁は、先任権制度に反する合理的配慮を提供することは、業務運営にとって過重な負担であると述べて、使用者の訴えを認める略式判決を下した。これに対して、第9連邦控訴裁は、先任権制度は、職務の再割当という配慮の適否を判断する際に過重な負担の存否を検討する要素として考慮されるものに過ぎないとし、原審の略式判決を破棄した。

〈判旨〉Breyer 裁判官の法定意見（Rehnquist 裁判官、Kennedy 裁判官同調）

　U. S. Airway 社は、先任権がある者に先だって、障害のある者を配属することは、「優遇的な取扱い（preferential treatment）」であるとし、ADA は、単に平等取扱いを求めるものであって、このような優遇を求めてはいないとする。しかしながら、当裁判所は、通常の取扱いとは異なる措置であるからといって、その措置が直ちに不合理となるものではないと考える。機会の平等を保障するためには、時に、優遇も必要である。合理的配慮は、障害者が職場において機会を等しく得るために必要なものであり、ADA 第1編は、

障害者が雇用の機会を自動的に得ることができる場合を除けば、合理的配慮の形の一つとして優遇を要請しているものと解する。

一方、Barnettは、障害者が職務の本質的部分を効果的に遂行できるようにする措置こそが、合理的配慮なのであると主張する。もし、職務の再割当をすることによって、障害者の職務遂行が可能になるのであれば、過重な負担とならない限り、障害者は優先してその職務に就くことができると解するべきと主張するのである。しかしながら、当裁判所は、障害者が求めた措置が、当人の職務遂行を効果的に補充するものであったとしても、その措置の提供の業務運営や他の同僚労働者へもたらす影響をみて、不合理であると解される場合があると考えるので、この主張を支持しない。

当裁判所は、先任権制度と衝突する配慮（職務の再割当）は、これまでの判例法理に照らすと、合理的とは認められないと解する。

その理由として、まず、先任権制度（労働協約によるものがいなかを問わず）は、労働者の公正で均一な取扱いに対する期待を保障するものと解されるべきである。また、この制度は労働者の予測可能性を担保するという点からも重要である。つまり、先任権制度は、雇用上の決定を恣意的なものから遠ざける指針として存在している。使用者が、（先任権制度に従わず）そのときの状況に考慮して個別的に異動を認めると、労働者の公正に関する期待は踏みにじられ、先任権制度の意義は失われるのである。

もっとも、特別な状況においては、先任権制度の例外（先任権制度に反する配慮）を認めることも不合理ではない。たとえば、使用者が、先任権制度を独自に変更する権限を有しており、その権限を公正かつ柔軟に行使して、障害者に配慮を提供することが特別な取扱いとは思われない場合、あるいは、先任権制度には、当初からいくつかの例外が想定されており、それを超える例外も、とくに問題とはならない場合である。労働者が、このような状況を立証することができれば、先任権制度の例外となる便宜も合理的配慮となる。

原審では、以上の点の立証を尽くす機会がなかったため、原判決を破棄し、審理をやり直すために事件を原審に差し戻す[117]。

---

[117] なお、Barnett事件の連邦最高裁判決は、5対4で、原判決破棄差戻しとなっている。Stevens裁判官は、結果同意意見のなかで、先任権に抵触するという事実は、「過重

Barnett事件では、差別禁止原則に根拠を求める合理的配慮というコンセプトの限界が現れているように解される。すなわち、ここでは、先任権制度によって、障害の有無にかかわらない均一な取扱いが、労働者全員に担保されている状況では、基本的に障害者も同一に扱う必要があり、障害のある者を先任権のある者に先立って優遇することは認められない。これは、障害を考慮せずに同一に取扱うべきという、古典的な差別禁止原則から導かれる帰結である。もっとも、連邦最高裁は、古典的な差別禁止原則を基本にしつつも、先任権に優先する合理的配慮はあり得ると述べた。たとえば、個々の職場の実際の状況をみて、先任権制度以外の措置が許容される特別な事情が存在する場合には、先任権制度の例外として、障害者の優先が許容されるとしている。

　まとめると、Barnett事件における最高裁の判断は、職場で画一的中立的に運用されている先任権制度は、合理的配慮よりも優越されるべきものであり、先任権制度の運用ルールとして例外が許容されている場合には、合理的配慮を求めることが許されるけれども、それは、あくまで個別の先任権制度の例外ルールを障害者にも等しく適用すべきだからである、ということになる。

　合理的配慮が仮に、差別禁止原則以外の法的規範（日本法の例では、信義則など）に基づくものであれば、合理的配慮を先任権制度に優先させること

な負担」の考慮要素と捉えるべきではない、先任権制度は、それ自体が障害者に優先的に職務を割り当てることを禁止する趣旨の制度であるとの考えを示した。O'Conner裁判官は、結果同意意見のなかで、先任権制度が、勤続年数の長い者の配置を「法的に保障」しているものと解することができるのならば、その職位が空位になったとしても、合理的配慮として障害のある者をそこに配置する義務はないと述べている。反対意見では、Scalia裁判官（Thomas裁判官同調）が、障害のある者を違う職に就ける義務が生じるのは、その職が空位であり、他の労働者がそこに配置されることを望んでいない場合であって、かつ、当人がその職の「適格者」であること認められる場合と解するべきである、先任権のある労働者が、障害のある者の配置に異議を述べた場合は、障害のある者をそこに配置する義務は生じない、と述べた。Souter裁判官（Ginsburg裁判官同調）の反対意見は、ADAの立法過程では、労働協約によって成立した先任権制度がある場合であっても、先任権制度は、障害のある者の再配置の措置の合理性を検討する際の一要素になるに過ぎないと考えられていたし、本件の先任権制度は、NLRA（全国労使関係法）で法的効力が与えられる労働協約に基づくものではない、この場合は、そのような措置が、「過重な負担」になると立証し得た場合にのみ、合理的配慮義務の不履行が否定されることになる、というものであった。

も法的にそれほど不合理なことではない。ここに、差別禁止原則に基礎を置く合理的配慮義務の限界がみられる。

(iv) 人間関係のストレスの緩和

精神疾患には、病状が、職場の環境（とくに、人間関係）によって変化しやすいという特質がある。そのため、精神障害のある労働者から、人間関係のストレスを減らしたいので、職場を変えてほしいという要望が出されることがある。

この点については、第3連邦控訴裁が、Gaul v. Lucent Technologies, Inc.[118]において、人間関係のストレスを軽減させるための異動は、ADAの合理的配慮とはいえないという考えを示している。この事件では、労働者Gaulが、職場の同僚とそりが合わず、うつや不安をともなう適応障害が悪化したとして、上司に他の職場への異動を願い出たが、希望は受け入れられなかった。第3連邦控訴裁は、労働者のストレスの程度は状況に応じて変化するものであり、ストレスを低レベルに抑えられるような職場に異動させることは、実際には不可能であるし、仮にできるとしても、そのような措置を図ることは使用者に過重な負担をかすものであると判示して、使用者の主張を認める略式判決を下した。

⑤ 在宅勤務

在宅勤務が、合理的配慮として認められるかどうかは、職務の内容や職場の監督状況、情報システムの状況などによる。

たとえば、Vande Zande v. Wisconsin Department of Administration[119]では、腰から下に麻痺がある原告Vande Zandeが、褥瘡（圧迫による皮膚のただれ）の治療のために、8週間ほど在宅勤務をしたいと願い出た。会社がこれを認めなかったため、原告はやむを得ず、この間休暇を取得した。Vande Zandeは、裁判において、在宅勤務が認められれば、この間の休暇は不要であったと主張したが、第7連邦控訴裁は、次のように述べてその訴えを斥けた。組織で行なわれる多くの職務は、監督を受けずに単独で行なうものより

---

118) 134 F. 3d 576 (3rd Cir. 1998).
119) 44 F. 3d 538 (7th Cir. 1995).

も、上司の監督のもとにおいてチームで作業するものが多い。そのような監督を受けてチームで行なうべき業務を、自宅において、作業の質を落とさずに行なうことは難しいと思われる。情報通信技術の進歩はめざましいが、現段階では、このような状況は変わらない。それゆえ、基本的には、監督を受けずに在宅で勤務するということは、合理的配慮の一つとして認められない。もちろん、合理的配慮の問題を一般的に論じることは難しく、職場の状況も様々と考えられるが、それでも、在宅勤務を認めないことがADA違反となるのは、かなり限定されると考えられる。

　他方、Humphrey v. Memorial Hospital Association[120]では、在宅勤務を合理的配慮として直接は認めてはいないが、そのような配慮も場合によっては義務づけられる可能性があると判示されている。ここでは、病院で医療記録の転記事務に就いていた原告Humphreyが、強迫性障害のために、始業時間を守ることができなかった。病院側は、当初、始業時間に幅をもうける措置（フレックスタイム勤務）を図ったが、Humphreyは定時に出勤することができなかった。Humphreyは、自宅で転記作業を行ないたいと申し出たが、使用者はこれを認めずHumphreyを解雇した。第9連邦控訴裁は、当該労働者は、タイピングや転記作業を十分に行なうことができるが、自宅以外の場所では、障害のためにそれらの能力が低下してしまう。このような場合は、在宅勤務も合理的配慮の一つとして認められ得ると述べて、そのような措置が提供できるかどうか審理を尽くすように、原審に事件を差戻した。

⑥ 休暇の付与

　休暇の付与も、場合によっては、合理的配慮の一つとなり得る。使用者は、労働者からの申請があれば、業務の運営上過重な負担にならない範囲で、療養のための休暇を付与しなければならない。

　たとえば、先のHumphrey事件では、第9連邦控訴裁が、この点について次のように述べている。この事件では、Humphreyが、強迫性障害の病状が悪化したとして、上司に、医師の意見書を添えて休暇の取得を認めてくれる

---

[120]　239 F. 3d 1128 (9th Cir. 2001).

ように申し出た。医師の意見書には、「Humphrey は休暇を取得することによって、病状は回復し職場に復帰できると思われるが、病状の回復にどの程度の時間を要するかについては、もう少し様子をみる必要がある」とされていた。しかし、会社は、休暇を認めずに Humphrey を解雇した。第9連邦控訴裁は、まず、労働者側が、休暇をある程度取得することにより病状の回復が見込まれることの立証に成功すれば、休暇の付与という措置の合理性は一応認められると述べた。そのうえで、本件では、労働者側から、労働者の病気は、休暇を取得することによって、職場復帰できるまでに回復する可能性が高いとする医師の意見書が出されており、当裁判所は、この医師の判断から、Humphrey は、休暇をとれば「雇用の本質的な部分」を遂行できるようになると一応判断する。ADA は、労働者に対して、合理的配慮を受ければ、雇用の本質的部分を「確実に」遂行できるようになるというところまで、厳格に証明することを求めてはいないと解するからである。このように述べて、第9連邦控訴裁は、休暇の付与が「過重な負担」となるかどうかについて審理を尽くすように、事件を原審に差戻した。

　もっとも、精神疾患の場合、病状の回復時期を予想することは難しく、どの位の長さの休暇を必要とするのか、つまり、どの程度休業させれば「適格者」となるのかどうかが、休暇の申請を受けた時点ではっきりしないことが多い。そのため、連邦控訴裁のなかには、休暇の終了日がはっきりしないままに休業に入ることを認めることは、合理的とはいえないとして、ADA 違反を認めないものもある。

　たとえば、Cisneros v. Wilson[121] では、州の青少年センターに勤務する労働者 Cisneros が、深刻なうつ症状と不安症状の改善のため、家族医療休暇法 (FMLA)[122] に基づき、12週間の休みを取得した。Cisneros は、FMLA が保障する休暇の最長期間が終了したので、追加の有給休暇（約4ヶ月）を認めてくれるよう願い出た。もっとも、この時、Cisneros は、症状の継続する期間や復職までに必要な療養期間を示さなかった。州は、有給の休暇は認めないが、無給の休暇は認めるとし、ただし、復職時には同じ地位に戻ることを

---

121)　226 F. 3d 1113 (10th Cir. 2000).
122)　FMLA については、第Ⅰ部第2章2を参照。

保障することができないと返答した。Cisneros が州の提案を受け入れなかったため、州は、Cisneros を欠勤扱いにした。裁判では、合理的配慮として、追加の休暇取得を認めないことが ADA 違反に当たるかが検討されたが、第10連邦控訴裁は、労働者は、休暇の期間は示したけれども、医師の診断書には、症状が続くと見込まれる期間や復職可能性について具体的な記述がない。合理的配慮として休暇取得を認めるべき場合とは、その休暇を取得することにより近い将来に、当人が雇用の本質的な内容を遂行できるようになると認められる場合である。本件のような状況では、使用者は、要求された休暇日数が復職までの期間として適切なのかどうか判断することはできないため、約4ヶ月の休暇取得を認めることは、合理的ではないとした。また、Cisneros は、約4ヶ月の休暇を取得した後に「適格者」に該当する状態になっているということも充分に立証できていないとして、Cisneros の合理的配慮に関する主張を斥けた。

⑦ **障害のある家族の介護**

労働者が障害のある家族と一緒に暮らしている場合、家族の介護のために一定の就労調整を必要とすることがある。ADA では、障害のある家族がいることを理由として労働者を不利益に取り扱ってはならないとされているが（102条(b)(4)）、EEOC の指針では、障害のある家族の介護のために、障害のない労働者に合理的配慮を提供する義務はないとの考えが示されている[123]。裁判例もこの考えに沿うものが多い。

たとえば、Magnus v. St. Mark United Methodist Church[124] では、教会で事務の仕事を担当していた労働者 Magnus が、精神障害のある娘の介護があるので、土曜と日曜を勤務日から外してほしいと願い出た（働き始めた頃は実弟が娘の介護を引き受けてくれていたが、弟が介護ができなくなったため）。しかし、教会はこの希望を受け入れず、土日に勤務できないことを理由として、Magnus を解雇した。第7連邦控訴裁は、ADA は、障害のある者と関係があることを理由として差別することを禁じているが、障害のある者と

---

[123] 29 C. F. R. App. § 1630.8（2011）.
[124] 688 F. 3d 331（7th Cir. 2012）.

関係がある者に合理的配慮を講じる義務まで求めていない。Magnus は、土日に勤務できないという非差別的な理由によって解雇されており、この解雇は、ADA が禁止する差別に当たらないとして、教会の主張を認めた原審の略式判決を維持した。

5 配慮の提供に向けた話し合い（Interactive Process）

4 でみてきたように、合理的配慮の具体的な内容は、労働者の有する障害の性質や程度、その労働者が従事している職務・職責、当該労働者が必要としている措置がその使用者にとって過重な負担となるかどうか、という点から事案ごとに個別的に決定される。そのため、合理的配慮の提供にあたっては、障害のある者と使用者とが、合理的配慮の提供の可能性を具体的に協議する手続が必要となる。そのため、EEOC は、施行規則において、「相互関与プロセス（interactive process）」と称する協議手続を提案し、労働者から配慮の提供を求められた使用者は、この手続を「誠実に（in good faith）」進めなければならないと定めている[125]。

ADA には、使用者が、合理的配慮の提供に向けて、労働者と「誠実に」話し合いを行なった場合には、合理的配慮の不提供という形の差別があったとしても、金銭賠償の責を免れることができるとの定めがある[126]。この定めは、労使協議へのインセンティブとしての機能することが期待されている。

なお、下級審判例には、協議が不当に長期にわたった場合や、労働者が特定の措置にのみこだわり、他の措置の可能性をまったく検討しないことや、話し合いのなかで労使のどちらかが不誠実な対応を取ったことを、合理的配慮義務を尽くしたかどうかの判断に斟酌しようとするものがある[127]。Barnett 事件でも、労働者から使用者が合理的配慮の提供に向けた話し合いを持たなかったことをもって、合理的配慮義務違反を認めるべきだという主

---

125) 29 C. F. R. § 1630.2 (o)(3).
126) 正確には、金銭賠償に関する定めは、公民権法の規定が準用されており、公民権法にその免責条項がある。42 U. S. C. § 1981a(a)(3).
127) たとえば、Selenke v. Medical Imaging of Colorado, 248 F. 3d 1249 (10th Cir. 2001).

張がなされたが、連邦最高裁はこの点について、判断を示さなかった。

(1) 具体的な手順

では、相互関与プロセスの具体的な流れを紹介しよう。

EEOCの指針には、相互関与プロセスの具体的な流れが例示されている[128]。

【話合いの具体的な手順】

(1) 当該業務を分析し、その目的と当該業務の必須で本質的な内容を確定する。

(2) 使用者は、話し合いのなかで、障害によって職務遂行にどのような制限があるのかを正確に把握し、障害のある労働者が、合理的配慮を受けることによってどのようにその制限を克服するのかについて理解する。

注）当事者で適切な措置が想定できない場合は、EEOCや州や地方のリハビリ機関の技術的なアドバイスを求めることが推奨されている。もっとも、労働者は、使用者がこれらの機関にアドバイスを求めなかったこと自体をもって、合理的配慮義務の不履行を主張することはできない。

(3) 実現可能な措置の候補を幾つか選定し、それらの措置が、障害者が職務を遂行できるようになるに際しどの程度効果的であるのかを、見極める（評価する）。

(4) 労働者の意向を考慮し、使用者と労働者双方にとって最も適当な措置を選び、その措置を「合理的配慮」として提供する。

(2) 労働者からの申出がない場合

使用者が、合理的配慮義務違反を問われるのは、労働者に心身の機能障害による就労上の制限があることを「知っている」にもかかわらず、合理的配慮を提供しない場合である（102条(5)(A)）。したがって、連邦裁判所の多くは、労働者が使用者に、自分の機能障害があることを伝えて、かつ、それによって就労に制限が生じていることを説明することが必要であり、労働者の

---

128) 29 C. F. R. App. § 1630.9 (2011).

申告がなければ、原則として、使用者に合理的配慮義務は生じないという解釈を採っている[129]。

たとえば、Beck v. University of Wisconsin Board of Regents[130]では、うつ病と不安障害のある労働者が、病気休暇を3回取得した後に、さらなる休暇の延長を求めたが、会社は、病気に関する詳細な記録を提出しなければ、休暇を認めることができないと対応した。原告は、病気の再発予防のために追加の休暇を必要としているという内容の医師の意見書を提出したが、会社は、これでは不十分であるとして、無断欠勤を理由としてBeckを解雇した。第7連邦控訴裁は、合理的配慮は、労使の充分な情報交換が基礎となって実現するものであるとし、本件では、労働者が必要な情報を使用者に充分に提供しておらず、使用者に合理的配慮の不提供を問うことはできないと判断している。

また、Taylor v. Principal Financial Group, Inc.[131]では、労働者Taylorが、上司に統合失調症にり患していることを説明して、目標を下げて欲しいと申し出た。Taylorは、統合失調症の詳しい病状を知らない上司に対して、自分の主治医と連絡をとって、詳しい知識を得て欲しいと依頼したが、上司は、詳しい知識を得る努力をせずに、目標の達成期間を少し延長する便宜をはかって様子をみていた。上司は、一度、Taylorに「問題はないか」と声をかけたことはあったが、本人が「大丈夫」と返事をしたために、それ以上の対応を図らなかった。結局、Taylorは、病状が悪化して入院し、復職することができなくなった。裁判において、Taylorは本人が病気を申告しているのであるから、合理的配慮の申し出は認められるべきだと主張したが、第5連邦控訴裁は、同じ病名であっても、その病気から生じる就労制限はその労働者が置かれている状況によって異なってくるから、労働者は、機能障害があることだけでなく、その機能障害から生じてくる制限まで説明しなければなら

---

[129] 精神疾患の事案では、労働者の申し出を柔軟に解するべきだという見解がある。Brown, Note, Mental Disabilities under the ADA: The Role of Employee and Employers in the Interactive Process, 8 Washington University Journal of Law & Policy 341 (2002).
[130] 75 F. 3d 1130 (7th Cir. 1996).
[131] 84 F. 3d 296 (3rd Cir. 1999).

ないと述べて、合理的配慮義務の不履行はないと判断した。

　一方、多くはないが、精神疾患の場合は、労働者が適切に配慮を申し出ることを期待しにくいので、使用者側も、合理的配慮の提供に向けて一定の手助けをするべきだと判示する判断がある。たとえば、Bultemeyer v. Fort Wayne Community Schools[132] では、統合失調症の療養のために休暇をとっていた労働者 Bultemeyer（学校の用務員）が、復職に際して、新しい職場への配属を提案された。Bultemeyer は、提案された職場を下見したが、職場になじめる自信がもてなかった。上司は、復職に際して心身の適格検査を受けるように命じたが、本人は、検査で問題がないと判断されてしまうと、下見をした職場に配属されることになるのではないかと思い込み、検査を受けず、下見をした報告書も提出しなかった。学校側は、検査の拒否と報告書の未提出を理由に、Bultemeyer を解雇した。Bultemeyer は、解雇を通告されてすぐに、主治医の意見書を送って、提案された職場よりもストレスの少ない職場で復帰したいと申し出たが、学校からは何の連絡も来なかったため、ADA 違反を訴えた。第 7 連邦控訴裁は、まず、使用者は、労働者に病気休暇を認めた時点で、精神疾患と疾患による就労の制限を認識していたと判断した。そして、このような状況において、本人が、どのように配慮を求めればいいのかその方法に苦慮している場合には、使用者は、障害者が配慮を申し出ることができるように手助けをしなければならないと述べ、本件では、学校側が、労働者に対して、新しい職場に馴染めないと感じた理由をたずね、適切な便宜を検討するために面談を設けるべきであったと判示した。そのうえで、学校側は、配慮の申し出がなかったことを理由に、略式判決を求めているが、このような状況では、略式判決を得ることはできないと判断している。

　第 2 連邦控訴裁も、Brady v. Wal-Mart Stores, Inc.[133] において、使用者が、障害があることを知っている場合、あるいは、知るべきであったと合理的に推認される場合は、労働者が配慮を申し込まなくとも、あるいは、配慮を必要としていないと宣言していても、使用者には、その障害に関する配慮の必要性を話し合うための協議を、労働者に呼びかける義務がある、と説示

---

132)　100 F. 3d 1281 (7th Cir. 1996).
133)　531 F. 3d 127 (2nd Cir. 2008).

している。

第4節　障害に基づく差別

1　ADA 第1編における「差別」

　ADA 第1編では、「いかなる適用事業体も、適格者に対して、障害に基づいて、求人手続、採用、昇進または解雇、報酬、職務研修、その他の労働条件及び雇用上の特典に関して、差別的取扱いをしてはならない」として、雇用のすべての局面における障害に基づく差別が禁じられている（102条(a)）。
　差別に当たる行為・措置については、102条(b)において、次のように具体化されている。大まかに分けると、①障害に基づく差別的な取扱い（disparate treatment、以下、「差別的取扱い」）、②障害者に差別的な影響をもたらす措置（disparate impact、以下、「差別的効果」）」、③障害のある者と関係があることによる不利な取扱い（associational discrimination、以下、「関係差別」）、④障害に対する合理的配慮の拒否、の4つが ADA における「差別」に当たるとされている。

　ADA 102条(b)
　前項(a)が禁止する適格者に対する障害に基づく差別には、次の行為が含まれる。
　(1)　障害のある者の機会や地位に不利な影響を与える形で、応募者や労働者に制限を加える、または、分離する、あるいは、区別すること。
　(2)　障害のある者に差別的な影響をもたらす契約や合意を結ぶこと、そのような関係に参加すること。
　(3)　次のような基準、指標、管理方法を用いること。
　　(A)　障害による差別的な効果をもたらすもの。
　　(B)　経営管理を一律に行なっているが一部の者には差別が永続化するもの。
　(4)　障害があると知られている者と関係がある、または、交際していること

とを理由として、適格者を排除する、あるいは、職務や給付を等しく受けることを妨げること。

(5) (A) 応募者または労働者の既知の身体的または精神的機能障害に対して、その者が適格者であるにもかかわらず、合理的配慮を図らないこと。ただし、当該適用事業体が合理的配慮を図ることが業務運営に際して過重な負担になると立証できる場合を除く。

(B) 応募者または労働者の身体的または精神的機能障害に合理的配慮が必要なことを理由として雇用機会を与えないこと

(6) 障害のある者または障害のある者を集団として振るい落とす傾向のある資格基準、雇用上の試験または他の選抜条件を用いること。ただし、適用事業体が用いる基準、試験、他の選抜条件が、問題となる職位の職務に関連があり、かつ、業務上の必要性に一致する場合はその限りではない。

(7) 障害のある者に対して試験などを行なう際に、その者の障害にかかわらない能力を最も効果的に測る方法を取らないこと。

このほかに、ADA 第 1 編では、「医学的な検査や問い合わせ（medical examination and inquiries）」の手順や範囲など定める規定があり、そこで定められる方法に従わずに医学的検査や問い合わせを行なうと、それは ADA 第 1 編における「差別」とみなされる。

障害のない者に対する障害を理由とする異なる取扱い（障害のない者に対する逆差別）は、「障害に基づく差別」とも解する余地があるが、ADA 第 1 編の判例法理では、原則として障害のない者が障害による差別の救済を求めることはできないと解されている[134]。たとえば、障害のある者が障害のない者よりも優位に扱われたり、障害のある者に対しては障害のない者には提供されない特別な措置が図られたりした場合でも、障害のない者がこれらの行為の違法性を ADA 第 1 編に基づき提訴することはできないとされている。

ただし、障害者と関係があることによって雇用において差別を受けた者

---

134) ADA の 2008 年法改正の立法審議において、そのような逆差別の苦情は、ADA 第 1 編の司法救済の対象ではないと確認された。29 C. F. R. App. § 1630.4 (2011).

(102条(b)(4))、ADA第1編に抵触する医学的検査や問い合わせを受けた者については (102条(d))、障害の有無にかかわらず、違法行為に対する救済を求めることができるとされている。

2 差別の立証

1でみたように、ADA第1編で禁止される差別には、差別的取扱い、差別的効果、関係差別、合理的配慮の提供拒否という4つの類型がある。もっとも、裁判で争われる割合は、合理的配慮の提供拒否の事件が圧倒的に多く、他の3つの類型が中心論点として争われる事件はそう多くない。関係差別の訴訟件数が少ないのは、この類型の紛争自体の数がそれほど多くないためと推測されるが、差別的取扱いや差別的効果の訴訟件数が少ないのは、そのような紛争件数の割合の差に加えて、立証の難しさという点も影響していると推測される。

そこで、裁判例の分析に入る前に、ADA第1編における差別的取扱いと差別的効果の立証手順について、少し説明を加えておきたい。

(1) 差別的取扱い

① **McDonnell Douglas / Burdine ルール**

「差別的取扱い」とは、雇用差別禁止法で定められている属性（ADAであれば「障害」）に基づいて行なわれた雇用上の異なる取扱いをさす。たとえば、ADAでは、使用者が、顔面に大きな傷のある労働者を、そのような外見の従業員をみたくないとの理由から、定例会議に参加させないことや、HIVに感染している労働者を、雇用に必要な能力や資格を備えているにもかかわらずに採用を拒否することがこの「差別的取扱い」に該当する[135]。

労働者が、差別的取扱いを受けたとして ADA 第1編違反の救済を裁判所に求める場合には、まず、労働者の側で、問題となる行為が障害に基づいて、「意図的に」行なわれたということを証明しなければならない。先の顔に傷の

---

135) 29 C. F. R. App. § 1630.15 (a) (2011).

ある労働者の事案において、上司が「顔の傷を会議で見るのは嫌だ。」と発言しているならば、その発言は、使用者の差別意思を示す直接証拠となるので、労働者がこの発言の存在を証明することができれば、「差別的取扱い」が成立することになる。

しかし、労働者がこのような直接証拠を用いて使用者の差別意思を証明することは、現実には難しい。多くの事案では、そのような直接証拠は存在しないか、あったとしても、労働者がそれを入手することはほぼ不可能であるからである。そのため、多くの雇用差別訴訟では、間接証拠を用いて使用者の意思を推認する手法が用いられる[136]。この手法は、1973年のMcDonnell Douglas事件連邦最高裁判決[137]と1981年のBurdine事件連邦最高裁判決[138]を経て、判例法理として確立したため、「McDonnell Douglas / Burdineルール」と呼ばれる[139]。McDonnell Douglas / Burdineルールを用いた立証は、次のような流れで進行する。

【McDonnell Douglas / Burdineルール】

① 〔一応の証明（prima facie case）〕

差別の救済を求める原告が、a）ADAにおける障害があること、b）適格者であること、c）雇用において不利な取扱いを受けたこと、d）その不利な取扱いは障害に基づくものであったこと、に関する証拠を示し、差別に関する「一応の証明」を行なう。

② 〔抗弁（defense）〕

原告の「一応の証明」により差別が推定されると、被告に証明責任が移行する。被告は、問題となる行為が障害に基づくものではなく、「適法で非差別的な理由（legitimate nondiscriminatory reason）」に基づくものであったことを証明する。たとえば、そのような異なる取扱いは、障害によるものでは

---

136) McDonnell Douglas / Burdineルールについては、注51）森戸・水町編（2008）53-54頁（長谷川論文）、注52）中窪（2011）200-203頁、Blanck, Waterstone, Myhill, Siegal, Disability Civil Rights Law and Policy, 3rd ed., (2014) pp. 254-256を参照した。
137) McDonnell Douglas Corp. v. Green, 411 U. S. 792 (1973).
138) Texas Department of Community Affairs v. Burdine, 450 U. S. 248 (1981).
139) McDonnell Douglas/Burdineルールによって、ADA第1編違反が争われた裁判例として、Hardy v. S. F. Phosphates Ltd. Co., 185 F. 3d 1076 (10th Cir. 1999), Kiel v. Select Artificials, Inc., 169 F. 3d 1131 (8th Cir. 1999).

なく、本人の業務遂行能力の低さによるものであった等の証明が行なわれる。
　③〔口実（pretext）〕
　原告は、被告の示した非差別的な理由が「口実」であると反駁する。たとえば、本人の業務遂行能力の低さが理由として示された場合は、同じような業務遂行能力であっても障害のない労働者は、そのような扱いを受けていないといった事実を提示する。

　なお、McDonnell Douglas/Burdine ルールは、人種、肌の色、宗教、性別、出身国による雇用差別を禁止する公民権法第7編の訴訟において用いられてきたものであるが、ADA 第1編違反が問題となる裁判においても、このルールの使用が認められている。ただし、「動機の競合（mixed-motive）」と呼ばれる事例（雇用における異なる取扱いの背景に、差別的な理由と非差別的な理由が存在するもの）の場合には、この McDonnell Douglas/Burdine ルールではなく、別な枠組みで差別の成否が審査されることが多い。

② 　動機の競合
　「動機の競合」とは、雇用差別が疑われる行為の背景に、差別的な理由と非差別的な理由が混在して存在すると思われる事案をさす。公民権法第7編には、「動機の競合」が問題となる場合の差別意思の推定に関する定めがあり、差別の救済を求める者が、問題となる雇用上の措置の動機のなかに、人種、肌の色、宗教、性別、出身国の要素が含まれていることを証明することができれば、他の非差別的な要素が含まれていたとしても、「違法な雇用上の取扱い（unlawful employment practice）」があったと認定することができるとされている（703条(m)）。動機のなかに、公民権法第7編で禁止されている属性（人種等）の要素が含まれていたことの証明は、直接証拠によって行なってもよいが、間接証拠を用いた証明でもよいとされている[140]。
　ただし、この動機の競合に関するルールは、公民権法第7編の事案に対して設けられたものであり、ADA 第1編の法文には、「動機の競合」に関する

---

140) Desert Palace, Inc. v. Costa, 539 U. S. 90 (2003).

規定がない。そのため、ADA 第1編の事案に公民権法第7編が定める動機の競合ルールを準用できるかどうかについては、裁判所の見解が分かれている[141]。近時の ADA の訴訟では、労働者の側で、障害がなければ自分は解雇されなかったと推測できることを証明しなければならず、使用者が解雇に至るの複数の動機に「労働者に障害があったこと」が含まれていたという証明だけでは、意図的な差別を認定することはできないと判示するものもある[142]。

(2) 差別的効果

「差別的効果」とは、基準自体は中立的なものであるが、その基準を適用するとある属性（差別禁止法で定められている属性）をもつ者に一律に不利益な影響を与えることをさす。また、中立的な基準を適用しているが、結果として、不利な影響がある属性を有するグループの一部に偏って現れる場合も、「差別的効果」があると評価できる。差別的効果の法理は、もともとは、公民権法第7編の判例法理において発展してきたものであるが、ADA 第1編においても、法文上において、障害者に差別的効果をもたらす基準や措置を用いることが「差別」に当たると明記されている（102条(b)(3)(6)）。

労働者が、ある基準や措置の差別的効果を訴訟で争う場合は、次のような立証ルールが用いられる。

【差別的効果の立証ルール】

① 〔一応の証明〕

差別の救済を求める原告が、a) ADA における障害があること、b) 問題となっている措置（基準・制度・慣行）は一見すると中立的であるが、障害のある者に不均衡な不利益を与えるものであること、c) 障害のある者がその措置によって雇用において不利益を被ったこと、の3点を示して差別に関する「一応の証明」を行なう。

② 〔抗弁〕

被告（使用者）は、障害者をふるい落す、あるいはふるい落す傾向のある

---

141) 注136) Blanck (2014) pp. 256-257.
142) Serwatka v. Rockwell, 591 F. 3d 957 (7th Cir. 2010).

措置は、「職務に関係しており、業務において必要である（job-related and consistent with business necessity）」と証明する。

③〔反駁〕

ADA 第1編の下では、中立的であるが障害者をふるい落す傾向のある措置と、その措置よりも差別的効果が少なく障害者の能力をより引き出すことができる措置が併存する場合には、使用者は、後者の方を選ばなければならないと定められている（102条(7)）。したがって、労働者は、使用者が用いた基準より差別的効果の低い他の措置があったこと、を示して反駁する。

なお、ADA 第1編では、使用者に合理的配慮義務が課されているので、差別的効果をもたらす措置の問題は、合理的配慮の提供拒否の問題として捉え直すこともできる。たとえば、病気休暇を最長2週間までと定めることは、2週間以上の療養を必要とする障害者に対しては、差別的効果を与える措置と評価できるが、一方で、障害者は、使用者に、病気休暇を延長する措置を合理的配慮の提供として提供できるかどうかを尋ねることもできる。障害者が、比較的短期の病気休暇の延長によって、就労が従前どおりに就労できるようになる場合、使用者は、過重な負担とならない限りにおいて、そのような延長措置を認めなければならない。過重な負担とならないにもかかわらず、病気休暇の延長が認められなかった場合には、労働者は、この延長拒否がADA 第1編の禁じる合理的配慮の提供拒否に当たるとして、使用者の対応の是非について司法判断を仰ぐことができる。

3　判例の状況

ADA 第1編における差別の立証方法を確認したところで、つぎに、差別の成否に関する主な争点を判例の検討を通じて考察する。

(1) 差別的取扱いの成否

先にみたように、労働者が、使用者から受けた措置の違法性を差別的取扱いの法理に基づいて争う場合には、原告（労働者）の側が、a）ADA におけ

る障害があること、b）適格者であること、c）雇用において不利な取扱いを受けたこと、d）その不利な取扱いは障害に基づくものであったこと、の4点に関して証拠を提示し、差別の成立に関する「一応の証明」を成功させなければならない。このうち、「障害」の存否と「適格性」の有無に関する立証の難しさについては、すでに第1節と第2節で考察した。ここでは、残りの2つに関して、検討を加える。まずは、c）の使用者から受けた措置が「雇用上の不利な取扱い（adverse employment action）」と解し得るかどうかについて裁判例の状況を確認する。ついで、d）の問題、労働者の受けた措置が「障害に基づく（basis of disability）もの」と解されるかどうかについて検討を加える。

① 「不利な」取扱いかどうか

(i) 他の者と交流させないこと

Duda v. Board of Education of Franklin Park Public Schools[143]は、使用者が、躁うつ病を患っていると思われる警備員を、夜間の見回り業務に転属し、周囲と会話をしないように命じた事件である。ここでは、使用者が、精神疾患にり患した可能性のある労働者を人目に触れないような業務に配置換えし同僚から孤立させることが、「雇用上の不利な取扱い」に当たるかどうかが問題となった。事件の概要は、次の通りである。

原告 Duda は、学校区に警備員として雇用され、中学校で監視業務に従事していた。Duda は、毎日の気分の変化を日記に記録していたが、ある日、同僚に日記を取り上げられ、その日記のコピーが、学校関係者に配布されてしまった。日記を読んだ学校区は、Duda が周囲に危害を加えることを心配し、医師に相談した。医師は、勤務に支障はなく、周囲へ危害を加えるおそれもないと返答したが、学校区は、Duda を小学校の警備業務に異動させ、夜間の見回りを担当するように命じ、誰とも会話をしてはならないと命じた。Duda は、スクールバスのドライバーなどの業務に異動させて欲しいと申し出たが、学校区は、日記の内容からみると、児童と関わる業務に就けること

---

143) 133 F. 3d 1054 (7th Cir. 1998).

はできないとして、その申し出を受け入れなかった。Duda は、学校区が、夜勤を命じ、他部門への異動を認めずに、原告を孤立させたことは、精神障害に基づく差別であるとして提訴した。第 7 連邦控訴裁は、学校区は、Duda が雇用の本質的な内容を遂行できる者であるにもかかわらず、日記を読んで、Duda が精神的に不安定で、周囲とコミュニケーションを円滑にはかることができないと思い込み、小学校の夜勤業務に異動し周囲から孤立させたと認め、このような取扱いは雇用における不利な取扱いであり、ADA 第 1 編の差別に該当すると判断した。

(ii) 薬の服用禁止命令

Shiplett v. Amtrak[144] では、電車の運転の際に、精神安定剤の服用を禁止することが、「雇用上の不利な取扱い」に当たるかどうかが問題となった。

電車の運転士の Shiplett は、プラットホームの停止位置を間違えるミスを 3 度繰り返し、会社から、薬物・アルコール検査を受診するように指示された。会社は、この検査結果により、Shiplett が、睡眠障害の治療のために精神安定剤と抗うつ剤を服用していることを知った。ここで会社は、医師に相談したうえで、Shiplett に、抗うつ剤は眠気や倦怠感などをもたらすため、電車の運転業務に就くならば抗うつ剤の使用を控えるように指示した。Shiplett は、使用者の指示に従って抗うつ剤の服用を停止したが、頭痛、ふるえ、不眠、吐き気等の症状が現れるようになり、最終的には、業務に就けなくなって休職し、障害年金を受給して生活するようになった。そこで、Shiplett は、会社の命令（服用した場合は運転業務についてはならず、運転業務に就く場合は抗うつ剤を服用してはならないという命令）は、障害者に対する差別であるとして提訴した。

ここでは、障害者に対する薬の服用禁止命令が、「雇用における不利な取扱い」といえるかどうかが問題となったが、第 6 連邦控訴裁は、Shiplett が服用していた薬（ザナックス）は、眠気や倦怠感を 10〜14 時間程度継続させるものであり、会社が、公共の安全保持からこの薬の服用後の運転業務を認めなかったことは、「雇用上の不利な取扱い」とはいえず、差別があったとは認

---

144) 1999 U. S. App. LEXIS 14004 (6th Cir. 1999).

められないと判断した。

② 「障害に基づく」取扱いかどうか
(i) 精神疾患に起因する非違行為と解雇

　労働者が精神疾患を患っている場合、妄想や幻聴などによって職場においてひどく落ち着きのない態度をとってしまったり、同僚に不適切な言葉を投げかけてしまったりということがある。また、精神疾患にり患したことで重篤な倦怠感が生じ、遅刻や欠席が著しく多くなる者もいる。使用者は、労働者の不適切な行動に対して懲戒を行なう権限を有しているが、労働者の不適切な行動が精神疾患の病状と強く結びついている事案の場合には、通常の懲戒と同じように処分してよいのか、それとも、不適切な言動は障害に基づくものであるため、通常と同じように懲戒処分を行なうことは許されず何らかの配慮が要請されるのかの判別に困る。後者の立場を採る場合には、精神疾患にり患した者に対しては、障害に配慮した懲戒処分を行なわなければならず、障害を考慮せずに懲戒処分を行なうと、それは、「障害に基づく不利な取扱い」として ADA 違反が問われる可能性があるからである。

　連邦控訴裁の判断を見ると、①「障害があること」と「障害によって引き起こされた結果」は分けて考えるべきであり、「障害によって引き起こされた結果」に対して不利益な処分をなしても、それは「障害に基づく不利な取扱い」とは解するべきではないと考える見解と、②「障害によって引き起こされた結果」は障害と切り離して法的に評価するべきではないので、障害によって引き起こされた行動に対して行なわれた不利益措置は、「障害に基づく不利益措置」と解して、その適否を考えるべきである、という2つの見解が対立している。

　たとえば、前者の見解を採る例として、Palmer v. Circuit Court of Cook County[145] がある。この事件では、うつ病と妄想性障害を患う原告 Palmer が、同僚に「殺すぞ」と脅迫して解雇された。Palmer は、不適切な言動は精神疾患に起因するものであり、本件解雇は、精神障害に基づく差別であるとして

---

145) 117 F. 3d 351 (7th Cir. 1997).

提訴した。第 7 連邦控訴裁は、ADA 第 1 編は、「適格者」を保護する法であり、同僚を脅迫する労働者は「適格者」とはいえないため[146]、労働者の不適切な言動が精神疾患に由来するものであるとしても、本件の解雇は、ADA 第 1 編が禁止する障害に基づく差別には当たらないと判断した[147]。

一方で、後者の見解を採るものに、Humphrey v. Memorial Hospital Association[148] がある。この事件では、強迫性障害がある原告 Humphrey が、遅刻の多さと職務怠慢を理由として解雇された。Humphrey は、強迫性障害のために、髪型に強いこだわりがあり、毎朝 2 時間をかけて髪をセットしていたが、うまくセットできない日は何度もセットをやり直し、遅刻や欠勤が他の者より多くなっていた。病院は、遅刻や欠勤の多さを理由に Humphrey を解雇したため、Humphrey は、当該解雇は「障害に基づく不利な取扱い」に当たるとして、連邦裁判所に提訴した。

第 9 連邦控訴裁は、ADA の目的に鑑みると、基本的には、障害に由来する行動は障害の一部とみなすと考えるべきであり、行動の原因である障害を解雇の理由から除外すべきではないとしたうえで、とくに使用者が、不適切な言動が障害に由来することを知りつつ、何の合理的配慮も提供せずに職務怠慢を理由として解雇するといった場合は、障害と解雇には因果関係があるから、「障害に基づく不利な取扱い」に当たる可能性があると判断した。そして、本件では、病院が、Humphrey に対して合理的配慮を図ることができたかどうか（合理的配慮により「適格者」となり得たかどうか）について審理が尽くされていないとし、事件を原審に差戻した。

なお、アルコール依存症者が飲酒運転をして逮捕されて、使用者から解雇されるという場合にも、同じ問題が生じる。飲酒運転という行動は、「アル

---

146) 「直接的な脅威」をもたらす者に該当するからである。「直接的な脅威」については、第Ⅱ部第 2 章第 2 節 2 を参照。
147) Sista v. CDC IXIS North America, Inc.（445 F. 3d 161, 2d Cir. 2006）では、深刻なうつ症状などを抱える労働者が、同僚との会話のなかで、他の同僚に対する脅迫的な発言をしたため、解雇された。第 2 連邦控訴裁は、解雇の理由が、障害が引き起こした結果としての不適切な発言（正当で非差別的な理由）に基づくものではなく、精神疾患自体による差別であることの立証が充分ではないとして、会社の主張を認める原審の略式判決を維持している。
148) 239 F. 3d 1128（9th Cir. 2001）.

コール依存症という疾患から引き起こされた結果」として評価することができるからである。しかし、連邦控訴裁は、このアルコール依存の問題については、「障害があること」と「障害から引き起こされた結果」を分けて判断する傾向にある。前掲の Humphrey 事件において、第9連邦控訴裁は、アルコール依存と違法な薬物の中毒者については、非違行為や職務怠慢が障害に由来していても、解雇は正当と認められると述べている。また、Maddox v. University of Tennessee[149] でも、ADA の下では、アルコール依存症にり患している者も「障害者」として保護されるが、障害のない者が飲酒運転という違法行為をした場合に解雇されるのであれば、障害のある者も同じように処分されるべきであり、当該違法行為がアルコール依存症によって引き起こされたからといって、障害者に処分の軽減という合理的配慮を命じることは相当ではないとの判断が示された。

(ii) 精神疾患の治療を拒否する者に対する解雇

労働者が精神疾患を患っている事案では、上司が、労働者の精神的不調に気づき、精神科への受診やカウンセラーとの面談を命じたが、労働者が医療機関への受診を拒否して解雇されるというものがある。アルコール依存や薬物依存の労働者の事案には、とくに、このような解雇が多い。このような事案では、精神疾患の治療を拒否したことを理由とする解雇が、「障害に基づく不利な取扱い」に当たるかどうかが問題となりうる。この点について裁判例をみると、このような解雇は、その理由が差別的とはいえず、「障害に基づく不利な取扱い」と評価することはできないとの結論が採られることが多い。

たとえば、William v. Houston Lighting & Power Co.[150] では、核処理施設の情報ネットワークを管理する技術者であった原告 William が、鎮痛剤の依存症になり、依存症克服プログラムを受講した。William が、プログラムを修了し依存症を克服して、会社に復職を申し込んだところ、会社は、復職の条件として、①依存症を再発していないか定期検査を受けること、②3年間は専門カウンセラーと定期的に面談すること、の2点を要求した。William がこの条件を受け入れなかったため、復職はかなわず解雇された。連邦地裁は、

---

149) 62 F. 3d 843 (6th Cir. 1995).
150) 980 F. Supp. 879 (1997).

Williamの勤務先が核処理施設であったことを重視し、施設の安全確保を考えると、復職に際してそのような条件が付けられるのはやむを得ないとして、本件解雇は障害に対する差別的な意図で行なわれたものとは認められないと判断した。

③ 障害のある家族をもつ者に対する不利な取扱い

本節の冒頭で紹介したように、ADAでは、障害のある者との関係を理由に障害のない者を雇用において不利に取り扱うことが禁止されている（102条(b)(4)）。たとえば、精神疾患にり患している家族がいることを理由に採用を拒んだり解雇したりすることが、この類型の差別行為に当たる。ここでは、そのような関係差別が問題となった裁判例 Den Hartog v. Wasatch Academy[151] を参考として挙げておきたい[152]。

この事件の原告 Den Hartog は、私立の専門学校の教師であり、躁うつ病を患う21歳の息子 Nathaniel がいた。Nathaniel は、校長の息子と交流があり、校長の家を訪れることがあったが、時が経つにつれ、Nathaniel は、校長が自分を嫌がっていると思い込み、校長に脅迫的な電話をかけるようになった。学校側は、Nathaniel が父（原告）に会いに校内に入り、校長に脅迫的な言動をとることを恐れて、Den Hartog を郊外のオフィスに異動し学校史をまとめる作業を担当するように命じた。しかし、Nathaniel の脅迫的な行動が治まらなかったために、Den Hartog との契約更新を見送った。Den Hartog は、契約の不更新は障害のある家族をもつことに基づくものであり、ADAの差別に該当すると主張した。

しかしながら、第10連邦控訴裁は、本件における差別の成否は、被告側が、①家族の不適切な行動が、当該労働者の労務の提供を妨げており、この問題は合理的配慮を行なっても解決されない、②労働者が職場にいることで職場の安全が脅かされている、という2点を証明できれば、ADA第1編の差別は成立しないことになると判示し、そのうえで息子 Nathaniel には今後

---

151) 129 F. 3d 1076 (10th Cir. 1997).
152) この Den Hartog 事件は、「直接的脅威」の問題としても論じられる。第Ⅱ部2節2を参照。

も周囲の安全を脅かす危険があり、その危険は合理的配慮をしても排除することができないとして、契約の不更新は ADA 違反にあたらないとの結論を下した。

(2) 差別的効果を有する基準と抗弁

以上、差別的取扱いに関わる裁判例の状況を考察した。つぎに、差別的効果に関わる裁判例を検討していきたい。

くり返しになるが、ADA では、障害者個人、または、障害者を集団としてふるい落とす傾向のある資格基準、雇用上の試験または他の選抜条件を用いることが、障害に基づく差別に該当するとされている (102 条(b)(6))。ただし、使用者が、そのような資格基準等を用いることが「職務に関連し業務上の必要性に一致している」と証明することができれば、ADA 違反は否定される。たとえば、ある重量の荷物を持ち上げることができること、一定の距離を歩くことができること、一定の視力があること、等を採用の条件に用いることは、障害者をふるい落す効果をもたらす可能性があるが、そのような条件を付すことが職務に関連し業務上必要である場合には、ADA 違反は成立しない[153]。

採用に関して付された資格基準の差別的効果が精神疾患のある労働者との関係で問題となった事件には、EEOC v. Exxon Corp.[154] がある。この事件では、会社が、過去に薬物やアルコールの依存に関して治療を受けたことのある労働者は管理職（正確には、監督を受けない職位）には就けないという規則を設けていた。しかし、これは、アルコール依存症を経験したことがある労働者を一律に管理職から排除する可能性があったため、その「差別的効果」が問題となった。第 5 連邦控訴裁は、会社の側で、この規則が業務上の必要性に適うものであることを証明することができれば、差別の存在を否定することができると述べたうえで、会社は、この規則が、過去にタンカー事故に乗船していたチーフ乗組員がアルコール依存の治療を受けていたことをきっかけになされた安全対策の一つであると主張しているが、業務上の必要性は

---

153) 29 C. F. R. App. § 1630.10 (2011).
154) 203 F. 3d 871 (5th Cir. 2000).

これだけでは不十分であるから、職務関連性と業務上の必要性の有無について審理をやり直すように、事件を原審に差し戻した[155]。

なお、採用時に、違法な薬物を使用した経験のある者は雇用しないとの条件を付けることも、薬物依存を経験したことのある者を一律に排除する差別的効果が認められるが、EEOC の見解では、そのような採用基準は、使用者が職務関連性と業務上の必要性を示すことができれば、ADA 違反には当たらないとされている[156]。

(3) 障害のある者に対する嫌がらせ

最後に、障害者に対する嫌がらせの問題について触れておきたい。

ADA 第1編の法文には、障害者に対する嫌がらせを直接に規制する定めがない。しかし、裁判例のなかには、障害者に対する嫌がらせの態様が、「労働者の労働条件を変更し虐待的な職場環境を作り出す」と認められるほどに深刻な場合には、ADA の差別行為の一つとして、救済を求めることができると判断するものがある（敵対的な職場環境（hostile work environment）の作出）。

たとえば、Rohan v. Networks Presentation LLC.[157] では、講演ツアーに参加した俳優 Rohan（原告）が、監督に、Post-Traumatic Stress Disorder（心的外傷後ストレス障害）に罹っていることを申告したところ、監督は、ツアーキャストにその事実を伝えるように指示し、伝えることができないのならばツアーに参加することを認めないと述べた。Rohan は、やむを得ず、30 人の

---

[155] なお、この事件では、原告となった EEOC 側から、この規則は、職場の安全を確保するために設けられたものであるから、会社側は、原告が職場に「直接的な脅威をもたらす者」であるかどうかを、個別具体的に立証しなければならないとの主張がなされたが、第5連邦控訴裁は、「差別的効果」のある基準の正当性の立証場面では、「直接的な脅威」の有無の証明は不要であり、会社は、当該基準が、職務に関連し業務上必要であることを証明すればよく、当該労働者との関係において個別的に必要な措置であること（労働者が直接的な脅威をもたらす可能性があり、その脅威を排除するために必要な基準であること）までの証明は必要ないと判断した。なお、本件のような事案では、アルコール依存症を経験した労働者の「適格性」の有無も問題になる。「適格者」か否かの検討において、使用者が「直接的な脅威」の存在を抗弁とする場合には、使用者の側で個別具体的に「直接的な脅威」の存在を証明しなければならない。
[156] 29 C. F. R. App. § 1630.3 (2011).
[157] 175 F. Supp. 2d 806 (2001).

キャストを前に病気を告白し理解を求めた。裁判において Rohan は、雇用を保持したければ精神疾患を告白するように求めることが、障害に基づく嫌がらせに当たると訴え、連邦地裁も、ADA 102 条(b)に列挙されている行為類型は差別行為の例示にすぎなく、「労働条件における不利な取扱い」には、障害に基づく嫌がらせも含まれると述べて、障害の告知を強要することも ADA 第 1 編の差別に該当するとの判断を示した。

　一方で、裁判例のなかには、障害に基づく嫌がらせのすべてが差別に当たるものではなく、行為の態様が著しく不快なもののみが「敵対的な職場環境の作出」として「差別」に該当し、ADA の救済の対象となるとするものもある。たとえば、Walton v. Mental Health Association of Southeastern Pennsylvania[158] では、うつ病を患う労働者に対する不適切な声かけが問題となった。この事件の原告 Walton は、精神障害者の権利擁護団体の職員であり、自身もうつ病を患っていたが、ある日、上司に、職場で「躁うつ病！」と呼びかけられた。また、病気の療養のために入院した際には、同じ上司から「いつ復職できるのか。」という電話での問い合わせを 10 日間連続して受けた。さらに、会社のセレモニーを病欠しようとした際には、欠席すれば解雇すると脅された（会社には事情を話して欠席を認められていた）。Walton は、これらの言動は、ADA の下で禁止される嫌がらせに該当するとして提訴したが、第 3 連邦控訴裁は、上司の言動は不快なものであったと認められるが、それだけでは、障害に基づく嫌がらせがあったとは認めることができないとし、「敵対的な職場環境の作出」に当たると認められるためには、問題となる言動が、労働者の労働条件を変更して敵対的な職場環境を作り出したと認められるほどに深刻で払拭できないほどに根深いものでなければならない、本件の上司の言動は、この基準に当たるほどに深刻な態様とは認められないとして、Walton の請求を斥けた。

　Shaver v. Independent Stave Co.[159] でも、嫌がらせの程度は「差別」に当

---

158)　168 F. 3d 661 (3rd Cir. 1999).
159)　350 F. 3d 716 (8th Cir. 2003). なお、本件では、あだ名によって、同僚にてんかんの罹患が開示されたことが、嫌がらせに当たるかどうかも問題となった。第 8 連邦控訴裁は、不当な医療情報の開示は、102 条(d)の問題として分けて解するべきであると述べ、本件では、上司が、入院の際にてんかんを知っており、この情報入手ルートは、102 条

たるほどとはいえないとの判断が示されている。この事件では、てんかんの持病を持ち、頭蓋骨に電極プレートを留置している労働者 Shaver が、入院していた際に、上司に、プレートを留置していることを知られ、以後、職場で「プレートヘッド」というあだ名で呼ばれてからかわれた。Shaver は、そのようなあだ名でからかうことは、敵対的な職場環境の作出として ADA の差別に当たると主張したが、第 8 連邦控訴裁は、敵対的な職場環境の作出は、ADA の差別の一形態に含まれると解するべきであるが、ADA 違反となるためには、その態様が著しく深刻なものでなければならない。たとえば、職場における嫌がらせによって精神疾患を発症し入院に至った場合には、その態様は著しく深刻なものであったといえるが、本件の原告は、上司のからかいにひどく動揺しているものの、精神的な不調に至ったわけではない。よって、本件の嫌がらせの態様は、ADA の救済が認められる程度のものとは認められないと判示した。

第 5 節　医学的な検査と問い合わせ

　労働者の健康状態、既往歴、通院状況等に関する情報は、使用者にとってみれば、労務管理を適切に行なうために不可欠な情報である。しかし、一方で、労働者の健康に関わる情報は、個人の私的生活に深く結びつくものであり、プライバシーへの不可侵という点からみれば、むやみやたらに健康情報の開示を求めることは適切ではない。とくに、メンタルヘルスに関わる情報については、その情報が明らかになることによって職場において不合理な取扱いを受けたり、嫌がらせを受けたりするおそれがある。そのため、労働者の心身の状況に関わる情報の収集、管理、利用については、厳格なルールの設定と運用が必要となる。
　このような労使双方のニーズのバランスを図るために、ADA には、「医学的な検査と問い合わせ（medical examination and inquiries）」に関する定め

　(d)の規制対象ではないので、ADA 違反にはならないとしている。医療情報の保管と使用については、第Ⅱ部第 2 章第 5 節 4 を参照。

があり（102条(d)）、使用者が健康診断等の受診を労働者に対して求める際のルールづくりがなされている。なお、ADA第1編のルールに反して医学的検査や問い合わせを行なうことは、ADA第1編の「差別」に該当する（102条(d)(1)）。

そこで本節では、まず、使用者が実施する医学的な検査と問い合わせに対する規制の内容を概観し、ついで、障害差別禁止法において健康情報の収集を規制する意義と課題について考察する。具体的には、まず、医学的検査と問い合わせに関する3段階の規制の内容を紹介する。ここでは、関連する裁判例も合わせて紹介し、障害差別の抑止を目的とした医学的検査規制の課題を指摘する。3段階の規制を考察した後は、医学的検査と問い合わせの規制全体に関わる問題を紹介する。また、医療情報の保管・使用ルールの内容と課題、薬物の違法使用とアルコール依存に関わる検査に対する制限と課題についても、あわせて考察する。

1 規制の構造

規制の内容を具体的に述べる前に、基本的な構造を大まかに説明しておきたい。ADA第1編では、職場で行なわれる医学的な検査や問い合わせが、①「採用過程」②「雇入れ時」③「雇入れ後」の3つの区分に分けられて、それぞれの段階に異なるルールが設けられている[160]。

まず、①の「採用過程」では、使用者は、原則として、求人に応募してきた者の障害の有無を調べることができない。使用者が、求人応募者に尋ねることができるのは、応募してきた仕事に必要となる心身の機能に関する事項だけである。使用者は、この段階では、労働者の業務遂行能力を大まかに把握し、「条件付採用通知（conditional offer）」を発する。「条件付採用通知」とは、就労前に行なわれる雇入時検査の結果をみて、当人の健康状態に問題がなければ採用する旨の条件が付いた採用通知である。

つぎに、労働者に条件付採用通知が出されると、使用者は、労働者が就労

---

[160] ADAの医療情報収集規制については、拙稿「雇用における健康情報収集規制の法理──アメリカ障害差別禁止法（ADA）からの示唆」労旬1679号（2008）37頁を参照。

を開始する前に、条件付採用通知を発した労働者全員に対して、「雇入時検査」を行なうことができる（先の②の段階）。この健康診断は、採用内定者全員に一律に行なわなければならないが、一方で、調査項目に特段の制約は課されていない。

労働者が就労を開始した後（先の③の段階）は、再び、医学的検査の実施に制限がかかり、使用者は、職務に関連し、かつ、業務上の必要性がある場合にしか、雇用している労働者の健康状態を調査することができなくなる。

では、各段階の具体的な規制内容と関連裁判例を順に検討していく。

(1) 採用過程

ADA 第1編のルールでは、雇用前の段階、つまり、募集・採用の過程においては、基本的に、使用者は、求人応募者の障害の有無、障害の性質、障害の程度を調べることができない（102条(d)(2)(A)）。使用者が尋ねることができるのは、求人応募者に対して、応募してきた仕事の遂行に必要となる心身機能の能力に関することだけである（同項(B)）[161]。

たとえば、スクールバスのドライバーの職に車いすユーザーが応募してきた場合を考えると、「バスの運転免許をもっていますか？」「児童が乗り降りする際に手助けを必要とした場合、どのように対応しますか？」等の質問は、仕事を行なう際に必要となる心身の機能に関する具体的な質問であるため、採用面接でもそのような問い合わせをすることができる。また、面接等において実技試験を課して、その機能の状態を調査することもできる[162]。

一方で、外観から障害の存在を確認できない応募者に対して、障害の有無を引き出すような質問をすることはできない。たとえば、「障害年金を受給したことがありますか？」「入院したことがありますか？」「アルコールを週にどのくらい飲みますか？」「鎮痛剤をよく利用しますか？」などの質問は、障害の有無を直接には尋ねていないものの、障害があることを想起させる質問であるので、そのような質問をすることはできない。

---

161) 医学的な調査と問い合わせに関してEEOCは指針を策定している。付録のEEOCの指針リストを参照。
162) 29 C. F. R. § 1630.14(a) (2011).

求人応募者が、採用選考の段階で合理的配慮の提供を求めてきた場合には、配慮の可否を判断するために、その者の障害の性質や程度を尋ねることができる。もちろん、この段階で使用者が尋ねることができるのは、合理的配慮の可否を判断するために必要な範囲に限られている。よって、傷病の具体的な名前、受けている治療の内容、治癒の可能性などは、尋ねることができない。

(2) 雇入れ時

　使用者は、採用選考において、応募者の職務遂行能力のみを確かめ、採用を希望する者に「採用通知」を発する。ここでなされる採用通知は、「条件付採用通知（conditional offer）」でもよい。「条件付採用通知」とは、その後に予定されている雇入時検査の結果において特段の健康問題がないと判明した場合には採用が確定するが、健康上の問題が見つかった場合には採用が見送られるという趣旨の通知である。

　使用者は採用通知を発した後に内定している労働者に、「雇入時検査（employment entrance examination）」を行なうことができる。ただし、この検査には、次の2つのルールが設けられている（102条(d)(3)）。第1に、雇入時検査は、条件付採用通知を発したすべての者を対象に行なわなければならない（102条(d)(3)(A)）。逆に言うと、障害の存在がうかがわれる者のみを選んで、医学的検査を受けさせることはできない。第2に、雇入時検査で得られた結果（医療情報）は、ADAが定める方法にしたがって、機密に保管し適切に利用しなければならない（102条(d)(3)(B)）。なお、この情報保管ルールについては、4で後述する。

　雇入時検査については、この2つのルールが設けられているだけで、他に特段の制限はない。検査項目も制限されていないため、使用者は、上記の2つのルールさえ守っておけば、採用を予定している労働者の健康状態を包括的に調査することができる。なお、使用者は、労働者の障害に関わる情報を広く入手することができるが、そこで、入手した情報に基づいて障害者のある者を不利に取り扱うことはできない。

　しかし、このような第2段階の規制のあり方は、障害者に対する差別を予

防する規制としては充分ではない。使用者が入手した医療情報が、常に適切に使用されるとは限らず、情報が悪用されるおそれがあるからである。裁判のなかでは、第2段階の検査についても、雇用前や雇用後のように、職務に関連し業務上の必要性が認められる範囲に留まるように、条文を制限的に解釈すべきだとの主張がたびたびなされてきた。しかし、連邦控訴裁は、そのような限定解釈に否定的な姿勢を採り続けている。

たとえば、Bloodsaw v. Lawrence Berkeley Laboratory[163]では、雇入時検査において採取された血液と尿を使用して、応募者の同意なく、梅毒、鎌状赤血球形質[164]、妊娠等の検査が実施された。労働者は、訴訟において、雇入時検査で行なわれる検査の範囲も、雇入れ前や就労開始後と同じように、職務の遂行に関連する範囲に留められるべきだと訴えたが、第9連邦控訴裁は、雇入時検査に関する条文102条(d)(3)には、雇用前の段階や雇用後の段階とは異なり、検査の範囲に関する条件が何も書かれていないとして、雇入時検査の段階においては、使用者は、検査結果の機密性を保持しながらADAの定める範囲でその情報を利用すればよく、本件では、その点に関してADA違反となるような事実は認められないから、本人に同意なく広範囲の血液検査を実施したとしても、ADA第1編違反となる差別行為があったとは認められないと判断している。

(3) 雇入れ後

労働者が一旦就労を開始した後は、医学的検査に対するADAの規制が再び厳しくなる。使用者は、この段階では、原則として、医学的な検査や問い合わせを通じて、障害の有無、障害の性質、障害の程度を調べることはできない。使用者が、医学的な検査を命じることができるのは、その検査が「職務に関連し、かつ、業務上必要である」と使用者が証明できる場合に限られている（102条(d)(4)(A)）。なお、労働者に対する福利厚生のために行なわれる任意の健康診断（高血圧の定期検査や癌の定期健診など）は、参加の自由

---

163) 135 F. 3d 1260 (9th Cir. 1998).
164) 鎌状赤血球形質は、アフリカ系アメリカ人に特有の貧血症の要因となる。

が保障されているかぎり、自由に行なうことができる（102条(d)(4)(B)）[165]。

　この第3段階では、職務に関連し、かつ、業務上必要と認められる場合とはどのような場合なのか、言いかえれば、労働者にどのような兆候が見られた場合に、使用者は健康診断の受診を命じることができるのかが問題となる。この点、判例の状況を大まかにみると、労働者の職務遂行状況に明らかな変化が現れて、その背景に医学的な問題があり得ると合理的に推測できる場合には、使用者は医学的な検査の受診を命じることができると解するものが多い。具体例を2つ挙げておきたい。

　たとえば、Yin v. State of California[166]では、州の税務監査員Yinが、再三病気休暇を取得し、業務に支障がでていた。上司は、Yinに対して、医療記録のコピーを提出するように求めたが、Yinは記録の提出を拒み、その後も欠勤し続けた。そのため、上司は、州が指定した医師による検査を受診するようにYinに命じた。Yinはこれも拒否したため、州は、医療記録を提出して医学的検査を受けなければ、懲戒処分を行なうと通告した（休暇の合計日数は、1年の3分の1ほどになっていた）。裁判では、Yinに発せられた受診命令が、職務に関連し、業務上の必要といえるかどうかが問題となったが、第9連邦控訴裁は、次のように判示して、州の訴えを認める略式判決を下した。本件では、Yinの欠勤日数が非常に多く、仕事の生産性や進捗に深刻な影響がでていたことが認められる。そして、上司は、ただ単に、Yinの特定の障害の存在を明らかにしようとした訳ではなく、Yinの職務遂行能力を正確に判別するために、検査の受診を命じていると解される。上司が、障害のある者に対して偏見をもっていたとうかがわれる事情もない。本件では、Yinの健康問題が本人の職務遂行能力に深刻な影響を実際に与えていたと認められ、このような状況においては、労働者の能力を判別するために医学的検査を受診するように求めることは適法と解される。

　メンタルヘルスの調査要請に関しては、Owusu-Ansah v. Coca-Cola[167]が参

---

165)　ただし、このような任意の検査で得られた医療情報も、ADA第1編の情報保管・利用ルールに従って利用しなければならない。29 C. F. R. App. §1630.14(d)(2011).
166)　95 F. 3d 864 (9th Cir. 1996).
167)　715 F. 3d 1306 (11th Cir. 2013).

考になる。ここでは、社内定例会議で、声を荒げて苦情を述べた労働者 Owusu-Ansah に対して、MMPI[168] と呼ばれる質問式の性格検査を含む精神医学的検査の受診を命じることが問題となった。

　Owusu-Ansah は、コカ・コーラ社のコールセンターにおいて、顧客サービスの品質維持に関する業務に就いていた。Owusu-Ansah は、業務の大半を自宅で行なっており、会社で過ごす時間は、定例の会議に出席する時などに限られていた。2007年12月、Owusu-Ansah は定例会議に出席するために出社し、その際に、上司や同僚から出生地を理由とする差別やハラスメントを受けていると声をあらげて抗議し、その際に手で机をたたいた。上司は、Owusu-Ansah の態度をみて心配し、臨床心理士の面談を受けるように指示した。コカ・コーラ社は、面談が終了した後に Owusu-Ansah に有給休暇を与えて、職場で暴力をふるったりしないかどうか、さらに詳しく精神面の状態を調査することにした。Owusu-Ansah は、MMPI を含む精神面の精密検査を受けるように指示され、一旦は受診を拒否したものの、最終的には2008年3月に精密検査を受けた。会社は、検査の結果を確認した後、同年4月に職場への復帰を認めた。Owusu-Ansah は、自分が声をあらげてハラスメントに抗議しただけで、会社から MMPI を含む精神面の医学的検査の受診を命じられたことが ADA 違反に当たると提訴した。しかし、第11連邦控訴裁は、次のように述べて Owusu-Ansah の主張を斥ける略式判決を下した。職場において一般的に生じ得るストレスをうまくやり過ごす能力や、同僚とうまく仕事をしていく能力は、どのような職位においても必要不可欠な要素（essential functions）といえる。今回の職場における出来事の詳細については、会社は、上司の説明のみを聴取し、本人からの弁解を聞いていない。しかし、それは、本人が人事担当の上司や会社の指定医に、今回の出来事を詳しく説明することを拒否することが予想されたからと思われる。Owusu-Ansah の精神面の状態については、別の臨床心理士も、会社に対し、精神面

168）　MMPI とは、550の質問に、「はい（True）」「いいえ（False）」の二択で答えさせ（基本的には二択であるが、「どちらともいえない」を選ぶこともできる）、回答者の性格の偏り（うつ状態、ヒステリー気質、妄想的気質、精神衰弱等）を分析するテストである。

に重大な懸念があると進言している。このような事実をふまえると、会社が、職場の他の従業員の安全確保や本人の職務遂行能力の確認という観点から、Owusu-Ansah の精神的な状態を問題視したことも、客観的に合理的であったと判断できる。Owusu-Ansah の会社で過ごす時間は少ないとしても、会社で開かれる定例会議には出席するのであるから、この判断は変わらない。本件の受診命令は、職務に関連し、業務の必要性に一致するものであったと解され、ADA 第1編違反には当たらない[169]。

2 「医学的な検査」の定義

アメリカでは、採用選考において、求人応募者の職務適性などを調べるために、ローシャッハ・テスト[170]やMMPIといった心理テストが行なわれることがある。このようなテストは、精神疾患そのものを直接調べるものではないが、検査の仕方や検査結果の分析方法によっては、精神疾患に親和的な気質の有無等を読み取ることができる。そのため、このような心理テストも、ADA 第1編の医学的な検査や問い合わせの一種として規制すべきだとの意見がしばしばだされている。

しかし、ADA 第1編の法文上には、いかなる検査が「医学的な検査や問い合わせ」に含まれるのかについて特段の定めがなく、心理テストが「医学的な検査や問い合わせ」に含まれるかどうかは、今のところ、個々の裁判所の解釈に委ねられている状態である。

なお、EEOC は、この問題に対応するために、1995年の指針[171] のなかで、次のような見解を示している。

---

[169] 精神面の適性検査に関しては、Sullivan v. River Valley School District, 197 F. 3d 804 (6th Cir. 1999) でも、問題になった。本事件では、小学校の教員が、18年間問題なく勤務していたが、突然、感情的に振る舞うようになり、周囲に奇妙な手紙を送りつけるようになったため、上司から、精神面の調査を含めた適格検査を受けるように命じられた。裁判では、受診命令の適否が争点となったが、第6連邦控訴裁は、本件の状況に鑑みると検査命令は適法であると判断した。

[170] ローシャッハ・テストは、被験者にインクのしみがついたカードを見せ、それから何を想像するかによって人格を分析するテストである。

[171] EEOC Guidance 1995.

【EEOCの見解】

　ADA 第1編における「医学的な検査と問い合わせ」は、「個人の健康や心身の機能障害に関する情報を収集する措置やテスト」を意味し、これに当たるかどうかは、次のような要素をふまえて判断されるべきである。

① 検査担当者が医療従事者であったか否か
② 結果の解析が医療従事者によって行なわれたか否か
③ 検査の目的が傷病を明らかにするためであったか否か
④ 使用者が求職者や労働者の傷病を認識しようと試みたか否か
⑤ 尿や血液等の生体サンプルを利用したか否か
⑥ 生体的な反応を検査したか否か
⑦ 病院等の医療機関で実施されたか否か
⑧ 医療器具を使用したか否か

　さらに、EEOC 指針では、ストレス度合や性格傾向などを調べる検査を採用選考に用いることができるかどうかについて、そのようなテストが、求人応募者の精神疾患の症状（不安感、うつ状態等）を明らかにする場合は、医学的な検査として ADA の規制の対象となるが、一方で、そのようなテストが、求人応募者の誠実さ、好み、くせ等を判別するに留まる場合は、医学的検査には当たらず、条件付採用通知を発する前でもこれを実施することができるとされている。

　ただ、このような EEOC の解釈は、各種のテストが行なわれた状況や内容を、個別的に審査して、医学的な検査に当たるかどうかを振り分けていくため、同じテストでも、実施された状況によって、規制の対象となったり規制対象から外れたりと結果が分かれてしまう。

　裁判例のなかには、この EEOC から示された判断要素を利用して心理テストの違法性を判断したものがあるが、同じテストにもかかわらず地裁と控訴裁で判断が分かれており、ADA 第1編の規制の課題が浮びあがっている。たとえば、Karraker v. Rent-A-Center, Inc.[172] では、昇格試験の資料とする

---

172) 411 F. 3d 831 (7th Cir. 2005).

ために行なわれた MMPI の違法性について、地裁と控訴裁の判断が分かれた。本件で使用された MMPI は、質問が 500 以上あるもので、質問の内容には、個人の性的指向、信条や信仰している宗教、精神面の状態を尋ねる項目が含まれていた。連邦地裁は、今回の検査は、精神科医が検査結果を分析しておらず、MMPI において特定のスコアが高かったからといって、直ちに、特定の精神疾患の存在が認められるわけでもないとして、当該検査は「医学的検査」にあたらないと判断した。しかし、第 7 連邦控訴裁は、MMPI で特定のスコアが高ければ、特定の精神疾患にり患している可能性が高まるので、使用者は、このテストから直接に特定の精神疾患の存在を判別できなくても、この結果をもって、精神疾患にり患している可能性の高い者を排除することができる。このような結果をもたらす性格検査は、ADA 第 1 編の目的に照らして「医学的検査」に含まれると解するべきであるとして、地裁の判断を破棄した。

3　障害のない者に対する医学的検査

　ADA 第 1 編は、1990 年に成立した連邦法であるが、障害の定義の解釈等について修正を行なうために、2008 年に改正されている。改正前では、第 1 編の保護対象が、「障害のある適格者」とされていたため、基本的には、障害のある者のみが ADA 第 1 編の保護を受けることができると解された。これは、要するに、ADA の障害要件を充たさないと、ADA 第 1 編の救済を受ける資格がないということである。

　ただ、ADA102 条(d)(2)(A)をみると、「適用事業体は、求人応募者に対して医学的検査や問い合わせを行なうことにより、当該求人応募者の障害の有無、障害の性質や程度を調べてはならない」となっており、条文自体は、障害の有無にかかわらず、違法な医学的検査を受けた応募者全員が司法救済を受けられるように読むことができる。そのため、ADA 第 1 編のルールに従わずに行なわれた医学的検査によって不利益を被った場合は、障害の有無にかかわらず全員が ADA 違反の訴訟を提起できるのか、それとも、ADA 第 1 編が禁止する差別の保護対象は「障害のある適格者」に限定されているため、医

学的検査の違法性も、「障害のある適格者」しか争うことができないのかが裁判で問題となった。

　この点、改正前の裁判例をみると、障害のない者は、違法な検査を受けたとしても、その検査結果は障害がないという判断になるのであるから障害に基づく差別は起こりようもなく、障害のない者の提訴権は認められないと判断するものがあり[173]、一方で、医学的検査の規定には「求職応募者（job applicant）」という用語が用いられているのだから、違法な検査の救済は、障害の有無にかかわらず認められるべきだというものもあった[174]。

　なお、2008年改正を経た現在では、連邦控訴裁のすべてが、102条(d)は、すべての求職者・労働者に適用されると解するべきであると判断している[175]。

　近時の例を挙げておきたい。Harrison v. Benchmark Electronic Huntsville[176] では、BEH社に派遣されていた労働者Harrison（原告）が、同社の正社員の採用候補になり選考試験に臨んだが、選考において受検した薬物検査が陽性であったため、採用担当者に呼び出された。Harrisonは、会議室で、同社の医療スタッフによる電話の面談に応じるように指示された。Harrisonは、この時に、医療スタッフの電話による質問に答える形で2歳頃にてんかんを発症し、現在も薬によって発作をコントロールしていることを申告した（採用担当者は、この会話をそばで聞いていた）。Harrisonは、その会話の数日後に、本採用が見送られたことを告げられ、また、同社への派遣も打ち切られ、最終的には、派遣会社からも解雇を通告された。そこで、Harrisonは、違法な医学的検査によって雇用を失ったとして提訴した。裁判において、BEH社は、ADA102条(a)は、ADAの障害定義を充たす者のみに障害を理由とする差別を禁止しており、かつ、医学的な問い合わせもADAの「差別」の一類型として規制されているのであるから、障害定義を充たさない者は、

---

173) Varnagis v. Chicago, 1997 U. S. Dist. LEXIS 9031 (N. D. Ill. 1997), Armstrong v. Turner Industries, Ltd., 950 F. Supp. 162 (1996).
174) Griffin v. Steeltek Inc., 160 F. 3d 591 (10th Cir. 1998).
175) Fredenburg v. Contra Costa County Department of Health Service, 172 F. 3d 1176 (9th Cir. 1999), Griffin v. Steeltek Inc., 160 F. 3d 591 (10th Cir. 2001), Conroy v. New York State Department of Correctional Services, 333 F. 3d 88 (2nd Cir. 2003).
176) 593 F. 3d 1206 (11th Cir. 2010).

ADA 違反の救済を求めることはできないと主張した。しかし、第11連邦控訴裁は、連邦議会の審議録には、医学的検査等に関する規制は、使用者が、求職者の職務遂行能力を評価する前に、医学的な質問を行なって、てんかん、糖尿病、精神疾患、心臓疾患、癌等の、外見上は明らかにならない病気を抱える者を排除することを防ぐために設けられたとされている[177]。ADA 102条(d)が、「障害のある者」という用語を用いずに、「求人応募者」や「被用者」と記述しているのは、障害の有無にかかわらずにすべての者にADAの医学的検査等に関する規制が及ぶようにするためであると述べてBEH社の主張を斥けている。

4 医療情報の保管・使用ルール

では、つぎに、ADA第1編における医療情報の保管・使用ルールについて検討していきたい。まずは、医療情報の保管・使用に関する規制の内容を説明する。

(1) ルールの内容

1でみたように、ADA第1編では、①採用過程、②雇入れ時、③雇入れ後、の3段階に分けて医学的検査と問合わせの実施ルールが規定されている。内容をおおまかに確認すると、①の採用過程では、障害の有無に関する検査が認められていない。使用者が医学的検査を実施できるのは、②雇入れ時と③雇入れ後である。そして、この②と③の段階で得た医療情報については、次の保管・利用ルールが適用される。

まず、医療情報の保管については、検査結果(心身の状態に関する情報と病歴)を、他のファイルとは区別して保管し、機密な医療記録として取り扱わなければならない(102条(d)(3)(B))。

つぎに、医療情報の使用については、次の3つの場合が認められている(102条(d)(3)(C)(ⅰ)(ⅱ)(ⅲ))。①監督者および管理者が、その被用者の健康上の

---

[177] H. R. Rep. No. 101-485, pt. 2, p. 1.

制限と対応措置について情報を得る必要がある場合、②救急要員および安全要員が、緊急措置を施すために必要な範囲でその者の情報を得る場合、③ADA の遵守を監督する政府職員が、調査に必要な情報の提供を求める場合、である。

(2) 医療情報の使用制限に関する課題

　以上のような ADA 第1編の規制により、雇入時検査や雇用後の健康診断によって入手した医療情報の使用ルートは3つに限定されている。このような規制は一見すると、障害に基づく差別の抑止に非常に役立つように思われるのだが、実際の労働現場では、労働者の障害に関する情報が同僚を通じて上司の耳に入ることもあるし、労働者が病気の療養のために休暇を取得するために、証拠書類として医療情報を使用者に提出することもある。そのため、裁判では、そのような雇入時検査や雇用後の検査以外のルートから労働者の障害の有無に関する情報が入手された場合に、その情報に ADA 第1編の保管・使用ルールが適用されるのか否かが争われてきた。ADA 第1編の医療情報の規制の目的は、障害に基づく差別を抑止するためであるから、目的を完全に達成するためには、使用者が入手したすべての医療情報に、ADA 第1編の保管・使用ルールが適用されなければならないのだが、裁判例のなかには、情報の使用に関する ADA の制限を狭く解するものがあり、問題視されている。

　たとえば、EEOC v. Thrivent Financial for Lutherans[178] では、無断欠勤が続いていた労働者に、上司が E メールを送って無断欠勤の続く理由を尋ねた。すると、本人から「強い偏頭痛で出勤できなかった。私は、昔、交通事故によって頭部に外傷を負い、それ以来25年にわたって偏頭痛に悩まされている。この強い頭痛があるときは、治療もあまり効果がない。」との返事が返ってきて、ここで、初めて上司は、労働者が健康上の問題を抱えていることを知ることになった。その後、当該労働者は会社を辞めたが、ある日、上司のところに、この労働者の採用を検討している会社から過去の勤務状況を

---

178) 700 F. 3d 1044 (7th Cir. 2012).

尋ねる問合わせが来た。上司は、Eメールの返事を思い出し、「その者は偏頭痛の持病があり治療中である」と回答したため、最終的に、この労働者の採用は見送られ、労働者は新しい職を得ることができなかった。労働者は、EEOCにADA違反の苦情を申し立て、EEOCが原告となって本件訴訟が提起された。

裁判のなかでEEOCは、102条(d)の「問い合わせを通じて得られた医療情報」とは、使用者が主導して収集した医療情報すべてを含むと解するべきであり、本件のように、使用者と労働者との間で一般的に行なわれる情報交換のなかで情報が伝わった場合にも、ADAの情報使用ルールが適用されるべきであると主張した。しかし、第7連邦控訴裁は、ADAの情報管理ルールは、「医学的な検査」と「医学的な問い合わせ」を行なった結果として得られた医療情報に適用されると制限的に解するべきであり、本件のように、「一般的な情報交換」によって得られた情報には、ADAの規制は及ばないとして、EEOCの主張を斥けた。

5 薬物の違法使用とアルコール依存

最後に、薬物の違法な使用とアルコール依存に関する検査と規制について考察する。

(1) 薬物検査

① 薬物依存者の位置づけ

はじめに、ADA第1編における薬物依存者の位置づけを確認しておきたい。ADA第1編では、薬物を「違法に」使用している者は、ADA第1編の障害に当てはまる状態にあったとしても、ADAの保護を受けることはできない（104条(a)）。ただし、次の3つに当てはまる場合には、例外としてADAの救済の対象となる。①専門家の管理の下にある薬物更生プログラムを修了して、現在は薬物の違法な使用をしていない者、②更生プログラムを受講していて、現時点ではすでに薬物の違法な使用をやめられた者、③薬物の違法な使用をしていないのに違法使用者と誤ってみなされた者、である（104条

(b))。

　なお、違法な使用とは、連邦の規制物質法で違法とされている薬物の使用、所持、流通を意味する。専門資格を有する者の監督下での薬物の使用、規制物質法やその他連邦法の定めに基づく使用は、ADAにおける違法な使用には当たらない（101条(6)）。

② 薬物検査の可否

　薬物の違法使用を調べるために行なわれる医学的検査は、ADA102条が規制する「医学的な検査や問い合わせ」に含まれない（104条(d)）。使用者は、職場における薬物の違法な使用を全面的に禁止することができる（同条(c)(2)）。また、違法な使用がなされていないかどうかを、社内規定等で定められている手続に従って調査することができる。

　薬物検査において陽性の結果が出た場合には、使用者は、その者に対して、さらに詳しい事情を尋ねることができる。ただし、その場合の質問は、薬物の不正使用を確認するために必要最低限の範囲に留めなければならない。違法使用の有無を確認するだけでなく、適法と判断された薬の種類や治療の内容を仔細に尋ねて、障害の有無や性質を引き出すことはできない。

　たとえば、Buckley v. Consolidated Edison[179]では、全従業員に対して年に1回の頻度で実施されていた薬物検査を、薬物依存症に罹患したことがある者に対しては月1回の頻度で実施したことが、ADA違反となるかどうかが争われた。第2連邦控訴裁は、薬物検査は、ADAの医学的検査に当てはまらないので、本件のような薬物検査の実施方法も違法ではないとの判断を示している。

(2) アルコール依存

① アルコール依存者の位置づけ

　アルコール依存者は、先の薬物の違法使用者とは異なり、ADAの適用を除外されていない。よって、アルコール依存症を患う者がADAの障害要件

---

[179] 155 F. 3d 150 (2d Cir. 1998).

を充たしている場合には、他の傷病と同じように、ADA 第 1 編の保護の対象となる。使用者には合理的配慮義務がかされているので、たとえば、アルコール依存となっている労働者にある措置をとるとその労働者が職務の本質的な部分を遂行できるようになるというのであれば、使用者は、そのアルコール依存者に対しても、適切な措置を合理的配慮として講じる必要がある。

② アルコール検査

ADA 第 1 編では、使用者が、職場内におけるアルコールの摂取を、全面的に禁止することが認められている（104 条(c)(1)）。また、アルコール依存症の労働者が、職場において不適切な行動をとった場合には（職場でアルコールを摂取する、アルコールの影響がある状態で勤務する等）、その行動を懲戒処分の対象にすることができる（104 条(d)）。職場における労働者の不適切な行動がアルコール依存症に由来するものであった場合に、懲戒処分の内容に一定の配慮を加える必要があるかという点が問題となるが、連邦控訴裁の判断には、これを認めないものが多い[180]。

第 6 節　第 2 章のまとめ——精神疾患をめぐる解釈課題

以上、第 2 章では、ADA 第 1 編に関する裁判例の状況を、精神疾患の事案に注目しながら概観し、ADA 第 1 編が精神疾患の事案に適用される場合の法解釈上の課題を考察した。最後に、本章における考察で得られた知見をまとめる。

1　第 1 編の保護対象

ADA 第 1 編の差別禁止規定は、「いかなる適用事業体も、適格者に対して、障害に基づいて、求人手続、採用、昇進または解雇、報酬、職務研修、

---

[180]　本書第Ⅱ部第 2 章第 4 節参照。

その他の労働条件および雇用上の特典に関して、差別してはならない」となっている（102条⒜）。

102条⒜で示される通り、ADA第1編の保護を受けるためには、①その者に、「障害」が認められ、かつ、②その者が「適格者」、すなわち、職位の本質的な部分を、合理的配慮を受けることによって、あるいは、配慮を受けなくても遂行できる者でなければならない[181]。

ADA第1編施行後の判例の状況をみると、連邦裁判所の判断は、保護の対象を画する上記の2つの概念（「障害」と「適格者」）を、かなり狭く解釈して、労働者の主張を斥ける傾向にあった。とくに、精神疾患を抱えている労働者の場合は、裁判所による「適格者」の解釈が隘路となって、合理的配慮をうける利益が認められない例が多かった。そこで本章では、このADAの保護対象の課題について、第1節において「障害」に関する問題状況を検討し、第2節において「適格者」に関する問題状況を考察した。第1節と第2節の検討を通じて得られた知見を要約すると、次のようになる。

(1) 「障害」の範囲

ADAにおける「障害」とは、次の3つの状態を意味する。⒜主要な生活活動を相当に制限する身体的または精神的な機能障害、⒝そのような機能障害の記録、⒞そのような機能障害をもつとみなされていること、である。

① A類型

⒜の類型に該当する者とは、個人の心身機能の一部が低下（喪失）し、その機能低下によってその人の主要な生活活動が相当に制限されている者である。このA類型の障害に該当するかどうかは、個人の心身の機能の低下の程度だけでなく、当該機能低下が、その個人の生活にどのような影響を与えているのかという点が考慮される。

---

[181] ただし、違法な医学的検査を受けた場合（102条⒟）、障害のある家族を理由として不利益な取扱いを受けた場合は（102条⒝⑷）、障害のない労働者も、ADA違反の救済を求めることができる。また、障害のない者が、ADAの裁判等において証言したこと、訴訟に協力したことに対する報復として不利益を被った場合も、救済の対象となる（503条）。

この障害の捉え方は、医学的には病名が確定していないが医学的な治療を受けていて、就労の際には一定の配慮を有する者をも、差別禁止法の保護対象に含めることができるというメリットがあった。なお、従前の医学モデル的理解では、心身の不調が医学的に傷病として認定されていなければ（すなわち病名がなければ）、障害のある者とは法的に認められない可能性があったが、ADAにおける障害の社会モデル的定義は、そのような、これまでの医学モデルの内在的制約を打破するものであり、注目される。

　一方で、A類型については、「主要な生活活動を相当に制限する」という部分をいかに解するべきかについて、重要な問題があった。連邦最高裁は、手根管症候群によって両腕を肩より上にあげて作業し続けることが難しい労働者に、障害が認められるかどうかが問題となったToyota事件において、心身の機能低下によって、労働に関する一部の動作に制限があったとしても、一般の人々が日常行なう動作のほとんどに著しい制限が認められないのであれば、その者に「障害」を認めることはできないと判断した。この最高裁判断に従うと、学習障害やADHD（注意欠陥・多動性障害）などのために、就労する際には業務指示の出し方や段取りに配慮を必要とする者であっても、その者の日常生活に病気による著しい活動の制約が認められなければ、障害が認められないということになる。

　また、連邦最高裁は、Sutton Trilogyと呼ばれる3つの事件において、主要な生活活動に相当な制限があるかどうかは、機能障害の影響を緩和する措置（内服やコンタクトレンズや各種の補助装具）の影響を考慮して判断すべきとの考えを示していた。この最高裁の判断に依ると、内服により不安やうつといった症状を抑え、日常生活の制限がかなり緩和されている状態にある者は、障害が認められないということになる。

　また、下級審の判断では、「生活活動を相当に制限する」という用語は、日常の活動に「長期に持続する」制限がみられる状態を指すと解するべきであるとの判断を示すものが多かった。この解釈に依ると、1ヶ月程度職場を離れることによって不安症状が改善した者や、パニック障害によって人込みや慣れない場所には行くことができないが、いつもの職場と自宅の間の移動には支障がないという者は、長期的に持続する制限が認められず、障害の存在

が否定され、ADA の保護から外れるという問題があった。

　なお、A 類型のこのような解釈上の課題は、2008 年の法改正の際に、判例法理を修正する解釈条項が追加されて、立法解決がなされた[182]。しかし、残された課題もある。

　たとえば、Sutton Trilogy のひとつである Sutton 事件では、国際線のパイロットの視力基準を充たすことのできない労働者が、障害差別の救済を求めた。連邦最高裁は、この問題に対しては、当該労働者は、国際線パイロットの職に就くことはできなくても、国内線のパイロットの応募資格を充たしていたのであるから、当該労働者は、労働が相当に制限されている状態にあるとはいえないとの判断を下している。これは、心身の機能障害によりある特定の職業に就くことができなくても、別の業種の職に就くことができるといった場合は、障害の存在が否定され、ADA の保護を受けることはできないということを意味する。ADA 第 1 編の救済対象を拡げるためには、この問題への対応も必要であるが、2008 年法改正では、この問題への対応は成されなかった。

　ちなみに、Sutton 事件の雇用拒否問題は、国際線のパイロットの視力要件が、障害者に不利な影響を与えるものであるとして、差別的効果の法理によってその違法性を追求する余地もある。また、別のアプローチとして、視力障害のある者に、合理的配慮として、コンタクトレンズや眼鏡の使用を認めるように要請することも考えうる。しかし、2008 年改正では、コンタクトレンズと通常のめがねの影響は、障害の有無の審査に考慮すると定められた。そのため、Sutton 事件の原告のような、コンタクトレンズの使用によって視力が矯正できる労働者については、障害の存在そのものが否定される可能性が高い。障害の存在が否定された場合には、差別的効果法理に基づく差別の救済も、合理的配慮の不提供に基づく差別の救済も、いずれも受けられない。このように、A 類型については、いまなお、解決が図られていない問題が存在する。

---

182)　新法 3 条。

② B類型

　ADAの障害定義の2番目は、「(B)そのような機能障害の記録」である。ここにいう「そのような」とは、A類型の機能障害を指していると解されている。そのため、敷衍すると、B類型は、主要な生活活動を相当に制限する心身の機能障害の記録を持っている状態を意味することになる。精神疾患の事案で考えるならば、精神疾患の治療のために過去に入院していたことがあり、その当時の病状が、日常生活が著しく制限されるほどに重かったという場合には、その人に、B類型の障害が認められることになる。

　このB類型は、過去に傷病を患った経験があるが、現在は、完治あるいは症状固定の状態にあり、就労に特段の制限がない者が、過去の病歴によって雇用において不利益に取り扱われることを予防・救済するために設けられた。B類型は、雇用において不利益な措置を受けた時点でみると、機能障害がないという労働者をもADAの保護に含めるものであり、この点にメリットがある。

　しかし、一方で、B類型は、A類型の解釈を組み入れる形で理解されるので、次のような解釈上の問題が生じていた。たとえば、精神疾患の既往歴を申告した直後に解雇や採用拒否に遭った労働者が、そのような不利益取扱いが障害差別であると主張する場合を想定してみる。この場合において、労働者が、B類型に基づく差別を主張する場合には、労働者の側で、精神疾患の記録があること、そして、そこで記録されている精神疾患（機能障害）の重篤さは、主要な生活活動を相当に制限する程度であったと立証しなければならない。この立証に成功できない場合は、たとえ、過去の精神疾患の病歴を理由として差別を受けたとしても、ADA第1編の救済を受けられないことになる。

　要するに、ADAには、B類型という障害定義が用意されているけれども、軽度な精神疾患にり患した者（日常生活に著しい制限が生じるほどではない病状にあった者）が、その病歴ゆえに差別を受けた場合には、そもそも軽度な精神疾患がB類型の対象から外れているので、ADAの救済を受けることができないということになる。もっとも、使用者のなかには、精神疾患の既往歴に嫌悪を感じたり再発を恐れたりして、雇用拒否を決断する者がいるた

め、B類型の解釈はこれに対応できるように修正されなければならない。しかし、残念ながら、2008年法改正では、この問題は解決されなかった。日本法制において障害の定義を考える際には、この問題への対応にも留意しなければならない。

③ C類型

　障害の最後の定義は、「(C)そのような機能障害をもつとみなされていること」である。このC類型は、A類型に該当する機能障害がないにもかかわらず、そのような機能障害があると誤信されて雇用において不利益を被る労働者を保護するために設けられた。たとえば、うつ病にり患していないにもかかわらず、職場で元気のない様子をみた上司が、深刻なうつ病であると誤信して、管理職から外したといった場合には、当該労働者は、C類型に基づく差別の救済を求めることができる。

　しかし、連邦最高裁は、Sutton事件において、C類型の「機能障害があるとみなされた場合」に該当する場合とは、1つの業種や職務の遂行に相当な制限をもたらす機能障害があると誤信されただけでは足りず、広範囲の業種や職務に関して相当な制限をもたらす機能障害があると誤信されていた場合でなければならないとの判断を示した。しかしながら、精神疾患があると誤信されて解雇されるといった事案では、使用者は、一般に、本人がその時に就いていた業務との関係において精神疾患の悪影響を心配するのであって、他の広範囲の業種との関係において病気の影響を心配するわけではない。そのため、C類型に関する最高裁の解釈は、障害差別の実態に合致していないとして、多くの批判を浴びた。なお、この問題については、2008年改正において立法対応がなされている。

　C類型にかかわるそのほかの課題としては、心理テストの問題がある。アメリカでは、使用者が、労働者に心理テストを課して彼ら彼女らの性格傾向を分析し、ストレスに脆弱と思われる者を雇用から排除するという事態になっている。ストレスに脆弱であると判断されて雇用を拒否された者のなかには、このC類型を使って、機能障害があると誤信されて差別されたとADAの救済を求める者がいたが、連邦裁判所は、性格傾向は機能障害に含まれな

いとして、そのような性格傾向に基づく雇用拒否を、障害差別の救済対象とはしなかった。しかし、この問題は、日本でも起こり得るものであり、日本法においてもその対応を考える必要がある。

(2) 「適格者」の範囲

ADA 第1編は、適用事業体に対して、「適格者」に対する雇用差別のみを禁止しているので、ADA の救済を求める者は、自分が「適格者」であること、すなわち、合理的配慮を受けることによって、あるいは、受けなくても、雇用において求められる職務の本質的な部分を遂行できる者であることを、裁判において立証しなければならない。

ADA は差別禁止法であるから、雇用において求められる資格や能力が劣る者は、たとえ、障害が認められても、その保護を受けることはできない。ただし、障害のある者は、障害のない者を想定して構築された職場では、その能力を十分に発揮することができないことがあるため、障害のある者の能力を障害のない者と比較する際には、合理的配慮を受けた場合を想定してその判断を下さなければならない。「適格者」の概念は、使用者に、合理的配慮の提供を想定した能力評価を求める仕組みとして取り入れられたと解することができる。

適格者であるか否かは、次の2段階の審査を経て判別される。まずは、職務を遂行する際に必要とされる技術、経験、学歴、その他の資格を備えているかどうかが審査される。ここで用いられる資格要件は、「職務に関連し業務上の必要性と一致したもの」でなければならない。この審査を通過すると、第2に、その人が就いている、あるいは、希望する職位の本質的な部分を遂行できるがどうかが審査される。この段階では、合理的配慮を受けることによって遂行できるかどうかという点も考慮される。なお、ADA 第1編では、使用者が、雇用に際して、職場において他の者の健康や安全に著しい危険をもたらさないことという条件を付すことができる。この条件は、「直接的な脅威」と呼ばれる。裁判では、適格者か否かの判断の際に、使用者側が、「直接的な脅威」があることを抗弁として主張することができる。

「適格者」にかかる解釈のなかで、精神疾患との関係において特に問題とな

るのは、「職務の本質的な部分」の捉え方である。法文上は、何が職務の本質的な部分に含まれるのかは、使用者の考えが尊重され、書面による職務要綱があれば、その内容も参照されると規定されている。EEOC も、この定めをうけて、「何が職務の本質的な部分に含まれるのか」という点について具体的な考慮要素を提示しているが、EEOC によって示される要素だけでは、「職務の本質的な部分」の外縁を明確に把握することが難しい。

「職務の本質的な部分」を広くとらえる解釈は、就労において制限が多い障害者には不利な結果をもたらすことになる。連邦裁判所の判断の多くは、職務の本質的部分を比較的広く解するものが多く、労働者がこの立証で敗訴に至る例が多い。たとえば、規則正しく出勤すること、決められたシフトで就労すること、長時間勤務に耐えられること等の労働条件は、合理的配慮によって修正する余地があるが、判決のなかには、これらの要素が「職務の本質的な部分」に含まれると解して、精神疾患にり患している労働者を「適格者」ではないと結論づけるものがある。

裁判所のこのような解釈は、ADA の趣旨、すなわち、精神疾患によって生じる就労上の制限を合理的配慮によって緩和させ、障害者に雇用機会を開放しようとする意図を、結果的に減じるものとなっている。ADA が障害差別禁止法である以上、障害のある者と障害のない者との能力を比較する過程を外すことはできないが、合理的配慮によって柔軟に補完できる労働条件については、「職務の本質的な部分」から外す解釈が求められている。

(3) 「障害」と「適格者」の解釈をめぐるジレンマ

すでに述べた通り、ADA 第 1 編の保護を受けるためには、「障害」があり、かつ、「適格者」に該当しなければならない。しかし、この「障害」と「適格者」という 2 つの条件を同時に充たすことができる労働者は多くない。とくに、精神疾患の場合は、この 2 つの要件を同時に充たすことが難しい。1 つ例を挙げて説明しよう。

精神疾患の悪化を防ぐために、週 40 時間の所定労働時間を超える労働は避けたいと願う者がいたとする。ADA 第 1 編の下で、合理的配慮を受けるためには、配慮を求める者が適格者でなければならないから、裁判所は、まず、

この者が「職務の本質的な部分」を遂行できるかどうかを検討する。裁判所が、「時間外労働に応えられる」ということ自体が「職務の本質的な部分」と判断した場合は、この労働者は時間外労働ができないという主張を示しているので、職務の本質的な部分が遂行できない者、つまり「適格者」ではないということになる。

一方、この労働者が、「適格者」に該当しようとして、自身の心身の機能は「時間外労働に応えられる」状況にあると主張した場合には、裁判所は、本人が時間外労働に応えられるということは、主要な生活活動に相当な制限がある病状にあるとはいえないから、当該労働者には「障害」が認められないとの判断を下す。

このように、裁判では、労働者が、自分が「適格者」であると立証しようとすると、その立証が反対に「障害」の存在を否定する方向に働き、他方、「障害」の立証に成功しようとすると、その立証が「適格者」の立証で不利に働くという、立証のジレンマに陥ってしまうことが多い。このジレンマを解消するためには、障害の範囲を広く捉えつつ、職務の本質的な部分を狭く捉えるという解釈上の工夫が必要となるが、そのような解釈は、使用者が有している職務割当に関する裁量や、どの業務をその人の主業務と捉えて人事評価を下すかという裁量に強く介入することになる。そのため、連邦裁判所は、職務の本質的な部分を制限的に捉えることには、消極的である。

2　第1編で禁じられる行為

以上が、ADA第1編の保護対象に関わる解釈上の課題である。ついで、ADA第1編が禁止する「障害に基づく差別」に関する解釈課題を整理する。

(1)　合理的配慮をめぐる問題

ADA第1編の適用を受ける事業体は、障害のある者が、合理的配慮を受けることによって、その者が就いている（あるいは、希望する）職務の本質

的な部分を遂行できるようになる場合には、過重な負担とならない限り、合理的配慮を提供しなればならない[183]。使用者等が、過重な負担とならないにも関わらず、合理的配慮を行なわないことは、ADAが禁止する「差別」に該当する。

精神疾患と合理的配慮をめぐっては、次のような解釈上の課題があった。

① 「職務の本質的な部分」の捉え方

ADA 第1編における合理的配慮義務は、障害のある労働者が抱えている就労上の制限に対して、使用者が一定の調整を行ない、障害のある者の就労能力を引き出して、雇用における機会平等を実現するために設けられたものである。合理的配慮は、職場の状況と個人の心身の状況との組み合わせによって、事案毎に具体的な内容が定まるため、法文には、想定される措置が「例」として挙げられている。例の中には、フル・タイムからパート・タイムへの切り替え、就業スケジュールの緩和、欠員がでた職位への異動も含まれている。

精神疾患の事案では、何かの装置を購入したり事務所の改築を求めたりといった物理的な調整よりは、フル・タイムからパート・タイムへの切り替えや就業スケジュールの緩和といった労務管理上の調整が多く求められる。しかし、裁判では、「フル・タイムで勤務する」あるいは「既定の就業スケジュールを守る」という労働条件の設定を「職務の本質的な部分」として捉えて、当該労働者の「適格者」該当性を否定する判決が多く出されている。このような解釈を採ると、使用者はそのような労働条件の部分の調整を行なわなくてよいことになるから、労働者敗訴となる。「適格者」にしか合理的配慮は要請されないからである。

また、法文上には、合理的配慮の一例として、欠員がでた職位への異動が挙げられているが、連邦最高裁は、Barnett 事件において、先任権制度は、使用者の恣意的な雇用上の決定を排除し、労働者すべてに公正で均一な扱いを提供するという機能があり、当該制度がその意図をもって運用されている

---

[183] なお、ADAの3つの障害定義のうち、C類型の「そのような機能障害があると見なされた場合」に該当する者には、合理的配慮を提供する必要はない（501条(h)）。

場面では、基本的に、先任権が合理的配慮の要請に優先すると判断した。

　このような判例状況をまとめると、ADA 第 1 編の合理的配慮は、法文上は、物理的な調整と労務管理上の調整の両方が視野にいれられているが、労務管理上の調整は、職場全体の労務管理に影響を及ぼし、使用者の労務管理に関する裁量の範囲を狭める可能性があるため、裁判所は、そのような措置を認めることに消極的であるということができる。この背景には、使用者に、障害者のための労務管理上の調整を強く求めると、労働条件の設定権限や労働者に割り当てる業務内容の決定といった使用者固有の権能に法が強く介入することになり、雇用の本質を変容させかねないという懸念があると考える。また、これは、「適格者」を等しく扱うことを求めるという差別禁止原則を基本として成り立つ合理的配慮義務が抱える内在的制約である。

② 軽度な精神疾患と合理的配慮

　ADA 第 1 編の保護は、障害のある者にしか及ばないので、同法に基づく合理的配慮も、当然、ADA の「障害」が認められる者しか要請されない。そして、これまでみてきたように、ADA の障害定義が求める病状の程度は重く（A 類型の場合）、基本的には、日常生活に相当な支障が生じる状態でなければ「障害」があるとは認められない。そのため、気分の沈み込みや不安の持続、食欲の減退や不眠といった、重篤な症状には至らないが何らかの健康管理が必要な程度の精神的不調では、ADA 第 1 編に基づく合理的配慮を受けることはできない。

　しかしながら、精神疾患の場合は、上記のような比較的軽度な症状のうちに、労働時間の短縮や休日の確保等の調整措置を受けることができれば、長期の休業や入院治療に至ることなく、就労を継続できることも多い。日本では、このような病者へのケアが、安全配慮義務という概念を介して法的に要請されているが、アメリカでは、そのような概念はない。アメリカでは、そのような病者へのケア策として、法定の傷病療養休暇が最長 3 ヶ月保障されているが、休暇以外の措置（労働時間の短縮やシフト上の配慮）の提供は予

定されていない[184]。この問題は、アメリカの障害者施策全体にかかわる課題であり、今なお十分に解決されていない。

③ 合理的配慮に至るまでのプロセス

合理的配慮は、職場の状況と個人の心身の状況に応じて、その具体的な内容が定まっていくという柔軟性に特徴がある。この特徴は、その場面に応じて適切な措置が定まるという点にメリットがあるが、反面、具体的な内容がその都度定まるので、使用者は、法が要請する義務の内容を事前にはっきりと予想することができないという課題も抱えている。ADA 第1編では、この課題に対処するために、「相互関与プロセス」という労使の話し合い手続が予定されており、使用者は、労働者が配慮の提供を申し出た場合には、この話し合いに誠実に応じて、合理的配慮の提供可能性を検討しなければならないと理解されている[185]。

もっとも、相互関与プロセスの契機となるのは、労働者からの配慮の申し出であると解されているので、使用者から能動的に配慮の有無を尋ねる必要はない。しかし、精神疾患にり患している場合には、病気の影響により問題を解決する意欲が停滞していたり、使用者の出方を必要以上に心配したりして、適切な時期に、自ら配慮を申し出ることができないといった状況にある者が多い。裁判例の中には、使用者が、労働者の障害を知っていた場合、あるいは、知り得るべき状況にあった場合には、使用者の側からも、障害への配慮の必要性を尋ねることが求められるとするものもあるが、このような解釈を採る裁判所は少ない。

労働者から配慮の申し出があったかどうかを厳格に検討する裁判所の姿勢には、パターナリスティックな干渉を敬遠するアメリカの文化的背景があると思われる。しかし、ADA 第1編の保障する合理的配慮を受ける利益を自ら利用できない状況にある者には、一定の支援が必要であり、この点が、合

---

184) 本書第Ⅰ部第2章2。
185) 相互関与プロセスに応じる義務自体は、法文に規定されている訳ではないが、協議に真摯誠実に応じた場合には、損害賠償の責を免れることができると定められており（42 U. S. C. §1981a(a)(3)）、これが話し合いのインセンティブを高める役割を果たしている。

理的配慮の履行確保に関わる問題として残されている。

(2) 障害に基づく差別的取扱い

ADA第1編では、雇用の全過程における障害に基づく差別が禁止されている。ここにいう「差別」には、合理的配慮を提供しないこと、障害に基づいて適格者を不利に取り扱うこと（差別的取扱い）、障害者に差別的な影響をもたらす措置を用いること（差別的効果）、ADA第1編の定めに従わずに医学的検査等を実施すること等が含まれる。合理的配慮をめぐる問題は先に述べたので、以下、障害に基づく差別的取扱い、障害者に対する差別的効果、医学的検査、の問題についてまとめる。

裁判において、障害に基づく差別的取扱いの存在が認められるためには、救済を求める者（労働者）の側で、a)障害があること、b)適格者であること、c)雇用において不利な取扱いを受けたこと、d)その不利な取扱いは障害に基づくものであったこと、の4点を立証しなければならない。「障害」と「適格者」の立証の難しさはすでに述べたが、残り2つの立証についても、精神疾患に特有の難しさがあった。

たとえば、c)の例として、勤務中に精神安定剤の服用を止めるように命じることが、「雇用において不利な取扱いを受けたこと」に当たるかどうかが問題となったものがある。内服を止めて症状が悪化し休職せざるを得なくなった労働者が、裁判において、内服中止命令は、雇用における不利な取扱いに当たると解するべきと主張した。しかし、裁判所は、公共の安全保持の観点からそのような命令は正当であり、不利な取扱いとは認められないと判断した。

また、d)の例としては、雇用上の不利な取扱いが、障害に基づくものであったかどうかという立証において、障害に起因する非違行為を理由として、懲戒処分や解雇をなすことの可否がよく問題となった。たとえば、精神疾患により妄想の症状がでた労働者が、同僚に「殺すぞ」等と口走って解雇された例では、労働者が、自分の不適切な発言は障害に由来しているのであるから、その発言を理由とする解雇は、障害による解雇であると主張したが、「障害が

あること」と「障害から引き起こされた行為」は切り離して判断すべきとされて、障害に基づく不利益な取扱いはなかったと判断された。

このように、判決のなかには、労働者に対する不利な取扱いに正当な理由が認められるならば、その取扱いは「差別」には当たらないと画一的に判断するものがある。もっとも、たとえば、先のc)の例の場合には、内服を中止させるのではなく、同乗者を確保して安全を担保するという対応もありうる。また、d)の例の場合には、障害に由来する非違行為には、通常の場合とは異なるルールで処分を行なうという対応がありうる。このように裁判では、合理的配慮を想定した措置を選ばなかったことに正当な理由があるかどうかを、使用者側に立証させるという手法があり得るので、日本法の解釈法理を考える場合には、アメリカ法のこのような問題への対応も考えていかなければならない。

(3) 障害者に対する差別的効果

差別的効果とは、基準自体は中立的なものであるが、その基準を適用するとある属性をもつ者に一律に不利益な影響を与えることを指す。ADA第1編では、このような差別的効果をもたらす基準等を用いて障害者を振い落すことが禁止されている。ただし、そのような基準が「職務に関連し業務上の必要性に一致している」場合は、差別とはみなされない。

精神疾患との関係では、採用の基準として、「アルコールや薬物の依存症に関する治療を受けたことがない者」という条件を付けることが許されるかが特に問題となっているが、裁判所は、そのような基準が、その者が希望する職との関係において「職務に関連し業務上の必要性に一致している」と認められるならば、障害のある者を一律に排除する結果を生むものであっても許容されるとの立場を採っている。

(4) 医学的検査の実施

ADA第1編は、従業員に対して実施される医学的検査や健康に関する問い合わせに一定の制限をかけて、使用者が、労働者の業務遂行能力を客観的に評価する前に、障害の有無や程度によって採否の決定をしないように要請

している。

　具体的には、雇用の過程を、「採用過程」「雇入れ時」「雇入れ後」の3段階に分けて規制している。採用過程では、障害の有無や程度を調査することを原則禁止とし、雇入れ時には、医学的検査を全面的に認めるが、その検査は対象となる労働者全員に均一に行なうように求め、障害のあることが予想される者のみを選んで検査することは禁止している。雇入れ後は、再び、障害の有無や程度を検査することを原則禁止とし、職務に関連し業務上必要な場合にのみ、最小限の範囲で医学的検査の実施を認めている。また、雇入れ時と雇入れ後に行なわれた医学的検査によって収集した医学的情報は、単独で機密に保管することが求められ、使用できる範囲が限定されている。

　このようなADA第1編の規制は、採用過程における、障害を理由とするスクリーニングを抑止し、労働者の業務遂行能力に着目した採否の判断が行なわれるように誘導する点においてメリットがある。しかし、雇入れが決定した後に行なわれる「雇入時検査」において、使用者は、採用内定者の健康状態を詳細に調べることができる。もちろん、ここで得た情報を利用して障害者を排除することはできないので、障害差別の発生は形式的には抑止されている。しかし、実際には、労働者の精神疾患の有無等も詳らかに調べることができるので、労働者のプライバシーの保護やハラスメントの抑止の面からは、なお課題がある。

第3章　ADA の実効性確保に関わる問題

　ここまで、ADA 全体の内容と第1編の規制構造（第1章）、ADA 第1編が精神疾患の事例に適用される際に生じる解釈問題（第2章）について考察してきた。つづく、第3章では、ADA 第1編の執行をめぐる課題を考察する。はじめに、第1編の執行責任を負う「雇用機会均等委員会（EEOC）」の役割を確認し、ついで、ADA 第1編の救済手続と救済内容、司法救済を利用しない自主的な紛争解決手法（ADR）を説明する。最後に、ADA 第1編の救済手続の特徴と課題を指摘する。

1　雇用機会均等委員会（EEOC）

　ADA 第1編の実効性を担うのは、連邦の行政委員会の一つである「雇用機会均等委員会（Equal Employment Opportunity Commission）」（以下、「EEOC」）である。
　EEOC は、雇用差別の是正を担当する機関であり、障害差別に関する苦情のほかにも、1964年公民権法第7編が禁止する雇用差別（人種、肌の色、宗教、性（妊娠を含む）、出身地）、年齢差別禁止法（ADEA）が禁止する年齢差別（40歳以上の者に対する年齢を理由とする不利益取扱い等）、遺伝子差別禁止法（GINA）が禁止する不利益取扱いに関する苦情を受け付けている。
　EEOC は、ADA の施行に関する規則（regulation）を制定し、関係機関に法令の遵守を要請している。また、ADA の解釈や執行に関する指針（guidance）を策定し、ADA の内容が広く社会全体に浸透するように、各種のイベントを開催している。

2 救済手続

　ADA 第 1 編の救済手続は、1964 年公民権法の第 7 編に定める手続が準用されている（107 条(a)）。具体的な流れは、つぎの通りである。

　まず、ADA に関する苦情がある者は、ADA 違反と解される雇用上の措置が行なわれた日[1]から数えて 180 日以内に苦情の申立を行なう[2] [3]。

　EEOC に苦情が受理されると、EEOC の調査官が、苦情の内容を独自に調査する[4]。調査の結果、ADA 違反があると解される合理的な理由があった場合には、紛争当事者にその旨を通知し、問題解決に向けて話し合いをもつように促す（「調整（conciliation）」）。反対に申立に理由がないと判断した場合には、申立を却下する。

　調整手続への参加は、当事者の意思に委ねられている。調整に参加せずに訴訟に移行することもできる。調整手続では、障害者の就労に関して専門的な知識を有する EEOC のスタッフから、技術的なアドバイスを受けることもできる。調整において、紛争解決に関する合意が形成された場合は、その内容を書面にして手続が終結する。

　一方、合意に至らなかった場合には、司法救済へと移行する。EEOC は、原告となって訴訟を提起する権限を有しており、EEOC が提訴することが望

---

[1] 賃金差別の起算点については、つぎのルールが適用される。賃金差別の起点は、①賃金に関する差別的な決定や措置が採られた時、②賃金に関する差別的な決定や措置が適用された時、③賃金に関する差別的な決定や措置の適用により影響を受けた時、のいずれかと解される（公民権法第 7 編 706 条(e)(3)）。
[2] 州に独自の障害者雇用差別禁止法がある場合は、当該州法の手続が優先され、州法所定の機関に、差別の救済を申し立てる。この場合は、EEOC への申立期間が 300 日に延長されるので、ADA 違反と思われる措置を受けた日から 300 日以内に EEOC に苦情を申し立てればよい。州の救済機関に申立をしている場合は、申立日から 60 日間が、州の専権調査期間となるため、違法措置を受けた日から 60 日（州の専権調査期間）を過ぎた後に、EEOC に ADA 違反の苦情を申し立てることになる。
[3] ADA 第 2 編に基づき、障害に基づく雇用差別の救済を申し立てる場合（雇用主が州政府である場合等）は、EEOC へ苦情を申し立てる必要はなく、すぐに司法救済の手続をとることになる。
[4] 事案毎に、使用者の聴取、関係書類の収集、関係者への電話やメールによる聞き取りなどが行なわれる。調査期間の平均は、6 ヶ月である。

ましいと考えられる事案については、自らが原告となって訴訟を提起する。EEOC が自ら提訴するかどうかは、①当該措置の違法性の程度、②法的問題の種類、③ EEOC が当該事案に対処することによって生じる波及効果（職場の雇用差別の是正にいかなる影響を与えるか）、④権利の実現のために本事案ではいかなる救済手段を利用できるか等の点を総合的に考慮して決定される[5]。

EEOC が提訴しない事案については、申立人が、EEOC から「訴権付与通知（notice of right to sue）」を受けて、連邦地裁に提訴することができる[6]。この場合、申立人は、訴権付与通知を受けてから 90 日以内に提訴しなければならない。なお、EEOC が原告となって提訴した事案については、本人が事後に提訴することができない。

3　救済内容

ADA 違反に対する救済の内容も、1964 年公民権法第 7 編の規定が準用されている。ADA 成立当初は、エクイティ（equity）上の救済のみが用意されており（具体的な内容は後述）[7]、金銭賠償は救済の内容に含まれていなかった。1991 年の公民権法改正において、第 7 編の救済内容に損害賠償が追加されたため、以後は、ADA 第 1 編の救済においても、金銭賠償を命じること

---

[5]　EEOC が原告となる事案が限られている。2014 年度においては、EEOC が受理した苦情（ADA 第 1 編以外の苦情（公民権法第 7 編違反や ADEA 違反）を含む）のなかで、違法が強く疑われ、かつ、調整手続に移行したが合意の成立に至らなかったもののうち、EEOC が原告として訴訟に移行したものは 8％以下であった。
http://www1.eeoc.gov/eeoc/newsroom/wysk/conciliation_litigation.cfm（最終閲覧 2015 年 10 月 21 日）。
[6]　申立人は、EEOC に苦情申立した日から 180 日が経過すると、「訴権付与通知」を請求し、訴訟提起することができる。
[7]　英米法には、コモン・ロー（common law）とエクイティ（equity）という 2 つの法体系がある。コモン・ローは、刑事事件、契約・不法行為事件のうち金銭賠償を求める事件、動産・不動産の占有回復を求める事件等をカバーする。エクイティは、コモン・ローでは救済しにくい事件について、国王の側近である大法官が、コモン・ローを補充する形で、救済を与えていったことから、発展していった法体系である。エクイティでは、作為を目的とする契約に関する特定履行、不作為を目的とする契約や不法行為に関する差止めを求める紛争等が取り扱われる。浅香吉幹『アメリカ民事法（第 2 版）』（弘文堂、2008 年）98 頁。

が可能となった。

　現在定められている救済内容は、つぎの通りである。

　まず、エクイティ上の救済として、差別行為の差止命令、原職復帰命令や採用命令等を含む差別是正命令、不当な差別的効果の差別の是正に適切と思われる措置の実施命令がある。原職復帰命令や採用命令が発せられる事案のなかには、合理的配慮を行なわなければ就労できない場合があり、その場合は、必然的に合理的配慮義務の履行が含意されることになる[8]。

　つぎに、損害賠償であるが、これには、補償的賠償（compensatory damages）と懲罰的賠償（punitive damages）の2種がある[9]。いずれも、意図的な差別的取扱いの場合にのみ支払いを命じることができる（差別的効果法理によって違法と認められた措置には、損害賠償を命じることはできない）[10]。懲罰的賠償は、裁判官が、被告に、積極的な悪意（malice）が認められる、あるいは、連邦法が保障する権利に対する著しい軽視（reckless indifference）が認められると判断する場合に命じられるものである[11]。懲罰的賠償の額には、事業規模に応じた上限がある[12]。

　合理的配慮の提供拒否に対する損害賠償には、特則がある。被告（使用者等）が、合理的配慮に関する話し合いのなかで「誠実な努力（good faith efforts）」を尽くしていたと認められる場合には、裁判所は、損害賠償の支払いを命じることはできない[13]。この免責規定は、使用者に、合理的配慮の提供に向けた協議（interactive process）への参加を促す意義がある[14]。

---

[8]　Dilly v. SuperValu, Inc., 296 F. 3d 958 (10th Cir. 2002).
[9]　42 U. S. C. § 1981a(a)(2).
[10]　42 U. S. C. § 1981a(a)(2).
[11]　42 U. S. C.§1981a(b)(1).「積極的な悪意」または「連邦法が保障する権利に対する著しい軽視」の存在は、使用者に当該取扱いが連邦法に反しているとの認識があれば認められる。当該取扱いが「差別」に当たるとまで認識している必要はない。Kolstad v. American Dental Association, 527 U. S. 526 (1999).
[12]　15人以上100人までの場合は5万ドルまで、101人以上200人までは10万ドルまで、201人以上500人までの場合20万ドルまで、501人以上の場合30万ドルまで、である。原告が複数の場合は、各原告に上限額が適用される。
[13]　42 U. S. C.§1981a(a)(3).
[14]　Interactive Processについては、第Ⅱ部第2章第3節5を参照。

4　ADR を利用した自主的な解決

　以上のように、ADA の救済制度は、EEOC の調査手続と調整を経た後に、裁判を通じた司法的解決に移行するという、2段階の構造になっている。この法定手続は、EEOC が訴訟前に詳細な調査を行なうことで無益な訴訟を減らすというメリットや、当事者が訴訟前に対話をもつことにより、事案に即した柔軟な問題解決の道が開けるといったメリットがある。しかし、EEOC に申し立てられる苦情の件数は、ADA に関するものだけでも毎年2万5000件以上にのぼり、調査にかかる日数も、平均6ヶ月程度と、非常に長くなっている。

　そのため、ADA においては、裁判以外の紛争解決手続(Alternative Dispute Resolution、以下、「ADR」とする）の利用が推奨されており（513条）、あっせん（mediation）、仲裁（arbitration）等を利用して紛争が解決される場合も多い[15]。あっせんは、企業内にあらかじめ設けられている制度が利用される場合もあるが、外部の機関（民間・行政）が提供しているものをその都度利用するという方法もある。EEOC も、ADA の法定手続として組み入れられている「調整（conciliation）」とは別に、独自のあっせんサービスを提供している。

　そこで、以下では、ADA 第1編に関する紛争の自主的な解決について、EEOC のあっせんと第三者が関与する仲裁を取り上げて考察する。

(1)　EEOC のあっせんの利用

①　事業の内容

　あっせんを通じた紛争解決は、裁判による紛争解決よりも、安価で迅速に問題が解消されることが多い。EEOC は、1991年から、あっせんサービスを試験的に開始し、段階的にその提供範囲を拡げていった。現在では、すべて

---

[15]　ADR を利用した ADA 紛争の解決と日本法への示唆については、中川純「障害者差別禁止法の法的性質と現実的機能—救済と実効性確保の観点から」学会誌118号（2011）53頁、58-63頁。

のEEOC支部でこのサービス提供している[16]。

EEOCのあっせんは、ADAの法定救済手続のどの段階においても利用することができ、また、いつでも離脱することができる。

EEOCのあっせんでは、当事者とあっせん委員が、問題の解決に向けて話し合いを柔軟に進めていく。当事者が希望する場合は、弁護士、家族、友人、支援者等が同席することもできる。障害に対する配慮が必要な場合は、過重な負担とならない範囲において、EEOCがこれを提供する。

あっせんは、ADA違反の判定を行なう場ではなく、労使関係の継続を前提に、問題解決の可能性を探る場である。あっせん委員は、中立的な立場で、双方の意見を整理し、双方が納得する解決法を当事者と一緒に検討する。通常、問題解決に要する時間は3～4時間とされている。あっせんによって、話し合いが合意に至れば、合意文書を作成する。合意文書には、あっせん委員のフォローアップ調査の実施を付することもできる。

あっせんは、秘密保持の原則が貫かれ、あっせんの過程において提出された情報や発言は、その後の調査や訴訟に用いられることはない。

あっせんで合意に至った後しばらくしても雇用主が合意内容を履行しない場合には、EEOCに雇用主への働きかけを求めることができる。

② あっせんの有効性

EEOCの資料によると、2014年度に、EEOCのあっせんを利用したのは1万1380件。そのうちの76％が紛争の解決に至っている。参加者の反応をみると、あっせんはおおむね好印象で、98％が信頼できると解答している[17]。あっせんを利用すると迅速に紛争が解決されやすい。2004年時点では、EEOCの調査にかかる期間は平均して6ヶ月であったが、あっせんを利用した場合、事案の解決までの期間は平均して3ヶ月程度とされている[18]。

---

16) EEOCのあっせんについては、「Questions and Answers for Parties to Mediation: Mediation and the ADA」http://www.eeoc.gov/eeoc/mediation/ada-parties.cfm（最終閲覧2015年10月21日）.
17) U. S. Equal Employment Opportunity Commission Strategic Enforcement Plan FY2013-2016, p. 13.
http://www.eeoc.gov/eeoc/plan/sep.cfm（最終閲覧2015年10月21日）.
18) http://www.eeoc.gov/employees/process.cfm（最終閲覧2015年10月21日）.

(2) 仲裁付託

　仲裁は、紛争の当事者が、問題の解決を第三者（仲裁人）に委ね、その者の判断に服することにより、事案を終結させるという手続である[19]。アメリカでは、個々の雇用契約に、雇用に関する苦情の処理を仲裁に委ねる旨の「仲裁付託条項」が組み込まれていることが少なくない。また、労働協約のなかに同様の「仲裁付託条項」があり、この適用を受ける場合もある。

　仲裁は、当事者双方に、裁判によって紛争処理を図るよりも迅速に事案を解決できるという利点がある。ただし、制定法によって権利救済の法定手続が定められている場合には、雇用上の紛争を仲裁によって処理するという仲裁付託合意の有効性が問題となる。たとえば、障害のある労働者の解雇の有効性が問題となって、仲裁人が当該解雇を有効と判断したとする。後に、その裁定に労働者が不満をもった場合、事後に、ADA 違反に基づきその解雇の違法性について訴訟を提起できるのかという問題が生じうる。

　この点、連邦最高裁は、1974 年の Alexander v. Gardner-Denver Co.[20] において、労働者が人種差別が疑われる解雇に関する苦情の解決を、労働協約上の仲裁付託条項に基づいて仲裁人に任せたとしても、当該労働者は、後に、制定法（この場合は 1964 年公民権法第 7 編）が保障している救済手続を履践することができると判断した。連邦最高裁は、労働協約に人種差別禁止条項があり、仲裁人がこの条項の下で、当該解雇の有効性を肯定したとしても、協約において保障されている労働者の権利（差別を受けない権利）と制定法（公民権法第 7 編）によって保障されている権利は、それぞれ別の独立した権利であるから、前者に関する判断は後者の判断に影響せず、労働者は、裁判において公民権法第 7 編違反を争うことができると判断した。

　しかしその後、最高裁は、1991 年の Gilmer v. Interstate, Johnson Lane Corp.[21] において、労働者個人が、すべての雇用上の紛争の解決を仲裁に付託

---

19)　仲裁付託条項の有効性については、中窪裕也『アメリカ労働法［第 2 版］』（弘文堂、2010 年）135-147 頁、319-323 頁を参照。
20)　415 U. S. 36 (1974).
21)　500 U. S. 20 (1991).

する旨を合意した場合は、当事者はその仲裁付託合意に拘束され、労働者は、もはや制定法上の救済手続（この事件では、ADEA に基づく訴訟提起）を利用することはできないと判断した[22]。この判断は、2001 年の Circuit City Stores, Inc. v. Adams[23] でも確認されている。

　2009 年には、14 Penn Plaza LLC v. Pyett[24] において再び、労働協約上の仲裁付託条項と ADEA によって保障された権利に関する司法救済を受ける利益が問題となった。この Pyett 事件では、労働協約の仲裁付託の内容が、「制定法が規定する雇用差別に関する一切の苦情を協約が定める仲裁付託によって処理する（仲裁人が法律に基づいて判断する）」というものであったため、制定法によって保障された権利の紛争を仲裁によって終局的解決することが許されるのか、ADEA の救済手続の利用を仲裁付託条項によって排除できるのかどうかが、正面から審理された。連邦最高裁は、協約の仲裁付託条項の適用範囲は、労使間でいかようにも合意することができるとしたうえで、ADEA の立法経緯をみても、仲裁による紛争の終局的な解決が排除されていないとし、本事件での仲裁合意の拘束力を認めた。

　このように、連邦最高裁は、現時点では、制定法上の権利の救済は、当該制定法が仲裁による紛争の終局的解決を排除しているといった特別な事情がない限り、仲裁を利用して終局的な解決を図ることができるという姿勢を示している。ただし、仲裁によって制定法上の救済手続の履践を排除することができるのは、仲裁付託条項の適用範囲の中に明らかに問題となる制定法上の権利が含まれている場合に限られる。仲裁付託条項の適用範囲があいまいで、制定法上の権利をめぐる紛争の処理について明示されていない場合については、司法救済を事後的に選択することも認められる。

　なお、連邦最高裁は、ADA が保障する権益に関わる紛争を仲裁通じて終局的に解決することができるかどうかについては、直接の判断を示していな

---

22)　ただし、仲裁によって雇用差別紛争が処理された後でも、EEOC は制定法上の権限を行使して、当該事案を裁判所で争うことができる。EEOC v. Waffle House, Inc., 534 U. S. 279 (2002).
23)　532 U. S. 105 (2001). Adams 事件の評釈として、小川和茂「ADR（裁判外紛争解決）条項の有効性」別冊ジュリスト・アメリカ法判例百選 213 号（2012）150 頁。
24)　556 U. S. 247 (2009).

い。ADA の条文にもこの点の言及はないが、立法過程の資料を見る限りにおいては、仲裁付託条項による司法救済の排除は認められていないように解される。下院議事録では、ADA は、ADR を活用した紛争解決を予定しているが、ADR は補助的な手段として活用されるべきとされ、これらの手段を法定救済手続の代替として利用することは想定されてない。記録の中には、連邦最高裁が Gardner-Denver 事件（仲裁付託条項の拘束力を否定した判決）で明示した解釈が、ADA の場合にも同じように適用されるべきであって、ADA 513 条[25]に示されている ADR 推奨の立場は、本法が保障する障害者の権利と救済の排斥を意図してはいないと、司法救済の排斥を否認する記述がみられるからである[26]。

5　検討

(1)　EEOC の調査・調整手続の意義

では、本節の最後に、ADA 第 1 編の執行をめぐる問題をまとめておく。

ADA 第 1 編の救済手続は、EEOC による調査・調整という行政プロセスと裁判という司法プロセスの 2 段階構造になっている。この 2 段階の救済メカニズムは、つぎのような利点がある。

まず、EEOC の調査手続は、不用意な訴訟提起をスクリーニングし、裁判所の負担を軽減する。すなわち、EEOC の調査官は、苦情を受理すると、当該案件に関して、両者から事情を聴取し、ADA 違反を認めるに足りる「合理的な理由」があるかどうかについて判断を下す。苦情の申立人は、その調査の結果をふまえたうえで、つぎの救済手続に進むかどうかを考えることができる。もちろん、「合理的な理由」が認められないとの判断が下されたとしても、申立人は、司法判断を求めて提訴することができるが、事実上、ここにおいて、証拠不十分な事件のスクリーニングがなされることになる。2014 年

---

[25]　ADA 513 条は、「本法に関わる紛争の解決として、和解に向けた交渉・調整・話合いの促進・あっせん・事実認定・略式事実審理・仲裁を含む代替的な紛争解決手段を用いることは、適切かつ本法により認められた範囲の中に置ける限りにおいて、推奨される」と定める。

[26]　H. R. Rep. No. 101-485 (III) (1990), 1990 U. S. C. C. A. N. 455, p. 499.

の状況をみると、ADAに関する苦情申立の総数は2万5369件、このうち、合理的な理由があると判断されたものは893件（3.7％）、合理的な理由がないと判断されたものが1万5074件（61.7％）であった[27]。

また、EEOCの調査・調整の手続により、当事者による自主的な話し合いの場が用意されるため、このプロセスのなかで、双方の意見をふまえた柔軟な解決の和が見つかり、紛争が納得のいく形で終わりやすいという利点もある。裁判には時間と費用がかかり、労使の対立的な関係も修繕されにくい。EEOCの調査と調整のプロセスは、調査官の調査の過程で、当該事案の事実関係がはっきりし、ADA違反を認めるに足りる合理的な理由があるかどうかも判定される。使用者が、問題の早期解決と訴訟の回避を願う場合は、労働者の要求を全面的に受けいれて事態を収束させることもあるし、当事者に時間の余裕がある時には、調整手続に進んで、そのなかで、深い話し合いがもたれて労働者に有利な解決方法が選択されることもある。調整手続では、障害者の就労に関して専門的な知識をもつEEOCスタッフが、必要に応じて技術的なアドバイスを提供するので、質の高い話し合いが行なわれ易くなる。2014年の状況をみると、調整において合意に至った申立が343件（1.4％）、合意に至らなかった申立が550件（2.3％）である。合意に至る数は多いとは言えないが、調整手続への参加が任意であることを考えると、評価できる割合に思える。なお、調整に至る前に紛争が解決した事案等を含めると、全体の20.4％（4981件）が申立人に有利な形で紛争が終結しており、金銭的和解の総額は95万6000ドルとなっている[28]。

(2) 課題

ADAの救済手続の課題は、まず、紛争解決に至るまでの時間が長いことである。行政の調査・調整と司法審査という2段階構造の手続には先に述べたメリットがあるが、他方で、2段階にしているが故に、すべての手続の利

---

27) EEOCサイト「ADA Charges FY1997-2014」
　http://www.eeoc.gov/eeoc/statistics/enforcement/ada.cfm（最終閲覧2015年10月21日）.
28) Id.

用を希望した場合には、司法審査のみの場合よりも解決に時間がかかるというデメリットがある。ADA の苦情申立件数は、2009 年に 2 万件を超え、2012 年に 2 万 6379 件になった。その後は減少傾向にあるが、2014 年時点でも 2 万 5369 件に上る。EEOC は、障害以外の雇用差別に関する苦情も受けつけており、処理する苦情の数は膨大な数にのぼる。それゆえ、調査にかかる期間が長くなっている。

　つぎに、調整手続への参加率の低さがある。調整手続への参加は、当事者の意思に委ねられているため、使用者が、差別的取扱いが疑われる行為があったことをまったく認めない場合は、協議の場そのものが設定されない。合理的配慮の提供に関わる紛争等は、話し合いを始めてみると、安価で効率的な解決方法が見つかる場合も多いため、調整手続への参加率を高める仕組みが求められている。

　EEOC は、これらの課題の解消手段の一つとして、ADR（自主的な紛争解決手法）の活用を挙げている。2012 年 12 月に示された「EEOC 戦略的実施計画 FY2013-2016」のなかでも、ADR は、紛争解決のための重要なツールとして位置づけられている。EEOC は、今後もあっせんサービスの利用を積極的に紛争当事者に提案していくようである。また、あっせんの需要に十分に答えるために、今後は、地方自治体に所属しているボランティアのあっせん委員、地方のロースクールの無料クリニック等との提携にも力を入れるとされている[29]。

29）U. S. Equal Employment Opportunity Commission Strategic Enforcement Plan FY2013-2016, p. 13.

第Ⅲ部
日本への示唆

本書では、第Ⅰ部において、アメリカの障害者法制の全体を概観し、第Ⅱ部において、ADA 第1編が精神疾患の事案に適用される場合の問題を考察した。第Ⅲ部では、第Ⅰ部と第Ⅱ部の考察で得られた知見をふまえて、日本法制の課題を検討する。

　以下では、はじめに、日本法制の現状を歴史的変遷をふまえて概観し、ついで、日本法制の課題を、アメリカ法の考察から得られた知見をふまえて指摘する。

第1章　日本の状況

第1節　障害者雇用義務

　日本は、1960年から、法律により事業主に一定数の障害者の雇用を義務づけて[1]、障害者の雇用機会の拡大を図ってきた[2]。本制度は、「割当雇用（quota system）」または「雇用率制度」と呼ばれており、障害者雇用促進法 37 条以下にその定めがある。

　雇用義務の対象は、当初、身体障害者に限られていたが、1997 年の法改正によって、知的障害者も雇用義務の対象に含まれることになった[3]。精神障害者については、精神障害者の雇用に関するノウハウが普及していない、プライバシーに配慮した対象者の把握の方法が確立されていない等の理由から、長年、雇用義務の対象に含めることが見送られてきたが、2013 年の障害者促進法の改正により、2018 年 4 月 1 日から、法定雇用率の算定対象に追加され

---

[1]　障害者雇用促進法 5 条は、「すべて事業主は、障害者の雇用に関し、社会連帯の理念に基づき、障害者である労働者が有為な職業人として自立しようとする努力に対して協力する責務を有するものであつて、その有する能力を正当に評価し、適当な雇用の場を与えるとともに適正な雇用管理を行うことによりその雇用の安定を図るように努めなければならない。」と定める。
[2]　障害者雇用政策の変遷については、舘暁夫「精神障害者の雇用率適用をめぐる争点―厚生労働省研究会での議論を中心に」季刊 Review 50 号（2004）6 頁、今井明「精神障害者の雇用率適用―制度改正の主要論点と今後の展望」職業リハビリテーション 19 巻 2 号（2006）34 頁、田口晶子「障害者雇用の現状と法制度」季労 225 号（2009）4 頁、村上清「戦後の精神障害者の雇用・就労施策の史的研究Ⅰ・Ⅱ」現代社会学部紀要 7 巻 1 号（2009）1 頁、濱口桂一郎「障がい者雇用就労の法政策」季労 229 号（2010）149 頁、山口大輔（厚生労働委員会調査室）「立法と調査」344 号（2013）36 頁、永野仁美『障害者の雇用と所得保障』41-52 頁（信山社、2013 年）。
[3]　「障害者の雇用の促進等に関する法律の一部を改正する法律」法律第 32 号 1997（平 9）年 4 月 9 日公布。1998（平 10）年 7 月 1 日施行（一部を除く）。雇用率制度の対象となる「身体障害者」「知的障害者」「精神障害者」の範囲は、本節 2 において後述する。

ることになった[4]。

ここでは、精神障害者が雇用義務の対象となるまでの沿革を概観し、つぎに、現行の雇用率制度の概要を紹介する。

1 沿革

(1) 第1期—精神障害者に対する支援の拡大

これまでの日本は、法律により使用者に一定率の障害者雇用を義務づける制度、いわゆる「雇用率制度」によって、障害者の雇用機会の拡大を目指してきた[5]。この雇用率制度は、1960年の「身体障害者雇用促進法」の導入時に、身体障害者を対象として開始されたが、当時は民間事業主に対する雇用義務が「努力義務」に留まっており、障害者の雇用機会を拡大する効果は十分ではなかった。1976年の法改正により、民間事業主の障害者雇用義務は強化され、努力義務ではなく、国・地方公共団体と同様に、法定雇用率以上の障害者の雇用が義務づけられることになった。また、これにあわせて、雇用率を達成できない事業主に対しては「障害者雇用納付金」の徴収が行なわれることになった。

知的障害者については、雇用に適するかどうかの判断に困難が伴うこと、適職の開発が進んでいないこと、社会生活指導の面で特別の配慮を必要とする等の理由から、雇用義務の対象となることが先送りされていたが、1987年の法改正時に、知的障害者を雇用した場合はその人数を身体障害者の雇用率に算入することができるという「特例適用」が実施されることになった[6]。事業主に対する知的障害者の雇用の義務づけは、その後の1997年の法改正によって実現した。

一方、精神障害者の雇用の義務づけは、なかなか実現しなかった。1987年

---

[4] 「障害者の雇用の促進等に関する法律の一部を改正する法律」法律第46号2013（平25）年6月19日公布。
[5] 1976年の法定雇用率は、民間事業主1.5％。
[6] 法定雇用率の算出時には、身体障害者のみが法定雇用率設定の算定基礎の対象とされるが、知的障害者（当時は「精神薄弱者」）は、納付金制度などのカウントにおいて、身体障害者と同様に扱うことができた。

6月に身体障害者雇用促進法は、「障害者の雇用の促進等に関する法律」とその名称が改められ、法の対象者は、身体障害者からすべての障害者に拡大することになった。しかし、当時の法律のなかには「精神障害者」の定義がなく、精神障害の特性に配慮した就業・雇用支援策は十分に整備されていなかった。

　1992年4月、精神障害者の雇用に関する課題を調査・検討するために、労働省内に「精神障害者の雇用に関する調査研究会」(座長：岡上和雄)が設置され、1994年3月に「精神障害者雇用のための条件整備のあり方について」という報告書がまとめられた。本報告書において、精神障害者の雇用が進みにくい要因には、使用者の精神障害に対する理解の不足や、精神障害者を雇用するに際して配慮すべき内容がはっきりしていない等が考えられると指摘されたため、労働省は、「精神障害者雇用管理マニュアル」を公表し、精神障害者の雇用ノウハウの浸透を目指した[7]。また、精神障害者の就業ニーズに応えるため、精神障害者の特性を考慮した就業・雇用支援事業(職業準備支援、求職活動の支援、職業相談、職業紹介等)が開始された。

　精神障害者の雇用義務については、1999年に労働省内に設置された「精神障害者の雇用促進等に関する研究会」(座長：岡上和雄)において初めて本格的な検討が行なわれた。ここでは、雇用義務の対象に精神障害者を含めなければ、精神障害者に向けた支援制度を整備しても結局雇用が進まない恐れがあるので義務化に踏み切るべきだという意見もあったが、一方で企業に精神障害者を雇用管理するノウハウがない、雇用義務の対象としても、採用後に精神障害を発症した者(採用後精神障害者)が企業内に多くいるので、新規の雇い入れは進まないのではないか、プライバシーに配慮した対象者の把握が課題であり、雇用率を守るために本人の意思に反する「掘り起し」が行なわれないように対象者の把握方法の検討を充分に行なうべきだ等の消極的な意見も強かった。そのため、2001年3月に公表された報告書「精神障害者に対する雇用支援施策の充実強化について」では、「精神障害者も雇用義務制度の対象とする方向で取り組むことが適当と考えられるが、そのためには、(精

---

[7]　日本障害者雇用促進協会が受託し作成した(1995年公表)。

神障害者に対する）雇用支援策の積極的な展開と拡充を図りつつ、その実績を周知することにより関係者の理解を充分得るとともに、対象となる精神障害者の把握・確認方法の確立や採用後精神障害者の実態把握等制度運用に必要な準備を的確に講じるべきであり、関係機関・組織の十分な連携の下に、そうした取組を始めるべき」と提言するに留まった。

同年11月には、「障害者雇用問題研究会」（座長：保原喜志夫）の報告書「今後の障害者雇用施策について」が公表された[8]。ここでは、雇用率制度における精神障害者の特例適用の実施が検討されたが、精神障害者の特例適用を実施すると、採用後精神障害者の掘り起しが懸念される、身体障害者および知的障害者の雇用に与える影響が大きい等の問題が指摘されたため、特例適用の実施は、将来の課題とされた。

(2) 第2期—雇用率制度における「特例適用」の開始

これらの各報告書の趣旨をふまえ、2002年に障害者雇用促進法の改正が行なわれた[9]。本改正では、障害者雇用促進法に「精神障害者」の定義が追加され、法に基づく各種施策の対象となる精神障害者の範囲が明確となった。しかし、精神障害者の雇用の義務づけと、特例適用の実施は、この改正時でも実現されなかった。ただし、附帯決議には、「精神障害者に対する障害者雇用率制度の適用については、関係者の理解を得るとともに、人権に配慮した対象者の把握・確認方法の確立等の課題を早期に解決し、実施されるように努めること」という要請が盛りこまれた（衆議院厚生労働委員会）。

附帯決議を受けて、2002年7月「精神障害者の雇用促進に関する研究会」（座長：高橋清久）が参集され、本研究会は2004年5月に「精神障害者の雇用を進めるために—雇用支援策の充実と雇用率の適用」という報告書を提出した。本報告書でも、2001年の岡上研究会報告書で示された結論と同じく、精神障害者の雇用支援策の充実が喫緊の課題であり、雇用の義務づけは将来の課題とされたが、先の2001年保原研究会の報告書の結論からは一歩進み、精神障害者の特例適用を実施し、精神障害者の雇用に取り組む企業の努力に

---

[8] 2001年11月8日発表。
[9] 2002年5月7日公布・公布日施行。

報いる必要があるとされた。懸案事項であった対象者の把握方法については、「プライバシーに配慮し、公正かつ一律性を保った判定を行うために専門家からなる第三者機関によって行われるべき」であり、実務上の便宜も考えると精神保健福祉法に基づき交付されている「精神障害者保健福祉手帳」の所持をもって把握・確認し、実雇用率に算定することが適当である、との具体的な提言がなされた。

同年8月には、「障害者雇用問題研究会」(座長：諏訪康雄) の報告書「障害者の就業機会拡大をめざして」も公表された。ここでも、精神障害者に特例適用を行なうべきであるとの要請が示された。さらに、「精神障害者の中には疲れやすく長時間働くことの困難な者もいることから短時間労働に対する支援の充実も必要であり、実雇用の算定にあたって週20時間労働から0.5 (人) とカウントするとともに、週15時間労働からの雇用支援策をさらに充実させることが適当である」との短時間労働に関する意見も提示された。同年12月、労働政策審議会雇用分科会は、これまで提出された報告書の内容をふまえて「今後の障害者雇用施策の充実強化について―就業機会の拡大による職業的自立を目指して―」という意見書を提出し、このなかで精神障害者も将来的に雇用義務制度の対象とすることが考えられるが、本格的な実施の前に、知的障害者の例と同様に、精神障害者の特例適用を実施し、短時間労働者を常用雇用者の0.5とカウントすることが適当である、との提言を行なった。なお、この年の5月には障害者基本法の改正が行なわれており、附帯決議において「精神障害者の雇用率の適用・復職支援、在宅就労支援を積極的に推進するため、これらについて法整備を含め充実強化を図ること」との要請がだされていた (参議院内閣委員会)。

2005年、各研究会の報告書と国会の附帯決議の趣旨を受けて法改正が行なわれた[10]。本改正により、雇用率制度における精神障害者の特例適用が認められ、あわせて、労働時間の短い精神障害者を常用雇用者の0.5人分とみなす措置も始まった[11]。

---

10) 2005年7月6日公布・2006年4月1日施行。
11) 2006年4月1日施行。短時間労働者のみなし適用は、週の労働時間が20時間以上30時間未満の者が対象となる。

(3) 第3期―国連障害者権利条約への対応

2006年国連において「障害者の権利に関する条約（Convention on the Rights of Persons with Disabilities）」（以下、「障害者権利条約」）が採択されると、日本政府は翌年に本条約に署名し、批准に向けて国内法制の整備・拡充の準備に着手した。2009年12月、内閣に総理大臣を本部長とする「障がい者制度改革推進本部」が設置され、障害者に係る制度の集中的な改革が開始された。この動きを背景として、2008年に障害者雇用促進法も改正されたが、この改正においても精神障害者の雇用の義務づけは成されなかった。しかし、本改正では「精神障害者を雇用義務の対象と加えることについて、可能な限り早期に検討を行うこと」との附帯決議が付され、政府による早期の対応が必要なことが改めて確認された。

2013年3月、労働政策審議会雇用分科会は、国連障害者権利条約の批准に向けて厚労省内に設置された3つの研究会の報告書をふまえて[12]、「今後の障害者雇用施策の充実強化について」という意見書を労働政策審議会に提出した。本意見書では、「精神障害者を雇用義務の対象とすることについては、企業が精神障害者の雇用に着実に取り組むことができるよう、十分な準備期間を設けることを前提とした上で、企業に対する大幅な支援策の充実を進めつつ、実施することが必要である」とされた[13]。この提言をふまえ、政府は、精神障害者の雇用の義務づけを使用者に課す方針を決定し、改正法案を2013年の第183回国会に提出、本法案は、同年6月13日に可決、成立した。

なお、改正法は2018年4月1日から施行されるが、精神障害者の雇用の義務づけにともなう法定雇用率の引き上げについては、5年の準備期間が設けられている（2023年3月31日まで。この間は、精神障害者の雇用状況を勘案して、政令により本来の計算式で算出される雇用率よりも低い率を定める

---

[12] 厚労省は2011年11月に、「障害者雇用促進制度における障害者の範囲等の在り方に関する研究会」（座長：今野浩一郎）、「労働・雇用分野における障害者権利条約への対応の在り方に関する研究会」（座長：岩村正彦）、「地域の就労支援の在り方に関する研究会」（座長：松爲信雄）の3つの研究会を設置し、条約批准に向けた国内法整備の議論を進めた。3つの研究会の報告書は、2012年8月3日に公表されている。

[13] 意見書には、法定雇用率が引き上げられた直後であり、精神障害者の雇用義務化の時期をあらかじめ定めるのは時期尚早であるとの使用者側委員の意見が付記されている。

ことができる)。

(4) 小括

まとめると、精神障害者の雇用の義務づけには、①精神障害者の雇用に対する事業主や関係者の理解の進展、②プライバシーと公平性に配慮した雇用義務対象者の把握・確認方法の確立、③採用後精神障害者の取扱い、④精神障害者の雇用ノウハウの普及、⑤各分野の専門家が連携した総合的な支援体制の整備、といった課題があった。政府は、これらの課題を克服すべく、2002年法改正において「精神障害者」の定義を明文化し、精神障害者の雇用環境の改善に向けた支援施策の拡充に積極的に取り組んだ[14]。2006年4月から、雇用義務制度における精神障害者の特例適用が始まり、2013年の常会において、精神障害者を雇用義務の対象に加える法改正が行なわれた。改正法は、2018年4月から施行されるが、5年の準備期間が設けられており、本格実施は2023年4月からとなる。精神障害者の雇用の義務づけは、身体障害者から遅れること42年でようやく実現に至った。

2 現行制度

(1) 雇用率

障害者雇用促進法は、国、地方公共団体、民間の事業主（一般事業主）に対して、雇用する労働者の数に対応した割合の障害者を雇用するように義務づけている（国・地方公共団体：38条1項、一般事業主：43条1項）。

雇用義務の対象となる障害者は、2013年法改正前は、身体障害者、知的障害者のみであったが、2013年改正法施行後は、精神障害者が追加された（2018年4月1日施行予定）。新法により雇用義務の対象となる障害者（「対象障害者」）の範囲は、**表1**に示したとおりである。

---

[14] 精神障害者に特化した雇用支援事業としては、2015年時点で①精神障害者雇用トータルサポーターの配置、②精神障害者等ステップアップ雇用奨励金、③精神障害者雇用安定奨励金、④地域障害者職業センターにおける精神障害者に対する総合的雇用支援、⑤医療機関等との連携によるジョブガイダンス事業等がある。

表 1　雇用義務の対象者（「対象障害者」、法 37 条 2 項関係）

身体障害者	身体障害がある者であって別表に掲げる障害があるもの。 別表： 　一　次に掲げる視覚障害で永続するもの 　　イ　両眼の視力（万国式試視力表によって測ったものをいい、屈折異状がある者については、矯正視力について測ったものをいう。以下同じ。）がそれぞれ 0.1 以下のもの 　　ロ　一眼の視力が 0.02 以下、他眼の視力が 0.6 以下のもの 　　ハ　両眼の視野がそれぞれ 10 度以内のもの 　　ニ　両眼による視野の 2 分の 1 以上が欠けているもの 　二　次に掲げる聴覚又は平衡機能の障害で永続するもの 　　イ　両耳の聴力レベルがそれぞれ 70 デシベル以上のもの 　　ロ　一耳の聴力レベルが 90 デシベル以上、他耳の聴力レベルが 50 デシベル以上のもの 　　ハ　両耳による普通話声の最良の語音明瞭度が 50 パーセント以下のもの 　　ニ　平衡機能の著しい障害 　三　次に掲げる音声機能、言語機能又はそしゃく機能の障害 　　イ　音声機能、言語機能又はそしゃく機能の喪失 　　ロ　音声機能、言語機能又はそしゃく機能の著しい障害で、永続するもの 　四　次に掲げる肢体不自由 　　イ　一上肢、一下肢又は体幹の機能の著しい障害で永続するもの 　　ロ　一上肢のおや指を指骨間関節以上で欠くもの又はひとさし指を含めて一上肢の二指以上をそれぞれ第一指骨間関節以上で欠くもの 　　ハ　一下肢をリスフラン関節以上で欠くもの 　　ニ　一上肢のおや指の機能の著しい障害又はひとさし指を含めて一上肢の三指以上の機能の著しい障害で、永続するもの 　　ホ　両下肢のすべての指を欠くもの 　　ヘ　イからホまでに掲げるもののほか、その程度がイからホまでに掲げる障害の程度以上であると認められる障害 　五　心臓、じん臓又は呼吸器の機能の障害その他政令で定める障害で、永続し、かつ、日常生活が著しい制限を受ける程度であると認められるもの
知的障害者	児童相談所、知的障害者更生相談所、精神保健福祉センター、精神保健指定医又は障害者職業センターにより知的障害があると判定された者（施行規則 1 条の 2）
精神障害者	精神保健福祉法 45 条 2 項により精神障害者保健福祉手帳の交付を受けているもの（37 条 2 項）。

各事業主に義務づけられる障害者の人数は、つぎの式に基づいて政令により設定される（「法定雇用率」）。この法定雇用率は、少なくとも5年ごとに、算定式の割合の推移を考慮して見直される（43条2項）。

法定雇用率の算定式（2018年4月1日適用）

$$障害者雇用率 = \frac{身体障害者、知的障害者、精神障害者である常用労働者の数 + 失業している身体障害者、知的障害者、精神障害者の数}{常用労働者数 - 除外率相当労働者数 + 失業者数}$$

2015年時点の法定雇用率は、民間企業：2.0％、独立行政法人等の特殊法人：2.3％、国・地方公共団体：2.3％、都道府県の教育委員会：2.2％である[15]（2013年4月1日から適用されたもの。これまでの雇用率の推移を**表2**に示した）。なお、次回の法定雇用率の設定（精神障害者が追加された算定式が利用される）については、雇用率が引き上げられた直後という事情を考慮して、激変緩和措置が設けられた。これにより、施行後5年間については、計算式どおりに引き上げないことができる[16]。

(2) 障害者雇用納付金の徴収

事業主が、法定雇用率を達成できない場合には、国に「障害者雇用納付金」（以下、「納付金」）を納めなければならない（障害者雇用促進法53条2項）。この納付金徴収業務は、独立行政法人高齢・障害・求職者雇用支援機構（以下、「JEED」）に委託されて実施されている（53条1項）。

常時雇用している労働者（以下、「常用雇用労働者」）の数が100人以上の事業主は、毎年、雇用している障害者の数をJEEDに報告し、その数が法定雇用者数を下回っている場合には、未達成の障害者1人つき、月額5万円の

---

[15] たとえば、一般事業主は、従業員50人以上の場合に、障害者を1人以上雇用しなければならない。
[16] 2018（平30）年4月1日から2023（平35）年3月31日の間については、身体障害者・知的障害者を算定基礎として計算した率と身体障害者・知的障害者・精神障害者を算定基礎として計算した率との間の値を政令で設定することができる。改正法附則4条。

表2　法定雇用率の推移

年	民間部門		公的部門	
	一般企業	特殊法人	国・地方公共団体	都道府県教育委員会
1960（昭35）	現業的事業所 1.1% 事務的事業所 1.3% （努力義務）	現業的事業所 1.3% 事務的事業所 1.5% （努力義務）	現業的機関 1.4% 非現業機関 1.5%	
1976（昭51）	1.5%	1.8%	現業的機関 1.8% 非現業機関 1.9%	
1988（昭63）.4.1	1.6%	1.9%	現業的機関 1.9% 非現業機関 2.0%	
1998（平10）.7.1	1.8%	2.1%	2.1%	2.0%
2013（平25）.4.1	2.0%	2.3%	2.3%	2.2%

「特殊法人」：法律によって設立された法人で、運営費用を国・地方公共団体からの財源によって賄っている法人（法43条6項、施行令10条の2）

表3　雇用障害者のカウント方法

種類	程度	30時間以上	20時間以上30時間未満（短時間労働者）
身体障害者	重度	2人	1人
	重度以外	1人	0.5人
知的障害者	重度	2人	1人
	重度以外	1人	0.5人
精神障害者		1人	0.5人

納付金を納めなければならない（施行令17条）[17]。申告の対象となるのは、いわゆる障害者手帳（身体障害者：「身体障害者手帳」、知的障害者：「療育手帳」、精神障害者：「精神障害者保健福祉手帳」）の所持者によって障害者と確

---

[17] 納付金の徴収対象は、2015年3月31日までは、常用雇用労働者が200人を超える事業主であった。納付金の徴収対象については、減額特例措置（納付金が1人につき月額4万円）が設けられている。常用雇用労働者数が200人を超え300人以下の事業主については2015年6月30日まで、100人を超え200人以下の事業主については2020年6月30日まで。

認できるもので、「常用雇用している労働者」に限られる[18]。障害者雇用数のカウントについては、重度障害者、短時間労働者に関して特別ルールが定められている（**表3**を参照）。

　納付金の徴収は、障害者の雇用に伴う経済的負担を民間の事業主全体で調整し、障害者の雇用促進と継続を図るという目的のもとに行なわれている。そのため、この納付金は、常用雇用労働者が100人を超えている事業主が、法定雇用障害者数を超えて障害者を雇用している場合に支給される「障害者雇用調整金」(障害者1人につき月額2万7000円、施行令15条）やその他の助成金の財源としても利用されている[19]。

　なお、納付金の徴収は、雇用義務の不履行に達する懲罰という意味で行なわれるものではないため、納付金を納めても、法定雇用率に応じた障害者雇用義務は消滅しない[20]。

(3) 特例

　(1)でみたように、民間事業主には、法定雇用率に対応した障害者の雇用が義務づけられているが、法が定める一定の要件を充たす場合には、当該事業主が設立した子会社に雇用されている障害者を、親会社に雇用されているものとみなして、実雇用率を算定することができる（特例子会社制度）。

　この特例子会社制度においては、4つの算定方法が認められている（**表4**を参照）。

---

18) 「常用雇用している労働者」とは、無期労働契約者もしくは有期労働契約者であるが、契約更新がなされて雇用期間が雇入れから1年を超えて雇用されている者（1年以上の雇用が見込まれる者を含む）であって、週所定労働時間が30時間以上の労働者または週所定労働時間が20時間以上30時間未満である労働者。
19) 調整金以外の使途としては、常用雇用労働者が100人以下で要件を充たす事業主に対して支給される「報奨金」(身体または知的障害者を1人雇用した場合につき、月額2万1000円、附則4条3項)、障害者と在宅就業契約を結び就業させている対象事業主に支給される「在宅就業障害者特例報奨金」(附則4条4項) 等がある。詳しくは、JEEDのサイトを参照。
20) 障害者の雇用は、社会連帯の理念に基づき、「すべての事業主」に求められている（障害者雇用促進法37条1項）。

表 4　雇用率算定の特例

種類	条文	適用時期	概要
特例子会社	44 条	1987（昭 63）年 4 月適用	障害者の雇用の促進・安定を図るために、障害者の雇用に特別な配慮をした子会社を設立し（特例子会社）、その子会社が一定の要件を充たす場合には、その子会社に雇用されている障害者を親会社に雇用されているものとみなして、実雇用率を算定することができる。
グループ適用（関係会社特例）	45 条	2002（平 14）年 10 月適用	特定子会社を持つ親会社は、特例子会社以外の関係会社（一定の要件を充たすもの）で雇用される障害者も含めて、企業グループ全体で障害者の実雇用率を算定することができる。
企業グループ算定特例（関係子会社特例）	45 条の 2	2009（平 21）年 4 月適用	一定の要件をみたす企業グループとして厚生労働大臣の認定を受けたものについては、<u>特例子会社がない場合でも</u>、企業グループ全体で障害者の実雇用率を算定することができる。 ただし、各会社は常用労働者に 1.2％を乗じた数以上の障害者を雇用していなければならない（中小企業は別の定めあり。）
事業協同組合算定特例（特定事業主特例）	45 条の 3	2009（平 21）年 4 月適用	中小企業が事業協同組合等を活用して協同事業を行い、一定の要件を充たす場合には、厚生労働大臣の認定を受けて、事業協同組合とその組合員である中小企業（雇用促進事業に参加している「特定事業主」）の障害者の雇用数をまとめて実雇用率を算定することができる。 ただし、「特定事業主」は、自ら 1 人以上の障害者を雇用し、かつ、雇用する常用労働者に対する雇用障害者の割合が 20％を超えていなければならない。

(4) 雇用義務の達成指導

事業主は、毎年1回、厚労大臣に、雇用義務の対象となっている障害者の雇用状況を報告しなければならない（43条7項）[21]。厚労大臣は、この報告に基づき、障害者雇用率が達成されていない事業主に対して、雇用率の達成に向けて「障害者の雇入れに関する計画」の作成を命じることができる（46条）[22]。作成された計画の内容が著しく不適当な場合は、計画の変更を勧告することができる（46条5項）。また、計画の実施を怠っている場合等には、計画の適正な実施の勧告がなされる（46条6項）。厚労大臣は、これらの勧告に従わない企業の名を公表することができる（47条）[23]。

国・地方公共団体の機関についても、障害者雇用状況の通報が義務づけられている（39条、40条）障害者の採用状況に改善が見られない機関に対しては、採用計画を適正に実施するよう勧告がなされる（39条2項）。

(5) 障害者解雇時の届出義務

障害者雇用促進法は、障害者の雇用状況を適宜に把握し、職を失った障害者に対する速やかな支援を行なうために、事業主に、障害者を解雇する場合にその旨を公共職業安定所に届け出るよう求めている（81条1項）。届出を受けた公共職業安定所は、解雇された障害者に対して、求人の開拓、職業紹介等を行なう（同条2項）。

---

21) 常用労働者数から除外率に基づき除外すべき労働者の数を引いた数が50人以上である事業主が対象（43条7項）。
22) 実際は、公共職業安定所に、毎年6月1日の障害者雇用状況を報告する。公共職業安定所長は、所定の要件に該当する未達成事業主に対して、「雇入れ計画書」作成命令を発出する。（①実雇用率が全国平均実雇用率未満であり、かつ、不足数が5人以上である企業、②法定雇用障害者数が3～4人の企業であって、障害者を1人も雇用していないもの、③不足数が10人以上の企業。①②③のいずれかに該当する場合に作成命令が発出される。）
23) 企業名の公表は、2011年度に3社の名前が公表されている。2012年、2013年度は、該当企業がなかった（2014年3月26日厚労省 Press Release）。

第 2 節　障害者に対する差別の禁止

　障害を理由とする差別が法規制の対象として明記されたのは、2004 年のことである[24]。この年，障害者基本法が改正され、「何人も、障害者に対して、障害を理由として、差別することその他の権利利益を侵害する行為をしてはならない。」という一文が、同法 3 条 3 項として追加された。とはいえ、障害者基本法は、国の障害者政策の基本理念を明確にするものであって、個別具体的な紛争を直接に規制する機能を有していない法律である。そのため、労働現場における障害に基づく不合理な取扱いについては、民法の一般条項を介して、損害賠償責任等を追及するという事後的救済に留まっていた。ただ、内閣府が平成 21 年度に実施した「障害者施策総合調査」では、障害のある人の約 7 割が障害を理由とする差別や偏見を受けたことがあると回答しており、日本においても、雇用における障害差別への対応が早急に必要となっていた[25]。

　2006 年に国連において障害者権利条約が採択されると、日本政府は、本条約の批准に向けて国内法の見直しを行ない、障害を理由とする差別の規制に関する法整備の検討を本格化させた。その結果、2011 年に障害者基本法の改正、2013 年 6 月に「障害を理由とする差別の解消の推進に関する法律」（以下、「障害者差別解消法」）の制定と障害者雇用促進法の改正が行なわれ、これら 3 つの法律に、国連の障害者権利条約の趣旨に即した形の障害差別禁止条項が盛り込まれた。以下、それぞれの差別禁止条項の内容を概観する。

---

[24]　日本国憲法 14 条 1 項は、法の下の平等を保障し、事由のいかんを問わず、不合理な差別的取扱いを禁止する。しかし、判例法理では、14 条 1 項は、私人間の不合理な取扱いを直接規制するものではないと解されている。三菱樹脂事件・最大判昭和 48 年 12 月 12 日民集 27 巻 11 号 1536 頁。行政解釈（昭和 22 年 9 月 13 日発基 17 号）では、労基法 3 条は、国籍・信条・社会的身分を理由とする雇用上の差別を禁止しているが、「社会的身分」は生来的地位を意味するとされており、障害を理由とする差別はこれに含まれず、それゆえ、障害者に対する不利益取り扱いは本条の対象には含まれないと解されている。
[25]　内閣府「平成 22 年度障害者白書」17 頁。

1 障害者基本法

　障害者基本法は、障害者政策の基本原則を定め、国・地方公共団体の責務を明らかにし、障害者の自立と社会参加に関する各種施策を総合的・計画的に推進することを目的とする法律である（1条）。本法の成立時には、障害を理由とする差別を明確に禁止する条項はなかったが[26]、2004年の改正時に、「何人も、障害者に対して、障害を理由として、差別することその他の権利利益を侵害する行為をしてはならない。」という条項が追加された（3条3項）。

　2006年に国連において障害者権利条約が採択されたことを受けて、日本政府は、2009年12月の閣議決定において、内閣に「障がい者制度改革推進本部」を設置し（以下、「改革本部」とする）[27]、障害者施策に関する意見を聴取するために、本部の下において「障害者制度改革推進会議」を開催することにした（以下、「推進会議」とする）[28]。

　推進会議は、2010年1月から会合を重ね、2010年6月に「第一次意見」、同年12月に「第二次意見」を提出した[29]。会合では、障害を理由とする差別に対する規制の必要性が議論され、最終的には、基本法に、障害に基づく差別を禁止する条項を盛り込むべきこと、障害者権利条約をふまえて合理的配慮の定義を設けること、差別の定義には、直接差別のみならず間接差別も含むものとし、さらに、合理的配慮を提供しない場合も差別であることを明らかにすること等が意見として提示された[30]。

　2011年4月、改革本部は、推進会議の意見をふまえた基本法改正法案を国

---

[26] 障害者基本法は、1993年に心身障害者対策基本法（1970（昭45）年5月21日公布・法律第84号）を名称改正する形で成立した（1993（平5）年12月3日公布・法律第94号・公布日施行）。
[27] 障がい者制度改革推進本部は、内閣総理大臣を本部長としすべての国務大臣で構成された。
[28] 推進会議は、障害者、障害者の福祉に関する事業に従事する者、学識経験者等で構成された。推進会議は、計38回の会合を開いた後、基本法改正に伴う「障害者政策委員会」の発足（32条）によって、2012年7月に廃止された。
[29] 「第一次意見」2010年6月7日提出、「第二次意見」2010年12月17日提出。各文書は、内閣府の公式サイトで閲覧可能（最終閲覧日2015年10月21日）。
[30] 注29）第二次意見14頁。

会に提出し、本法案は7月に成立した[31]。本改正では、障害者の定義が見直され、障害者権利条約の趣旨をふまえてつぎのような形に再定義された。「障害者」とは、「身体障害、知的障害、精神障害（発達障害を含む。）その他の心身の機能の障害がある者であつて、障害及び社会的障壁により継続的に日常生活又は社会生活に相当な制限を受ける状態にあるものをいう。」(2条1号)。「社会的障壁」とは、「障害がある者にとつて日常生活又は社会生活を営む上で障壁となるような社会における事物、制度、慣行、観念その他一切のものをいう。」(2条2号)。

つぎに、障害を理由とする差別の禁止規定（旧法3条3項）については、つぎのように改められた。「何人も、障害者に対して、障害を理由として、差別することその他の権利利益を侵害する行為をしてはならない。」(4条1項)。「社会的障壁の除去は、それを必要としている障害者が現に存し、かつ、その実施に伴う負担が過重でないときは、それを怠ることによつて前項の規定に違反することとならないよう、その実施について必要かつ合理的な配慮がされなければならない。」(4条2項)。「国は、第一項の規定に違反する行為の防止に関する啓発及び知識の普及を図るため、当該行為の防止を図るために必要となる情報の収集、整理及び提供を行うものとする。」(4条3項)。

この新法4条の規定は、社会的障壁の除去を怠ることが障害を理由とする差別に該当する場合があると定めており、国連の障害者権利条約の趣旨を反映した形に仕立てられている。

2　障害者差別解消法

国連条約の批准に向けて立ち上げられた先の推進会議が取りまとめて提出した第一次意見には、今後取り組むべき課題の一つとして、「障害を理由とする差別の禁止法」(仮称) 等の制定が挙げられていた[32]。政府は、この第一次意見をふまえて、2010年6月29日に、今後の法制度改革の工程表（「障害者制度改革の推進のための基本的な方向について」、以下、「基本的方向」）を閣

---

31)　2011年8月5日公布・法律第90号・公布日施行（一部、2012年5月21日施行）。
32)　注29) 第一次意見12頁。

議決定した。ここにおいて、あらゆる分野における障害を理由とする差別を包括的に禁止し被害を受けた場合の救済制度を構築するための新たな差別規制法の法案を、2013年の常会提出を目指して作成することが確認された。

同年11月、推進会議の下に「差別禁止部会」が設けられ、ここにおいて、新たな障害差別禁止法の立法に関する議論が重ねられた。2012年7月に、推進会議の機能を引き継いだ障害者政策委員会が発足し、同委員会の下に「差別禁止部会」が設けられ、障害差別禁止法の検討は、この部会に引き継がれた。本部会は、同年9月14日に、新法制定に向けた意見書（「『障害を理由とする差別の禁止に関する法制』についての差別部会の意見」）を提出した。

政府は、この差別部会の意見をふまえて、2013年の常会に新法の法案を提出し、同年6月19日に本法案は可決、成立した。本法「障害を理由とする差別の解消の推進に関する法律」（以下、「障害者差別解消法」とする。）は、同年6月26日に公布され、2016年4月1日に施行される[33]。

障害者差別解消法は、障害者基本法で示される基本理念を具体化する法律で、障害を理由とする差別の解消の推進に関する基本的な事項を定め、行政機関と事業者が取り組むべき措置を明確にすることにより、すべての国民が障害の有無にかかわりなく共生する社会の実現に資することを、その目的とする（1条）。

本法は、行政機関と事業者（民間企業等）[34]に対して、「障害を理由として障害者でない者と不当な取扱いをすることにより、障害者の権利利益を侵害してはならない」と定め、あらゆる領域における障害を理由とする差別を禁止している（行政機関：7条1項、事業者：8条1項）。なお、差別規制とつぎに述べる合理的配慮義務の対象となる「障害者」の範囲は、先の基本法の「障害者」の対象者と同じである。

つぎに、本法は、障害者権利条約の趣旨をふまえて、行政機関と事業者に対して、障害者に対する合理的配慮（社会的障壁の除去の実施）の提供を求

---

33) 一部の附則を除く。施行後3年を目途に見直しが検討される（障害者差別解消法附則7条）。
34) 「事業者」とは、「商業その他の事業を行う者（国、独立行政法人等、地方公共団体及び地方独立行政法人を除く）をいう。」（障害者差別解消法2条7号）。

めている。まず、行政機関については、「行政機関等は、その事務又は事業を行うに当たり、障害者から現に社会的障壁の除去を必要としている旨の意思の表明があった場合において、その実施に伴う負担が過重でないときは、障害者の権利利益を侵害することとならないよう、当該障害者の性別、年齢及び障害の状態に応じて、社会的障壁の除去の実施について必要かつ合理的な配慮をしなければならない」[35]として、合理的配慮の提供を法的に義務づけた（7条2項）。一方で、事業者に対しては、「社会的障壁の除去の実施について必要かつ合理的な配慮をするように努めなければならない」とし、配慮の要請は、努力義務に留められている（8条2項）[36]。

法8条に基づく事業者の合理的配慮の提供の実効性を確保するために、主務大臣には、事業者に対する報告の聴取と必要に応じた助言・指導・勧告の権限が付与されている（12条）。なお、12条違反には罰則が設けられている[37]。

障害者差別解消法では、合理的配慮の提供拒否が差別の一類型に含まれるとは明記されていない。

国と地方公共団体は、障害を理由とする差別に関する相談に的確に応じ、差別に関する紛争の防止・解決を図るために、必要な体制を整備しなければならない（14条）[38]。また、国・地方公共団体の機関のうち、医療、介護、教育等の分野の事務に従事する機関（「関係機関」）は、障害を理由とする差別の解消に関わる取り組みを効果的かつ円滑に行なうために、「障害者差別解消支援地域協議会」を組織することができる（17条1項）。本協議会は、必要な情報交換を行ない、各種の相談事例をふまえて、差別の解消に必要な取り組みを行なう（18条1項、2項）。

---

[35] 社会的障壁とは、「障害がある者にとって日常生活又は社会生活を営む上で障壁となるような社会における事物、制度、慣行、観念その他一切のもの」をさす（障害者差別解消法2条2号）。
[36] 注2）山口（2013）47頁。
[37] 事業主が、主務大臣への報告を怠ったり、虚偽の報告をしたりした場合には、20万円以下の過料に処せられる。
[38] 国と地方公共団体は、障害を理由とする差別の解消に関する啓発活動を行なう（障害者差別解消法15条）。また、国は、障害差別解消に関して、国内外の取り組みに関する情報収集・整理・提供を行なう（同法16条）。

3 障害者雇用促進法

　国連で障害者権利条約が採択された後、労働分野では、厚労省を主管として、障害者に対する支援法制の見直しが進められた。2008 年 4 月から厚労省内に研究会[39]が立ちあげられ、本研究会は、2009 年 7 月に「中間整理」を取りまとめた。労働政策審議会障害者雇用分科会は、この中間整理の内容を受けて、障害者権利条約の批准に向けた課題の整理と検討を行ない、2010 年 4 月に「労働・雇用分野における障害者権利条約への対応の在り方に関する中間的な取りまとめ」(以下、「中間的な取りまとめ」とする) を提出した。2010 年 6 月には、政府から今後の法制度改革の方向性が示され、①労働・雇用分野における障害を理由とする差別の禁止、②職場における合理的配慮の提供を確保するための措置、③これらに関する労使間紛争の解決手続の整備、に取り組むとの具体的な内容がだされた。

　これを受けて厚労省は、「労働・雇用分野における障害者権利条約への対応の在り方に関する研究会」(第 2 次研究会) を参集し、先の「中間整理」と「中間的な取りまとめ」を基にして、さらなる検討を行なった。本研究会は、2012 年 8 月 3 日に「労働・雇用分野における障害者権利条約への対応の在り方に関する研究会報告書」(以下、「報告書」とする) を提出し、労働・雇用法制の見直しの基本的枠組み等についての意見を示した。厚労省は、障害者労働法制の見直しに際して、本研究会と並行して他に 2 つの研究会 (「障害者雇用促進制度における障害者の範囲等の在り方に関する研究会」、「地域就労支援の在り方に関する研究会」) を参集しており、この 2 つの研究会も、本研究会と同日に報告書を提出した[40]。

---

39) 「労働・雇用分野における障害者権利条約への対応の在り方に関する研究会」。
40) 「障害者雇用促進制度における障害者の範囲等の在り方に関する研究会報告書」(障害者雇用促進法における障害者の範囲や雇用率制度における障害者の範囲等について検討し、雇用義務制度の考え方とその範囲などについて提言したもの)、「地域就労支援の在り方に関する研究会報告書」(今後の地域の就労支援の在り方について検討し、中小企業等が安心して障害者雇用に取り組むために求められる支援を明らかにするとともに、それをふまえた、各就労支援機関等に求められる役割や地域の就労支援ネットワークに求められる取組、就労支援を担う人材の育成などについて提言したもの)。3 つの報告書は、

以上の3つの研究会報告書を受けて、労働政策審議会障害者雇用分科会は、労働法制の改革に向けた具体的な検討をさらに進めた。2013年3月14日、障害者雇用分科会からの報告を受けて、審議会は意見書（「今後の障害者雇用施策の充実強化について」）を厚労大臣に提出した[41]。厚労省は、この意見書の内容をふまえて、障害者雇用促進法の改正に向けた法案要綱を作成し、同法案は、2013年の第183回国会に提出された。本法案は、同年6月13日に可決・成立し、同月19日に公布されている。障害者雇用促進法には、それまで、障害者に対する差別を明確に禁止した条項はなかったが、本改正により新たに障害者に対する不当な差別的取扱いを禁止する定めが置かれた。また、差別禁止とあわせて合理的配慮の提供（障害の特性に配慮した措置の提供）の定めも置かれた（この点は後述）。改正法の差別禁止規定は、2016年4月1日に施行される。

　改正により追加された差別禁止規定は、採用前と採用後の2つの条項によって構成されている。まず、採用前については、「事業主は、労働者の募集及び採用について、障害者に対して、障害者でない者と均等な機会を与えなければならない。」と定められた（34条）。なお、ここにいう「障害者」とは、「身体障害、知的障害、精神障害（発達障害を含む）その他の心身の機能の障害があるため、長期にわたり、職業生活に相当の制限を受け、又は職業生活を営むことが著しく困難な者」をさす（2条1号）。

　つぎに、障害者を雇用した後は、「事業主は、賃金の決定、教育訓練の実施、福利厚生施設の利用その他の待遇について、労働者が障害者であることを理由として、障害者でない者と不当な差別的取扱いをしてはならない。」と定められた（35条）。これら2つの規定は、事業規模にかかわらずすべての事業主に適用される。

　障害者雇用促進法では、後に述べる「合理的配慮（障害の特性に配慮した措置の提供）」の提供拒否が差別の一類型にあたるとは定められておらず、差別禁止の規定とは別に定めが設けられている。この点は、先の障害者差別解

　　厚労省のサイトで閲覧できる。（最終閲覧2015年10月21日）。
41）　労働政策審議会障害者雇用分科会意見書「今後の障害者雇用政策の充実強化について」（2013年3月14日報道発表）（最終閲覧2015年10月21日）。

消法と同じである。このような形になったのは、合理的配慮の提供拒否を差別として禁止することと合理的配慮の提供を義務づけることは、その効果が同じであるから、端的に合理的配慮を事業主に義務づけることで足りるとの結論に至ったからであるとされている[42]。

なお、障害者雇用促進法においては、「障害者」に対する不当な差別が禁止されているが、障害のない者を障害者よりも劣位に扱うことは禁止されていない。したがって、障害者を障害のない者に優先して雇用することや、シフトの設定に際して障害者の希望を優先すること(時間外労働の免除等)は、35条違反にはならない。また、同法の差別禁止規定は、障害者と障害のない者との間の差別を規制するものであり、障害者間における異別取扱いは規制されていないという点も、留意する必要がある。

34条と35条において禁止される差別行為の内容については、厚労大臣が指針を定めて具体化し、事業主に適切な対処を求めることになっている(36条)。指針の策定に際しては、2013年9月に「改正障害者雇用促進法に基づく差別禁止・合理的配慮の提供の指針の在り方に関する研究会」(以下、「研究会」)が設置され、2014年6月6日に、報告書(『改正障害者雇用促進法に基づく差別禁止・合理的配慮の提供の指針の在り方に関する研究会報告書』以下、「報告書」)が提出された[43]。指針によると、34条において禁止される差別的取扱い(募集及び採用)には、「障害者であることを理由として、その対象から障害者を排除することや、その条件を障害者に対してのみ不利なものとすること」が挙げられている[44]。ただし、「募集に際して一定の能力を有することを条件とすることについては、当該条件が当該企業において業務遂行上特に必要なものと認められる場合には、障害者であることを理由とする差別に該当しない」とされている[45]。なお、募集に際して一定の能力を有することを条件とすることについては、当該条件を満たしているか否かの判断は

---

42) 注41) 分科会意見書2頁。
43) そして、本報告書に基づき、2015年3月に、「障害者差別指針」が発表されている。「障害者に対する差別の禁止に関する規定を定める事項に関し、事業主が適切に対応するための指針」(平成27年厚労告第116号)(以下、「指針」)。
44) 指針2頁。
45) 指針2頁。

過重な負担にならない範囲での合理的配慮の提供を前提に行なわれなければならず、業務遂行上特に必要ではないにもかかわらず、障害者を排除するために条件を付していると判断されるときには、障害を理由とする差別に当たるとされている[46]。なお、34条で禁止されている差別的取扱いは、「直接差別」が想定されている。「間接差別」（中立的であるが実質的には障害者を排除する結果を生じさせる基準をもちいて障害者を差別すること）については、何が「間接差別」に当たるか明確ではない等の理由から、今回はその禁止を明記することは見送られた[47]。

つぎに、35条が禁止する差別的取扱い（雇用後）については、賃金、配置、昇進、降格、教育訓練、福利厚生、職種の変更、雇用形態の変更、退職の勧奨、定年、解雇、労働契約の更新の各項目について、障害者であることを理由に、その対象から障害者を排除することや、その条件を障害者に対してのみ不利なものとすることが差別に該当する[48]。

なお、指針では、差別に当たらないものとしてつぎの例が挙げられている。「積極的差別是正措置として障害者と比較して障害者を有利に取り扱うこと」、「合理的配慮を提供し、労働能力等を適正に評価した結果として障害者でない者と異なる取扱いをすること」、「合理的配慮に係る措置を講ずること（その結果として、障害者でない者と異なる取扱いとなること）」、「障害者専用の求人の採用選考又は採用後において、仕事をする上での能力及び適性の判断、合理的配慮の提供のためなど、雇用管理上必要な範囲で、プライバシーに配慮しつつ、障害者に障害の状況等を確認すること」[49]。

改正法には、差別を受けた場合の私法的救済に関する定めがないが、これまでの議論のなかでは、34条、35条違反にあたる行為は、民法の不法行為・公序違反・信義則違反を構成しうるとされている。採用拒否の救済として、採用の強制は予定されていない。

---

46) 指針2頁。
47) 報告書1-2頁。
48) 報告書3頁。指針3-8頁に、具体例が示されている。
49) 指針8頁。

4 判例の状況

最後に、障害者に対する不利益な取り扱いの違法性が争われた裁判例を整理し、現段階までの司法救済の状況を確認しておく。一連の法制度改革が行なわれる前には、労働法制のなかには、障害に基づく差別を実効的に規制する明文はなかった。ただ、障害者に対する不合理な取扱いに関する訴訟はこれまでも提起されており、民法の諸規定（1条3項、90条、709条等）に基づいて、司法的救済が図られてきた[50]。事件数は多くはないが、賃金差別と昇格差別が争われたものがあるので、以下、要旨を簡単に紹介する。

(1) 賃金差別

賃金差別が争われた例には、日本曹達事件がある[51]。ここでは、障害者の雇用促進を目的として設けられた「障害者枠」で採用された労働者Xが、障害者枠のみに6ヶ月の試用期間（嘱託契約期間）を設けて、その間の賃金を障害者枠以外で採用された者よりも低く支払うことが、障害を理由とする不合理な取扱いであると主張し（正社員の場合には、類似の試用期間は設定されていなかった）、差別的取扱いよる精神的損害として、慰謝料500万円の支払いを求めた。

裁判所は、次のように述べて、Xの請求を棄却している。

問題となった障害者枠制度は、障害者の業務への適性や業務遂行能力を見極めるために必要な期間を設けることにより、会社と障害者の双方が雇用契約を締結しやすくなるような状況を作るものであって、障害者の雇用の維持・拡大を図ることがその目的とされている。労働者は、一律に6ヶ月の嘱託契約期間を設けることに合理性がないと主張するが、障害者の抱える障害の程

---

50) 注4) 分科会意見書2頁。もっとも、障害者雇用促進法35条違反から、直に無効の効果を導く余地はある。最高裁は、妊娠した女性の軽易業務への異動に伴う降格措置の有効性が問題となった事件において、男女雇用均等法9条3項は強行規定であり、本条に違反する措置は無効となると判示した。広島中央保険協同組合事件・第1小判平成26年10月23日民集68巻8号1270頁、労経速2232号3頁。
51) 東京地判平成18年4月25日労判924号112頁。

度が十分に把握できない雇用契約締結の段階で、障害者ごとに個別に嘱託契約期間を定めることは困難であるから、障害者の業務への適性等を見極めるための期間として、一律に一定の試用期間を定めたとしても、それが不合理であるとまでは認められない。障害者の抱える障害の内容や程度は様々なものがあるから、障害者の業務への適性等を的確に判断するためには、相応の期間を要するものと考えられる。当該会社では、障害が業務を遂行するうえで決定的な支障になると判断されない限り、障害者はそのまま正社員に移行することが予定されており、これに照らせば、6ヶ月間が不当に長期にわたるものであって不合理であるとはいえない。労働者は、障害者はその後正社員として雇用されることが内定しているのであるから、能力を見極めるのであれば、正社員として試用期間を設ければよい、と主張する。しかし、一般の採用枠とは別に制度を設けて障害者雇用の維持・拡大を図ろうとする場合に、正社員における試用期間に相当するものとして、嘱託契約期間を設けることは、何ら不合理なことではない。よって、Y 社の障害者枠制度における嘱託契約期間には合理性が認められる。障害者枠制度に合理性がみとめられる以上、障害者枠制度で採用された障害者と一般の採用枠で採用された正社員との間で、賃金に格差が生じたとしても、これは雇用形態の違いに基づいて生じる差異にすぎず、障害者であることのみを理由に障害者を差別的に取り扱うものではない。当該障害者枠制度には合理性が認められ、かかる制度によって X を雇用したことは障害に基づく違法な差別とは認められない。

(2) 昇格差別

障害者に対する昇格差別が争われた例には、S 社事件[52]とジャトコ事件[53]がある。

S 社事件では、業務上の災害により左上腕部と右手全指を喪失した労働者 X が、定年退職した後に、在職期間中に主担当から主事に昇格しなかったのは、障害者差別によるものであると訴えた。裁判所は、当該会社では、主担当から主事への昇格は、年功序列的な運用がされていたわけではなく、主事

---

[52] 名古屋地判平成 26 年 4 月 23 日労経速 2215 号 3 頁。
[53] 京都地判平成 26 年 3 月 31 日判例集未登載。

に必要な昇格要件に該当する必要があったと認定したうえで、Xの職務能力は、昇格要件を満たしていたとはいえないとし、障害を理由とする違法な差別は認められないとして、Xの請求を棄却した。

　ジャトコ事件においては、労働者X（バイク事故により両足機能障害を負い身体障害第1級と認定された者）が、指導職の職位である「T1」に昇格できないのは障害者に対する差別によるものであるとして、昇格した場合の月例賃金額と賞与額との差額分等の支払いを請求した。裁判所は、T1に昇格するためには、T1チャレンジ検定に合格する必要があるが（合格率95％）、これを受験するためには上司の許可が必要となると認定し、上司の許可は、人事査定の要素であるコンピテンシー評価の結果と技能レベルの評価が良くなければならないが、Xは、その両方の評価が、指導職に昇格する能力には達していると通常評価されるほどにはなく、そのために受検が許可されなかったのであって、上司には裁量の逸脱が認められないと判断した。また、昇格させないことが、障害者に対する差別であるとの主張に対しては、受検を認めないことには合理性があり、かつ、会社は、障害者の就労環境の調整をこれまで行なっている。また、社内に勤務する他の身体障害のある者がT1に昇格していることを考慮すると、Xが身体障害者であるために不利益に評価されていたとは認められないとして、Xの請求を認めなかった。

第3節　傷病者への配慮

　労働契約においては、使用者は、労働者に対して指揮命令する権限を有し、労働者はその命令に従って労務を提供する義務がある。使用者は、契約の範囲内において、労働者の労働力を有効に活用することができるが、その活用に際しては、労働者の生命および身体等に危険が及ばないよう配慮しなければならない。「安全配慮義務」または「健康配慮義務」と呼ばれるこの義務は、当初、雇用関係等の特別な法律関係に入った当事者間に生じる付随義務として判例法理において確立し、その後、労働契約法の5条に明文化された。

　使用者が負う安全配慮義務の具体的な内容は、労働者の心身の状態に応じ

て、個別かつ柔軟にきまる。たとえば、とくに不調がない労働者に対しては、過重な労働によって体調を崩すことがないように、適切な量と質の労働を割り当てるように気を配る必要があり、他方、心身に不調を抱える労働者に対しては、その病状に合わせた配慮措置を取ることが求められる。これまでの裁判例においても、安全配慮義務の一内容として、健康診断で不調がみられる労働者に対しては、作業内容を軽減したり、業務内容を変更したり、休職期間を与える等して、労働者が体調を整えて就労を継続できるように、状況にあった措置を図ることが求められてきた。

　安全配慮義務として求められる各種の措置は、労働者の個々の状態に即して、労働環境を調整するという点において、アメリカのADAや国連障害者権利条約のなかで求められている障害に対する合理的配慮と機能が重なる部分がある[54]。また、日本でも、2013年の障害者雇用促進法の改正により、障害者に対する措置義務（いわゆる、合理的配慮義務）が新たに導入された（当義務については、第4節で後述する）。今後は、安全配慮義務と新たに導入された障害者に対する措置義務を、労働法体系のなかでどのように機能分配していくかが問題となってくる。そこで、この問題を考える前提作業として、まず安全配慮義務の対象と内容を確認しておく。はじめに、安全配慮義務法理の発展を概観し、その意義を確認する。つぎに、安全配慮義務として求められる具体的な使用者の対応を、裁判例の分析を通じて整理する。

1　安全配慮義務法理の発展

　安全配慮義務は、業務上の傷病に関する損害賠償請求事件のなかで、その存在が観念され、その後の裁判例の蓄積のなかで、その具体的な内容が確定されてきた。はじめに、安全配慮義務が労働契約法に明文化されるまでの判例法理の展開をみておきたい[55]。

---

[54]　安全配慮義務とADA第1編の合理的配慮義務を比較法的に研究した論稿として、長谷川珠子「健康上の問題を抱える労働者への配慮―健康配慮義務と合理的配慮の比較」労研601号（2010）46頁。
[55]　以下の執筆に際しては、つぎの文献を参考にした。下森定『安全配慮義務法理の形成と展開』（日本評論社、1988年）、渡辺章「健康配慮義務に関する一考察」『花見忠先生

1975年、最高裁は、駐屯地内の車両事故で死亡した自衛隊員の両親が、国に対し損害賠償を求めた陸上自衛隊八戸車両整備事件[56]において、国の公務員に対する安全配慮義務を認めた。最高裁は、判決において、安全配慮義務は「ある法律関係に基づいて特別な社会的接触の関係に入った当事者間において、当該法律関係の付随義務として、当事者の一方又は双方が相手方に対して信義則上負う義務」であると述べ、安全配慮義務が、国と公務員の間だけでなく、その他の法律関係においても広く認められるものであるという考えを示した。

　その後、最高裁は、1984年の川義事件[57]（宿直中の従業員が元従業員の強盗に殺害され両親が会社に対し損害賠償を求めた事件）において、民間の雇用契約における安全配慮義務の存在を確認した。この事件において最高裁は、「雇傭契約は、労働者の労務提供と使用者の報酬支払をその基本内容とする双務有償契約であるが、通常の場合、労働者は、使用者の指定した場所に配置され、使用者の供給する設備、器具等を用いて労務の提供を行うものであるから、使用者は右報酬支払義務にとどまらず、労働者が労務提供のために設置する場所、設備もしくは器具等を使用し、又は使用者の指示のもとに労務を提供する過程において、労働者の生命及び身体等を危険から保護するよう配慮すべき義務（中略）を負っているものと解するのが相当である」と述べ、安全配慮義務の具体的な内容を明らかにするとともに、「使用者の右安全配慮義務の具体的内容は、労働者の職種、労務内容、労務提供の場所等安全配慮

　古稀記念論集労働関係法の国際的潮流』（信山社、2000年75-95頁）、中嶋士元也「職業性疾病・作業関連疾病と安全配慮義務」前掲書115-144頁、水島郁子「ホワイトカラー労働者と使用者の健康配慮義務」労研492号（2001）25頁、岡村親宜『過労死・過労自殺救済の理論と実務―労災補償と民事責任』（旬報社、2002年）岩出誠『社員の健康管理と使用者責任』（労働調査会、2004年）、鎌田耕一「安全配慮義務の履行請求」『水野勝先生古稀記念論集労働保護法の再生』359-411頁。（信山社、2005年）、同「私傷病求職者の復職と負担軽減措置―復職配慮義務をめぐって」『安西愈先生古稀記念論文集・経営と労働法務の理論と実務』（中央経済社、2009年）97-127頁、和田肇「安全（健康）配慮義務論の今日的な課題」労研601号（2010）37頁、水島郁子「メンタルヘルス対策と企業の責任―メンタルヘルス裁判例の検討を通して」季労233号（2011）77頁、坂井岳夫「メンタルヘルス不調者の処遇をめぐる法律問題―休職に関する法理の検討を中心に」学会誌122号（2013）32頁。
56）最3小判昭和50年2月25日民集29巻2号143頁、労判222号13頁。
57）最3小判昭和59年4月10日民集38巻6号557頁、労判429号12頁。

義務が問題となる当該具体的状況によって異なるべきものである」と判示し、安全配慮義務の個別性を強調した。

　その後の裁判例において、使用者の安全配慮義務は、職場において、労働者の生命・身体の安全を確保する義務に留まらず、労働者の身体面・精神面の健康の保持や健康問題を抱える労働者の症状の増悪防止に積極的に協力することを含む広範な義務として理解されるようになる。たとえば、最高裁は、2000年の電通事件[58]（長時間労働の末に自殺した労働者の両親による損害賠償請求事件）において、使用者は、労働者に、「業務の遂行に伴う疲労や心理的負荷が過度に蓄積して労働者の心身の健康を損なうことのないよう注意する義務を負う」とし、使用者には、労働者の過労自殺を予防するために積極的に精神疾患の発症を予防する措置をとる義務があったと判断した。

　また、労働者は、一般に、精神面の不調や精神疾患の発症について、使用者に申告することをためらうことが多く、使用者も本人にメンタルヘルスの状況を尋ねにくいという問題がある。この点については、積善会事件[59]において、労働者に精神面の不調がうかがえる場合においては、本人が申し出なくとも、両親等に連絡して、本人の身の安全を確保し、精神科を受診させるなどの対応を取り、その後に、休職を命じるか大幅に業務を軽減させる措置をとらなければならないとの判断が示された。最高裁も、東芝事件[60]において、「自らの精神的健康（いわゆるメンタルヘルス）に関する情報は、神経科の医院への通院、その診断に係る病名、神経症に適応のある薬剤の処方等を内容とするもので、労働者にとって、自己のプライバシーに属する情報であり、人事考課等に影響し得る事柄として通常は職場において知られることなく就労を継続しようとすることが想定される性質の情報であったといえる。使用者は、必ずしも労働者からの申告がなくても、その健康に関わる労働環境等に十分な注意を払うべき安全配慮義務を負っている」と判示し、労働者

---

[58] 最2小判平成12年3月24日民集54巻3号1155頁、労判779号13頁。
[59] 積善会事件・大阪地判平成19年5月28日労判942号25頁。過重な労働によりうつ病を発症した医師の自殺事件。
[60] 最2小判平成26年3月24日裁時1600号1頁、労判1094号22頁。精神科の受信歴を申告していなかった労働者が、過重な労働によりうつ病を悪化させていったことが問題となった事件。本事件の判批に、拙稿「労働者からのメンタルヘルス情報の申告と安全配慮義務」新・判例解説Watch16号（2015）279頁。

がメンタルヘルスに関する情報を申告しなかったことは、損害賠償額を算定する際の過失相殺の対象とすることはできないと判断した。

このように、労働関係における安全配慮義務は、使用者が労働者に労務提供を求める過程において負う契約上の義務と把握されている。安全配慮義務は、労働関係に入った労働者の生命・身体の安全を確保するために観念された義務であるから、労働者を指揮命令する者は、使用する労働者の業務上の傷病の予防や増悪防止に必要な措置を行なうだけでなく、たとえばその労働者が私傷病を患う場合には、その傷病の増悪防止に係る措置もとらなくてはならない。また、安全配慮義務の具体的内容は、労働者の職種、労務内容、労務提供の場所等、その労働者の置かれている具体的な内容によって個別的に定まる。安全配慮義務は、労働者の生命・身体の安全という基本的人権に関わる重要な債務であるから、その履行の程度もかなり高度なものが要求され、ADAのように、経営上の事情（業務への過重な負担）を理由に免責されるような仕組みにはなっていない。

なお、安全配慮義務は、2007年の労働契約法の制定時に、5条において「使用者は、労働契約に伴い、労働者がその生命、身体等の安全を確保しつつ労働することができるよう、必要な配慮をするものとする。」と規定され、現在は、法令に基づく契約上の義務となっている。

2　安全配慮義務の具体的な内容——精神疾患の事案を中心に

川義事件最高裁判決でも確認されたように、安全配慮義務の内容は、労働者の個別の健康状態と労働者が就労する職場の具体的な状況に応じて、具体的かつ個別的に定まる。それゆえ、安全配慮義務には、具体的な内容をあらかじめ画定させることが困難という課題があるけれども、これまでの裁判例の内容を検討することにより、その外縁を大まかに把握することはできる。そこで以下では、精神疾患に関わる裁判例の状況を考察し、安全配慮義務として使用者に求められる措置を類型化する[61]。安全配慮義務と障害者雇用促

---

61)　岡村は、事業者の過労防止義務の内容を、つぎの4つに整理している。①労働者全員に対する適正労働条件措置義務、②必要に応じた健康状態の把握を含む健康管理義務、

進法上の障害者に対する措置義務との異同や両義務の整合問題については、本書の最後（第Ⅲ部第2章）において言及する。

なお、「安全配慮義務」とは別に、「健康配慮義務」という概念を創設すべきとの見解があるが[62]、本書では、ひとまず、個別の労働者の健康状態に対応して適切な対応をとる義務を健康配慮義務と理解し、これを、安全配慮義務の下位概念と解して検討する。よって、特別に言及をしない限り、安全配慮義務の用語には、健康配慮義務が包摂されている。

(1) 適正な労働時間の設定と管理

電通事件最高裁判決が述べるように、長時間の労働が労働者の心身の健康を損なう危険があることは周知の事実である。したがって、長時間労働の回避は、安全配慮義務の履行として、使用者に最優先に求められる対応の一つとなる[63]。電通事件において亡くなった労働者は、自殺に至る約半年前から、恒常的に深夜午前2時以降までの残業しており、直近の2ヶ月は早朝6時半まで勤務することも多かった[64]。このような常規を逸した長時間労働を回避すべきことはいうまでもなく、最高裁も、被告会社は、労働者が「恒常的に著しく長時間にわたり労働していること及びその健康状態が悪化していることを認識しながら、その負担を軽減させるための措置をとらなかった」として、その責任を認めている。他のうつ病自殺の裁判例においても、時間外労

---

③健康障害がある、もしくはその可能性がある労働者に対する適正労働配置義務、④過労により疾患を発症した、もしくは、その可能性がある労働者に対する看護・治療義務
注55）岡村354-355頁。
62) 渡辺章は、「事業者は、私法上、労働者に対し健康の保持増進義務を負う」とし、この義務の具体的内容は、「①業務要因性のある危険からの労働者の保護と、②直接業務要因性のない・労働者の肉体的、精神的素因ないし基礎疾患の発症、増悪の防止を含む健康自体の保護」にあるとする。①については、安全配慮義務と意義・性質、効力を同じにするが、②の点で、安全配慮義務と健康配慮義務が峻別されるとする。前掲渡辺論文79頁。他方、私法上の安全配慮義務の下位概念が健康配慮義務であるとする見解がある。ただし、健康配慮義務をこのように解する立場においても、当義務の内容や根拠に関する意見は分かれている。片岡曻「健康障害と労務提供義務との調整」季労124号（1982）12頁、岩出誠「健康配慮義務を踏まえた労働者の処遇・休職・解雇」学会誌109号（2007）51頁。
63) 労働時間の規制と安全配慮義務の関係を論じたものに、大石玄「労働時間規制と生命・生活」『変貌する労働時間法理』道幸・開本・淺野編（法律文化社、2009年）149頁以下。
64) 電通事件一審判決・東京地判平成8年3月28日労判692号13頁、26頁。

働が自殺前の直近1ヶ月で120時間を超え、6ヶ月前の平均が1ヶ月60時間を超えるような状態は、業務の過重性が充分に認められるとして、安全配慮義務違反が認められている[65]。

　もっとも、精神的な不調や精神疾患の発症の予防については、脳・心臓疾患等の予防や増悪防止等とは異なり、適切な労働時間として目安となるべき基準が想定しにくいという課題がある[66]。医学的な知見によれば、精神的破綻は、環境由来のストレスと個体側の反応性、脆弱性との関係で生じるとされ、ストレスが非常に強ければ個体側の脆弱性が小さくても精神障害が起こり、逆に脆弱性が大きければ、ストレスが小さくても破綻が生じるとされている(いわゆる「ストレス―脆弱性理論」)[67]。この考えに基づけば、1ヶ月あたりの平均時間外労働数が少なくても、労働者側の心身の状況によっては、精神疾患を発症する場合がある。そのため、安全配慮義務の履行の目安となる基準を設定することが難しい。裁判例では、電通事件のように月100時間を超える労働があった場合は、一般的な労働者であれば健康を損ねる恐れのある長

---

65) 社会保険庁事件・甲府地判平成17年9月27日労判904号41頁。他に、自殺前直近2ヶ月間の月の時間外労働の平均が100時間を超えることから、業務の過重性を認めた例に、スズキ事件・静岡地浜岡支判平成18年10月10日労判927号5頁。富士通四国システムズ事件・大阪地判平成20年5月26日労判973号76頁では、うつ病発症前6ヶ月内に時間外労働時間数が110時間を超える月が多かったことを指摘し、長時間労働それ自体労働者の心身の健康を害する危険が内在していると判示されている。メディスコーポレーション事件・前橋地裁平成22年10月29日労判1024号61頁も、自殺前6ヶ月間に月100時間の時間外労働があり、過度の負担が生じていたと判断されている。
66) 厚労省「脳血管疾患及び虚血性心疾患等(負傷に起因するものを除く)の認定基準について」(基発1063号2001(平13)年12月12日)では、労働時間の長さと発症の関連性に関する目安が示されている。これによると、1週間当たり40時間を超える時間数を時間外労働数とし、発症前1ヶ月から6ヶ月間にかけておおむね45時間を超えた時間外労働が認められる場合は、業務と発症の関連が徐々に強まり、発症前1ヶ月間におおむね100時間または発症前2ヶ月間から6ヶ月間にわたって、1ヶ月当たりおおむね80時間を超える時間外労働が認められる場合は、業務と発症の関連性が強いと評価できるとする。これに対し、精神障害に関する労災認定では、「勤務・拘束時間が長時間化する出来事が生じた」場合に、心理的負荷は「中」程度と評価され、「恒常的な長時間労働が出来事以後にみられた」「多忙な状況となり、所定労働時間内に仕事が処理できず、時間外労働が増えた」「休日出勤が増えた」等の要素を勘案して、心理的負荷を「強」に修正できるとされている。厚労省「心理的負荷による精神障害の認定基準」「職場における心理的負荷表」平成11年9月14日付基発544号、2011(平23)年12月26日最終改定。
67) 注66)厚労省の精神障害認定基準2頁。

時間の労働であるとされている[68]。しかし、半年間の時間外労働時間が平均60～80時間程度の場合、それだけではうつ病発症の危険性を大きく高める程度ではないと判断する例[69]もあり、月60時間程度では他の社員と比べて特に過酷な業務を強いられていたとはいえないとするものもある[70]。また、自殺の直近6ヶ月において月40時間程度の残業では過重とはいえないと判断するものもあった[71]。

　近年の裁判例では、使用者による労働時間の把握も、適正な労働時間管理の前提として不可欠と述べるものがある。たとえば、労働時間の自己申告制がとられていた事業所において、労働者が正確に労働時間を申告せず、その結果、実際の時間外労働時間数が月100時間を超える状態に陥った九電工事事件[72]では、使用者は「労働時間の実態を正しく記録し、適正に自己申告を行うことなどについて十分に説明するとともに、必要に応じて自己申告によって把握した労働時間が実際の労働時間と合致しているか否かについて実態調査を実施するなどし、A（自殺した労働者）が過剰な時間外労働をすることを余儀なくされ、その健康状態を悪化することがないように注意すべき義務があった」との言及がなされた。このほか、労働者が、他社に半年以上の長期出張している場合には、使用者は、労働者が出張している間の時間外労働数および通勤にかかる時間数（往復2時間）を把握すべきであったとする裁判例もある[73]。また、専門家との連携の重要性については、東芝事件高裁判決[74]において、長時間の時間外労働従事者に対する健康診断を実施した際に、問診票において体調の不調を申し出ている労働者がいた場合は、担当の医師は、その労働者に対して詳細な診察を行ない健康状態の入念な確認をす

---

68) 休憩時間を除き1週間当たり40時間を超えて労働させた場合におけるその超えた時間が1ヶ月あたり100時間を超え、かつ、疲労の蓄積が認められる者は、健康を損ねる恐れがあるので、事業主は、医師による面接指導を当該労働者に実施しなければならない。労安法66条の8、労安法52条の3～52条の7。
69) デンソー（トヨタ自動車）事件・名古屋地判平成20年10月30日労判978号16頁。
70) 北海道銀行事件・札幌高判平成19年10月30日労判951号82頁ダ。
71) 石川島マスターメタル事件・神戸地姫路支部判平成16年1月26日労経速1883号16頁。
72) 福岡地判平成21年12月2日労判999号14頁。
73) 注69) デンソー（トヨタ自動車）事件。
74) 東京高裁平成23年2月23日労判1022号5頁。

べきであり、また、使用者は、労働者からの申し出がなくても、産業医と連携して労働者の体調の把握をすべきであったと判断されている（健康状態の把握をめぐる裁判例の傾向は(5)で後述する）。

なお、労働時間の設定に際して、労働者の意向を汲むべきかという点は、重要かつ難しい問題である。体調が悪くても、職責を果たしたいとして、時間の短縮を拒否する労働者がいた場合、その意向を尊重すべきか、安全配慮義務の履行として、強制的に時間短縮を行なうべきか、実務では、この点の調整に苦労があると推測される。この点、裁判例には、労働者の生命・身体の安全の確保という観点から、たとえ、労働者が時間短縮を望まない場合であっても、客観的に労働時間の短縮が必要と思われる場合には、積極的に時間を短縮すべき義務があると判断するものがある[75]。

(2) 作業内容の軽減

使用者は、労働者の心身の状況に合わせて、業務が過重と思われるときには、積極的に作業内容の軽減や軽作業への配置転換を行なわなければならない。裁判例でも、たとえば、オタフクソース事件[76]では、「事業者には労働環境を改善し、あるいは労働者の労働時間、勤務状況等を把握して労働者にとって長時間又は過酷な労働とならないように配慮するのみならず、労働者が労働に従事することによって受けるであろう心理面又は精神面への影響にも十分配慮し、それに対して適切な措置を講ずべき義務を負っている」と判示されている。

また、新しい職場に配属された労働者（新入社員や異動者）に業務の割り当てをする際には、通常以上に、担当させる作業の内容に気を配る必要がある。たとえば、建設技術研究所事件[77]では、入社2年目の労働者が、月平均130時間を超える業務に従事していて、かつ、上司との折り合いも悪く、内部の生産目標の達成に関して強い心理的負荷を感じていた。裁判所は、「原告

---

[75] 注65) 富士通四国システムズ事件。
[76] 広島地判平成12年5月18日労判783号15頁。
[77] 大阪地判平成24年2月15日労判1048号105頁。本事件の判批として、拙稿「長時間労働の抑制とメンタルヘルス不調者の復帰支援をめぐる課題」季労240号（2013）118頁。

が著しく長時間にわたり業務に従事していること及びその健康状態が悪化していることを認識しながら、その負担を軽減させるための措置をとらなかったことについて過失があ」るとして、使用者の安全配慮義務違反を認めている。

(3) 就業の禁止

労働者に心身の不調が見られる場合、使用者は、休暇の取得や休業を命じる必要がある。安全配慮義務の局面においては、休暇の付与が使用者の義務と理解されており、労働者が休暇の取得を望まない場合においても、労働者に疲労が蓄積している様子がみられるなどの客観的に休養が必要な状況にある場合には、使用者は、休暇の取得を当該労働者に命じなければならない。この点は、ADA 第1編における合理的配慮の仕組みとは大きく異なる[78]。

たとえば、三洋電機サービス事件[79]は、自律神経失調症により1ヶ月の休養が必要であるという診断書を提出した労働者に対して、上司が、勤務を継続する方向で熱心に本人を説得し、会社に療養が必要だとする診断書を提出して休んだりすると（周囲に）気ちがいだと思われる等と話したため、これを聞いた労働者が、病気の療養のための休暇をとらずに自殺したというものである。裁判所は、上司の対応は結果として労働者を追い詰めることとなり不適切な対応であったとして、安全配慮義務違反を認めている（ただし、高裁では、休暇の取得は本人が強く申し出れば取得できたはずとして、過失相殺においてこの点を斟酌し賠償額を減額している）。また、前掲の積善会事件[80]においても、労働者が勤務困難な様子をみせている場合には、本人からの休職の申し出を待たずに、その時点で休職を命じるべきであると判断されている。

---

78) ADA では、障害者が望まない措置を強要することはできない。第Ⅱ部第3節5(2)を参照。
79) 浦和地判平成13年2月2日労判800号5頁。同事件控訴審・東京高判平成14年7月23日労判852号73頁。
80) 注59）の裁判例。

(4) ハラスメントの予防・抑止

昨今、職場におけるいじめや過度の叱責が問題視されている。上司による叱責や同僚等によるいじめによって、精神的不調に陥る労働者も少なくない。裁判例では、このようなハラスメントを予防・抑止することも、安全配慮義務の一内容であると判示するものがみられる[81]。たとえば、川崎市水道局事件[82]は、内気で無口な性格であった市職員が、異動した先で同僚3人から執拗な嫌がらせを受けて心因反応（主治医の情報提供書では「精神分裂病（当時の病名）」）となり自殺したものであるが、裁判所は、市は「職員の安全の確保のためには、職務行為それ自体についてのみならず、これと関連して、ほかの職員からもたらされる生命、身体等に対する危険についても、市は具体的な状況下で、加害行為を防止するとともに、生命、身体等への危険から被害職員の安全を確保して被害発生を防止し、職場における事故を防止すべき注意義務がある」とし、いじめの訴えを聞いた上司は、いじめの事実を積極的に調査し、速やかに、防止策や課外関係者への適切な処置、被害者の配転などの対応をとるべきであったと判断している。また、日本土建事件[83]においても、使用者はパワーハラスメント防止義務としての安全配慮義務を負っており、労働者が上司から極めて不当な肉体的精神的苦痛を与え続けられている状況において、作業所の責任者が嫌がらせを解消する措置をとらなかったのは違法であると判断されている。

一方、佃運輸事件[84]は、安全配慮義務は、物的施設および人的組織の管理という業務遂行の前提条件の整備に関する義務であって、現に喧嘩行為が眼前で展開している場合に、これに使用者がどのように対処すべきかという問題は安全配慮義務の範疇外である、とし、上司に、喧嘩を阻止する義務までは認められないとされた。

---

81) 職場のいじめについては、道幸哲也『パワハラにならない叱り方—人間関係のワークルール』（旬報社、2010年）。
82) 横浜地判川崎支判平成14年6月27日労判833号61頁。同事件の控訴審も、安全配慮義務違反を肯定。東京高判平成15年3月25日労判849号87頁。
83) 津地判平成21年2月19日労判982号66頁。
84) 神戸地姫路支判平成23年3月11日労判1024号5頁。

上司の叱責については、前田道路事件地裁判決[85]において、不正経理是正などに関して上司が叱責したことにつき、社会通念上許される業務上の指導の範疇を超えるものであり違法であると同時に、安全配慮義務違反が認められるとされている（ただし、高裁は、叱責は違法とまでは評価できないとして請求を棄却した）。

(5) 健康状態の把握

労働者の生命や健康を守り、傷病の増悪を防ぐためには、当該労働者の健康状態を適切に把握しなければならない。近年労安法が改正され、労働者の心の健康状態を把握する仕組みが整えられているが[86]、精神的な健康にかかわる安全配慮義務の局面では、より個別的な対応が求められている。具体的には、労働者に精神的な不調が疑われる場合には、会社は当人に、心の健康相談やカウンセリングの受診を勧める[87]、精神科の受診を勧める[88]、産業医の面談を受けるように指導する[89]等の対応が適宜求められる。

また、精神的な不調のために休職していた労働者が職場に復帰する際には、復帰できるかどうかについて、医師の意見を聴取しなければならないし[90]、そ

---

[85] 松山地判平成20年5月22日労判968号37頁、同事件控訴審・高松高判平成21年4月23日労判990号134頁。
[86] 第Ⅲ部第1章第5節を参照。
[87] アテスト（ニコン熊谷製作所）事件・東京地判平成17年3月31日労判894号21頁。
[88] 注59）積全会事件。
[89] フォーカスシステム事件・東京地判平成23年3月7日労判1051号50頁。25歳のSEがうつ病や解離性遁走などの精神的不調に陥り、外のベンチで過剰な飲酒の末に死亡した事案。死因は急性心疾患が疑われた。地判は、上司が週に1度程度当人と面接し、長時間労働者への医師の面接指導を受ける制度を設けていたとしても、上司が、労働者の労働時間を正確に把握できておらず、不調がみられる労働者に産業医との面談を受けるように指導する仕組みを欠いている状態では安全配慮義務が尽くされたとはいえないと判断した。控訴審（東京高判平成24年3月22日労判1051号40頁）も、原審を支持している。
[90] 損害賠償請求事件・東京地判平成25年3月25日判例集未登載（LEX/DB：25511581）。教員が復職後に精神疾患の病状が悪化した事案において、判決は、使用者（本件では、区）には、「職場復帰して就労を継続するに当たりその心身の状態に配慮した対応をすべき義務」があり、「担当医等医療専門家の意見及び原告本人の意思又は意向を踏まえて原告の状態等を評価するとともに、これに適した業務及び職場環境等を検討した上で、人事労務管理上の対応等も含めた就業上の配慮を行い、かつ、随時必要なフォローアップ等を行うべき」とされている。本件では、十分な対応が取られていたとして安全配慮義

の後の経過も慎重に観察し、適宜、業務の量や質の見直しが求められる[91]。

　もっとも、精神的な不調にかかわる情報は、労働者のプライバシーにも関わる。そのため、使用者による労働者に対する健康状態の把握は、その時期や情報の取得範囲、情報の利用範囲等に関して慎重な議論が必要である。ただ、これまでの裁判例は、この点については、情報の取得に関する手続や取得後の情報管理のあり方等には詳細な言及はせずに、労働者の精神的な健康の保持・増悪防止の目的から、労働者に健康状態の悪化がみられる場合には、使用者は、心身両面の不調を疑い、精神科の受診も含めた医学的判断を仰ぐように求めなければならないと述べるに留まるものが多い。アメリカのADAでは、健康状態の把握に関して細かいルールが課されており[92]、日本の安全配慮義務法理とは対照的である。

(6) 職場内・外におけるサポート態勢の構築

　職場における人的な環境の整備、たとえば、安全・衛生管理者の選任、従業員に対する安全教育、緊急時に適切な対応が図られるような人員配置、人的なサポート態勢の整備等は、労働者の生命・身体の安全、健康の確保するための重要な措置の一つである。これまでの裁判例のなかにも、これを安全配慮義務の一内容として認識するものがみられる。

　たとえば、Aサプライ事件[93]は、洗濯業務を行なう工場に勤務していた知的障害のある労働者が（障害者手帳は所持していないが、障害者等級二級程度）、工場内で、乾燥した洗濯物をほぐすために、回転ドラム式のシェーカーの中に入ったが、シェーカーが誤って回転したため、シェーカー内で全身打撲のケガを負い、連結していたエアーシューター（空気で洗濯物を送り出す装置）の吸引口に頭を引き込まれ、頭蓋内損傷で死亡した。裁判所は、代表取締役である被告は、「労働者が職場にいて安全に労務提供をすることができるように、人的・物的労働環境を整備すべき安全配慮義務を負っていた」と

　　務の不履行は否定された。
91)　注77）建設技術研究所事件。
92)　第Ⅱ部第2章第5節4を参照。
93)　東京地八王子支判平成15年12月10日労判870号50頁。

し、義務の具体的内容として「機械設備その他の物的整備を整備し、管理者をして工場内を巡視させる等工場内の機械設備や労働者の行っている作業方法等に危険がないかを確認し、危険を見いだした場合にはこれを防止するために直ちに必要な措置をとるなど安全管理体制を整備し、また、担当する機械の取扱方法、作業手順、機械の仕組み、洗濯物が詰まるなどのトラブル時の対処方法、作業上及び安全上の注意事項等について安全教育を行い、緊急時に適切な指導、監督を受けられるような人員配置や人的なサポート態勢の整備を図るべき」と指摘している。そして、代表取締役（被告）と上司は、労働者に知的障害のあることと、労働者が慣れていないことや予期せぬトラブルに臨機応変に応じて対処することが能力的に困難であることを知っていたのにもかかわらず、緊急時のトラブルに適切に対応できる上司を常駐させておらず、安全確保のための配慮を欠いていた等として、代表取締役（被告）の安全配慮義務違反を認めている[94]。

また、他の事案では、使用者は、労働者を配置転換した際には、当該労働者が、配置転換に伴う業務内容の変化に適応できるように、指導や支援を行なわなければならないとするものがある。フォーカスシステムズ事件[95]では、そのような指導・支援体制が整えられていないかったことにつき、使用者の安全配慮義務違反が認められた。

精神面の健康保持に関しては、メンタルヘルスに関する社員教育や第三者機関と連携したメンタルヘルス対策に言及する裁判例があり注目される。たとえば、前掲前田道路事件地裁判決[96]では、労働者が不正経理に関する上司の叱責などによりうつ病を発症し自殺したことに、安全配慮義務違反が認め

---

[94] ヤマトロジスティックス事件・東京地判平成20年9月30日判タ1292号271頁では、知的障害と自閉症のある労働者が、経営状態の悪化に伴い雇用時間の短縮と時給の低下があった後に、自宅で縊死した事案であるが、裁判所は、自閉症の人にとって雇用時間の短縮などの変化に対して、一定の負担を感じることがあったとしても、自殺に至ることは特異であり予見可能性が認められず、一方、本件では、上司や同僚は、とくに、労働者の自閉症について周知されていなかったが、就労開始当初から、知的障害のあることを認識し、労働者が一人でできる作業などを選択したうえで、継続的安定的に就労環境を提供してきたことが認められ、安全配慮義務違反は認められないとしている。

[95] 注86）の事件。
[96] 注83）の事件。

られるとされたが、高裁判決[97]では、上司の叱責は社会通念上許容される範囲であり、また、職場ではメンタルヘルス等に関する管理者研修が実施されており、さらに、周囲で労働者の異変に気づく者はいなかったのであるから、安全配慮義務違反は認められないとされている。また、みずほトラストシステムズ事件[98]においても、職場に併設された診療室に週1回医師が出勤し、それ以外の平日は看護師が常駐し、緊急時の診療や健診後のフォローを依頼している状況においては、メンタルヘルス対策がおろそかであったとはいえないと判示されている。これらの事件は、結論においては、安全配慮義務の不履行が否定されているけれども、会社における労働者に対するメンタルヘルスケアの重要性が意識されている点で注目される。

第4節　障害者に対する措置義務

　2006年に国連において障害者権利条約が採択されると、日本は、本条約の批准に向けて、国内の障害者関連法制の内容を見直した。労働分野については、2013年に障害者雇用促進法が改正され、障害者に対する雇用における差別を禁止する条項が追加された（34条、35条）[99]。また、本改正では、障害者に対する合理的配慮を義務づける条項も設けられた（36条の2、36条の3）。これら2つの規定は、2016（平28）年4月1日に施行される。
　以下では、はじめに、障害者に対する合理的配慮（法文上では「措置義務」）の規定内容を紹介し[100]、つぎに、障害者に対する配慮措置が問題となっ

---

[97]　東京高判平成20年6月17日労判969号20頁。
[98]　東京高判平成20年7月1日労判969号20頁。
[99]　障害者に対する差別の禁止については、第Ⅲ部第1章第2節を参照。
[100]　2013年には、障害者差別解消法も立法され、同法にも、障害者に対する差別の禁止と合理的配慮の規定が設けられた。雇用における差別禁止に関しては、「事業者は、その事業を行うに当たり、障害を理由として障害者でない者と不当な差別的取扱いをすることにより、障害者の権利利益を侵害してはならない。」（8条1項）、合理的配慮については、「事業者は、その事業を行うに当たり、障害者から現に社会的障壁の除去を必要としている旨の意思の表明があった場合において、その実施に伴う負担が過重でないときは、障害者の権利利益を侵害することとならないよう、当該障害者の性別、年齢及び障害の状態に応じて、社会的障壁の除去の実施について必要かつ合理的な配慮をするように努

た裁判例を紹介する。

1　障害者雇用促進法に基づく措置義務

　障害者雇用促進法に新たに追加された36条の2では、募集と採用に関する措置義務（合理的配慮）が規定されている。法文は、「事業主は、労働者の募集及び採用について、障害者でない者との均等な機会の確保の支障となっている事情を改善するため、労働者の募集及び採用に当たり障害者からの申出により当該障害者の障害の特性に配慮した必要な措置を講じなければならない。ただし、事業主に対して過重な負担を及ぼすこととなるときは、この限りではない。」となっている。本条により、事業主は、募集と採用段階において、障害者本人から、合理的配慮（「必要とする措置」）の求めがあった場合には、本人の意向を尊重しながら、必要な措置を提供できるか検討し、過重な負担とならずに提供できる措置がある場合には、その措置を提供しなければならない。なお、過重な負担となるかどうかは、当該使用者の「事業活動への影響の程度、実現困難度、費用・負担の程度、企業の規模、企業の財務状況、公的支援の有無」を総合的に勘案して、個別に判断がなされることになる。

　つぎに、雇用している障害者への措置義務については、36条の3において「事業主は、障害者である労働者について、障害者でない労働者との均等な待遇の確保又は障害者である労働者の有する能力の有効な発揮の支障となっている事情を改善するため、その雇用する障害者である労働者の障害の特性に配慮した職務の円滑な遂行に必要な施設の整備、援助を行う者の配置その他の必要な措置を講じなければならない。ただし、事業主に対して過重な負担を及ぼすこととなるときは、この限りではない。」と定められた。本条では、「障害者からの申出により」という言葉が用いられていないので、使用者は、障害者本人からの申出がなくとも、必要に応じて障害の特性に配慮した措置の提供を検討しなければならないことになる。もちろん、措置の具体的な検

めなければならない。」（同条2項）と定められている。もっとも、8条2項の合理的配慮義務は、努力義務である。

討に際しては、障害者本人の意向が十分に尊重されなければならない[101]。また、事業主は、雇用する障害者からの相談に適切に対応できるように、相談体制の整備など必要な措置を講じなければならない（36条の4第2項）。

　なお、36条の2と36条の3の対象となる「障害者」とは、障害者雇用促進法2条1号に定義があり、「身体障害、知的障害、精神障害（発達障害を含む）その他の心身の機能の障害があるため、長期にわたり、職業生活に相当の制限を受け、又は職業生活を営むことが著しく困難な者」と定められている。ここにいう「心身の機能の障害」には、あらゆる心身の機能の障害が含まれ、障害の原因及び障害の種類は限定されない[102]。難病に起因する障害を有する労働者、高次機能障害を有する労働者についても、その障害が長期または永続するものであり、かつ、職業生活を相当に制限するまたは職業生活を営むことが著しく困難な場合は、「障害者」に含まれる[103]。措置義務の対象となる「障害者」の確認は、一般には、障害者手帳の所持で行なわれる。ただし、統合失調症、躁うつ病、てんかん、発達障害、難病に起因する障害、高次機能障害がある場合は、手帳を所持していなくても、医師の診断書又は意見書で確認することができる[104]。

　36条の2と36条の3が提供を義務づける「必要な措置」の内容については、厚労大臣が指針を定めてその内容を具体的に例示する（36条の5）。すでに、2015（平27）年3月25日に、厚労省から、「障害者に対する差別の禁止に関する規定に定める事項に関し、事業主が適切に対処するための指針」（障害者差別禁止指針）[105] と「雇用の分野における障害者と障害者でない者との均等な機会若しくは待遇の確保又は障害者である労働者の有する能力の有効な発揮の支障となっている事情を改善するために事業主が講ずべき措置に関

---

101) 障害者雇用促進法36条の4第1項では、事業主は、36条の2と36条の3において義務づけられる措置を講ずるに際して、障害者本人の意向を十分に尊重しなければならないと定められている。
102) 厚労省「改正障害者雇用促進法に基づく障害者差別禁止・合理的配慮に関するQ&A（第1版）」（以下、「Q&A」）7頁。
103) Q&A 7頁。
104) Q&A 8頁。
105) 2015（平27）年厚労省告第116号。

する指針」(合理的配慮指針)[106] という2つの指針が発表されている。さらに、「改正障害者雇用促進法に基づく障害者差別禁止・合理的配慮に関するQ&A(第1版)」と「合理的配慮指針事例集(第1版)」も公表されている。

2 判例の状況

　2013年の障害者雇用促進法改正以前は、雇用における障害者に対する配慮を具体的に義務づける規定がなかった。しかし、過去の裁判をみると、障害者に対する配慮の提供が問題となった例がいくつか存在する。
　たとえば、北海道龍谷学園事件[107]では、私立高校の保健体育の教諭が、授業中に脳卒中で倒れ、右半身不随となった。労働者は、原職復帰を希望したが、右手での習字が困難で保健体育の実技指導ができない等の理由で解雇された。裁判では、補助者を付けて分担すべき業務を軽減し、生徒の理解を得られるならば保健体育の業務を遂行できるとの主張がなされたが、裁判所は、補助がなければ教員としての業務を全うすることができないのならば、就業規則所定の解雇事由「業務に堪えられない」場合に該当すると解されるとして、解雇を有効とした。
　また、横浜市学校保健会事件[108]では、頸椎症性脊髄症により車いすを使用するようになった歯科衛生士が、業務の一つとされている小学校での歯口清掃検査において、通常予定されている検査方法(立った状態で児童の口の中を確認する方法)で、口腔内をチェックすることができず解雇された。裁判では、児童を座らせたりする等の工夫を用いて検査を行なうことにより、業務に堪えられるとの主張がなされたが、裁判所は、労働者の状況は「多様な児童の口腔内の状況を迅速かつ的確に検査できる」状態とはいえないとし、「心身の故障のため、職務の遂行に支障があり、又はこれに堪えない場合」に当たるから、解雇は有効と判断している。本事件では、障害者への配慮についての言及があり、「就労環境の整備や負担軽減の方策は、障害者の社会参加

---

106) 2015(平27)年厚労省告第117号。
107) 札幌高判平成11年7月9日労判764号17頁。
108) 東京高判平成17年1月19日労判890号58頁。

の要請という観点を考慮しても、また、将来的検討課題として取上げるのが望ましいことではあるにしても、本件においては、社会通念上使用者の障害者への配慮義務を超えた人的負担ないし経済的負担を求めるものと評せざるを得ない。」とされている。

近時の例では、阪神バス事件[109]において、排泄障害のあるバス運転士に対する配慮の打切りが問題となった。本件では、当該労働者には、午後の遅い時間のシフトを割り当てるという配慮が長期間行なわれてきたが、会社分割が行なわれ、労働者は、承継会社に転籍となった。新たな職場でも1年9ヶ月に渡って配慮が継続されたが、労働者の勤怠状況や経営状態の厳しいなかでのシフト割の困難さ等から、配慮が打ち切られた。本事件では、承継会社と労働組合との間で結ばれた労働協約において、「勤務配慮は原則として認めない」との定めがあり、このような協約に基づき、当該労働者への配慮を打ち切ることができるかどうかが問題となり、裁判所は、当該労働者と分割会社との間で合意（黙示）されていた「勤務配慮を受ける」という労働条件は、分割によって承継会社にそのまま承継されており、この労働条件を、労働者と合意することなく協約によって変更することはできないとして、勤務配慮を受けない勤務をする義務のないことの地位確認請求を認容している[110]。ただし、本事件は、会社分割に伴う労働契約承継法の手続履践の不十分さが主な争点となっており、勤務配慮を中止すること自体の違法性については充分な検討がなされていないので、その点に留意する必要がある[111]。

---

109) 神戸地尼崎支判平成26年4月22日労判1096号44頁。
110) 会社分割が為される場合、分割会社は、労働契約承継法に従い、承継会社に承継される事業に主として従事する労働者に対し、通知期限日までに、①分割会社と当該労働者が締結している労働契約が承継会社に承継される旨の分割契約等における定めの有無、②労働契約承継法4条3項に規定する異議申出期限日等を書面により通知しなければならない（同法2条1項1号、同法施行規則1条）。承継会社に分割会社と労働者との労働契約が承継されない場合、労働者は、承継会社に書面によって異議を申し立てることができ（同法4条1項）、異議申立がなされた場合には、当該労働契約は、会社分割の効力が生じた日に承継会社に承継される（同法4条4項）。本件では、承継会社がこの通知を為さずして、当該労働者と新たに雇用契約を結びなおすという解約型転籍で、労働関係が移動した。裁判所は、このような解約型転籍は、労働契約承継法の趣旨を潜脱するものであり、公序違反となり、その効果として、労働契約の包括承継を認めている。
111) 本事件については、拙稿「会社分割における労働者への通知義務と障害者に対する勤務配慮：阪神バス事件」法時109号（2015）173-176頁。

第 5 節　メンタルヘルスの調査

　第Ⅱ部でみたように、アメリカの ADA では、使用者による健康診断や健康に関する問い合わせに関するルールが置かれている。この規制は、使用者が、労働者に障害があるかどうかをあらかじめ知ってしまうことにより、当該労働者に関する業務遂行能力等の評価が客観的になされないことを防止するために設けられたものである。一方、日本では、第 3 節でみたように、使用者には、労働者の生命や健康を守る安全配慮義務があり、当義務を履行するために、労働者の心身の状況を正確に把握することが求められている。裁判例においても、使用者に、労働者の健康状態の把握を積極的に行なうように求める判断が複数存在する。

　他方、近時は、個人情報の保護やプライバシーの利益に関する社会的意識が高まっており、雇用における健康情報の把握と利用に関しても、厚労省から、労働者のプライバシーに配慮することを求めるガイドラインが出されている[112]。しかしながら、日本法においては、障害に基づく差別を抑止する観点から、健康に関する情報の収集を制限していくという考えは、それほど浸透していない。

　以下では、このような問題意識をふまえつつ、使用者による労働者の健康情報の把握に関する法制度を整理する。

1　労働安全衛生法における使用者の義務

(1)　健康診断の実施

　労安法では、労働者の健康保持増進のための措置として、事業者に対し、

---

[112]　厚労省「雇用管理分野における個人情報保護に関するガイドライン」(2012 (平 24) 年厚労告第 357 号)、「雇用管理に関する個人情報のうち健康情報を取り扱うに当たっての留意事項」も出されている。

医師による健康診断の実施が義務づけられている[113]。労働者一般を対象とする健康診断には、「雇入時健康診断」[114]と「定期健康診断」[115]がある（各健康診断における指定検査項目は、**表5**を参照）[116]。なお、事業主は、雇入時健康診断、定期健康診断の結果を記録し、その結果を労働者に通知する義務を負っている[117]。

表5　健康診断の項目

雇入時健康診断	定期健康診断（一年以内に一回実施）
既往症及び業務歴の調査	既往症及び業務歴の調査
自覚症状及び他覚症状の有無の検査	自覚症状及び他覚症状の有無の検査
身長、体重、腹囲、視力及び聴力の検査	身長、体重、腹囲、視力及び聴力の検査（※）
胸部エックス線検査	胸部エックス検査及び喀痰検査（※）
血圧の測定	血圧の測定
貧血検査	貧血検査（※）
肝機能検査	肝機能検査（※）
血中脂質検査	血中脂質検査（※）
血糖検査	血糖検査（※）
尿検査	尿検査
心電図検査	心電図検査

※が付いている項目は、医師の意見により省略可。

　1996年には、労働者の過労死・過労自殺が増加していることを背景として、労安法が改正され、労働者の健康保持に関する措置が強化された。具体的には、事業者に医師への意見聴取義務が追加され（66条の4、健診の結果、異常所見がある労働者に関する者に限る）。異常所見がみられる労働者に関する医師の意見を聴取しなければならないこととなった。また、とくに、健康

---

113) 労働者一般を対象とするもの（労安法66条1項）と有害業務に従事する者を対象とするもの（同条2項）がある。
114) 労安則43条。
115) 労安法44条。
116) 雇入時の健康診断については、3ヶ月以内に健康診断を受けた者が、その結果を証明する書面を提出した場合は、指定検査項目に相当する項目の実施を省略することができる（労安則43条1項ただし書）。
117) 記録義務については、労安法66条の3、健康診断個人票を作成し、5年間保存しなければならない（労安則51条）。通知義務は、労安法66条の6、労安則51条の4。

の保持に努める必要があると認められる者については、医師または保健師による保健指導を実施することが求められた（努力義務）（66条の7）。

　2005年の改正では、事業者に対して、1ヶ月当たり100時間を超える時間外に従事した者で、かつ、疲労の蓄積が認められる者に対する医師の面接指導の実施義務が課された（66条の8）[118]。この面接指導については、労働者に対しても受診義務が課されている。ただし、面接指導対象となる労働者が、事業者が指定する医師の面接を希望しない場合は、他の医師による面接指導を受けて、その結果を記した書面を事業主に提出することができる。また、事業者は、面接結果を記録する義務があり（66条の8第3項）、さらに、面接を担当した医師に、当該労働者の健康を保持するために必要な措置に関する意見を聴取して、その意見をふまえた各種措置を講じなければならない（66条の8第5項）。健康確保措置に関する医師の意見については、衛生委員会にも報告しなければならないが、安全衛生委員会または労働時間等設定改善委員会が設置されている場合は、それらの委員会でもよい（66条の8第5項）。

　なお、労働者一般を対象とする「雇入時健康診断」と「定期健康診断」にはこれまで、メンタルヘルスの状況に関する調査の項目が設けられていなかった（表5）。しかし、職場におけるストレスにより精神疾患を発症する労働者が年々増加し、労働者のメンタルヘルスの不調を早期に発見して適切に対応することの重要性が高まったことから、2015年6月の国会に、労働者のストレス状況を把握する検査を事業主に義務づける労安法改正法案が提出された。本法案は同年6月19日に可決・成立し、同月25日に公布されている（施行：2017年12月1日）。このストレスチェック制度の内容については、次で詳述する。

(2) 心理的負荷の把握（ストレスチェック制度）

　先にみたように、労安法に基づき行なわれる労働者に対する「雇入時健康診断」と「定期健康診断」には、メンタルヘルスの状態に関する項目が設け

---

118) ただし、これらの事後措置義務には、罰則規定が設けられていない。また、現時点では、労働者が、裁判を通じてこれらの義務の履行を使用者に請求することはできないと解されている高島屋工作所事件・大阪地判平成2年11月28日労経速1413号3頁。

られていない[119]。この背景には、メンタルヘルスの状況の把握は、場合によっては、プライバシーの侵害や雇用における不利益な取り扱いを生じさせる恐れがあり、また、調査によって得られた情報に関しては、本人が医療従事者以外には知られたくないと考える機微な情報が含まれているため、情報の収集・保管・利用に関する適切なルールづくりが不可欠である等の事情があった。

しかしながら、日本における自殺者の割合が1998年から3万人を超える高水準で経過するようになり、このなかには、勤務問題を理由に自殺したと考えられる労働者（「被雇用者・勤め人」）が一定数含まれていたことから[120]、厚労省は、自殺対策に力を入れ、2010年1月に、「自殺・うつ病等対策プロジェクトチーム」を設置した。2010年5月には、同省に「職場におけるメンタルヘルス対策検討会」が設置されている[121]。

本検討会は計6回開催されて、同年9月7日に「職場におけるメンタルヘルス対策検討会報告書」がまとめられた。本報告書においては、メンタルヘルスの状況の把握に関して、つぎのような意見が示された。

労安法上の一般定期健康診断においてメンタルヘルスの調査を行なう場合には、①調査結果が事業者（使用者等）に通知されること、②メンタルヘルスの不調に関する理解が十分ではない事業者が、メンタルヘルスの不調が把握された者を不利益に取り扱う恐れがあること、③メンタルヘルスの状況調査は専門家の関与が必要であり多大なコストがかかること等から、現時点において、すべての職場に調査票を利用したメンタルヘルスの状況把握を義務づけることは困難であり、一般定期健康診断とは別の「新たな枠組み」を導

---

[119] 定期健康診断には「自覚症状及び他覚症状の有無の検査」という項目があり、この項目においてメンタルヘルスの状況を把握することは可能であるが、この方法は医師の判断に委ねられている。

[120] 日本の自殺者数は、1998年に3万人を超え、その状態が2011年までの13年間続いた。2011年以後は、減少傾向にあり、2013年は2万7283人であった。自殺の主要な原因・動機は、年齢ごとに異なっている。20〜30歳代は「健康問題」「経済・生活問題」が多く、40〜50歳代は「経済・生活問題」、60歳代は「健康問題」「経済・生活問題」、70歳代以降は「健康問題」となる。厚労省「平成26年版自殺対策白書」2頁、29頁。

[121] 「職場におけるメンタルヘルス対策検討会」（座長：相澤好治）は、2010年5月から7月までの間に6回開催され、2010年9月17日に報告書を提出した。

入して労働者の精神疾患の早期把握を行なう必要がある[122]。

報告書が示す「新たな枠組み」とは、①一般定期健康診断の「自覚症状及び他覚症状の有無の検査」に合わせて、これを担当する医師（仮に「医師A」とする）がストレスに関連する症状・不調を確認する。②医師Aは、労働者に直接、医師による更なる面接が必要かどうか等を通知する。個人情報保護の観点から、医師Aは事業者には面接の要否等を直接通知しない。③医師Aからの通知を受けた労働者のうち医師の面接を希望する者は、事業者に面接を希望する旨を申し出て、就業上の措置について意見を述べる医師（仮に「医師B」とする。産業医が望ましいとされている）の面接を受けることができる。④医師Bは、労働者と面接し、必要な場合は当人に医療機関の受診勧奨、保健指導等を行なう。⑤医師Bは、面接の結果をふまえて、就業上の措置に関して事業者に意見を述べることができる。意見を述べる場合には、事前に労働者の同意を得なければならない。医師Bは、継続的に、ストレス等の要因の改善に向けた指導を行なう、というものである[123]。

この「新たな枠組み」は、同年12月22日の労働政策審議会の「今後の職場における安全衛生対策について」のなかに盛り込まれて、厚労大臣に建議された。この建議に基づいた労安法の改正法案が2011年の第179回臨時国会に提出され、「精神的健康の状況を把握するための検査」の実施を事業者に義務づけることの是非が審議された。しかしながら、本法案はその後継続審議となり、最終的に、第181回臨時国会において衆議院の解散されたため廃案となった。

職場におけるメンタルヘルス調査に関する「新たな枠組み」の創設については、2013年12月の労働政策審議会の建議「今後の労働安全衛生対策について」のなかにおいて、再び取り上げられた[124]。ここでは「新たな仕組み」として、事業者が、医師又は保健師による「ストレスチェック」（ストレスの状況を把握するための検査）を行ない、労働者の申出に応じて、医師による

---

122) 「職場におけるメンタルヘルス対策検討会報告書」（2010年9月7日・厚労省労働基準局）7頁。
123) 注117) 8-9頁。
124) 労働政策審議会「今後の労働安全衛生対策について」（2013年12月24日）。

面接指導等を実施し、必要な措置を講じるという具体的な手順が示された[125]。

本建議をふまえて策定された労安法改正法案は、2014年3月13日に第186回通常国会に提出され、6月19日に可決成立、同月25日に公布された（平成26年法律第82号）。この改正労安法は、2015年12月1日から施行される。

こうして、長年の懸案であった、「ストレスチェック制度」（条文では、「心理的な負担の程度を把握される検査」）は、改正法の66条の10に配置され、今後は、使用者に労働者の心理的負荷の程度の把握が義務づけられることになった[126]。なお、前回の法案には、労働者に受診を義務づける規定があったが、労働者の意に反する調査は適当ではないことから、今回の改正法では、この部分は削除された。

新たなストレスチェック制度は、2010年の「職場におけるメンタルヘルス対策検討会報告書」で示された内容が下敷きとなっている（具体的な流れは図1参照）。個人情報の保護については、様々な議論があったが、結局、ストレスチェックの結果は、チェック実施者（医師、保健師等その他厚労省令で定める者）が、まず、労働者本人に直接通知し、必要に応じて相談窓口等の情報を提供した後に、事業者に結果を通知することについて同意の有無を確認し、同意がある場合には、事業者に結果を通知することで対応することになった。

改正法には、ストレスチェックの結果で心理的負荷の程度が高いとの所見がある労働者が、医師による面接指導を希望する旨を申し出たときは、事業者は、当該労働者が申出をしたことを理由として不利益な取扱いをしてはならないとの規定も追加された（66条の10第3号）。

なお、改正法には、ストレスチェックの受診自体を拒否したこと、ストレスチェックの結果の提供に同意しないこと、面接指導の該当者となったにもかかわらず、面接指導を受けることを拒むことを理由とする不利益取扱いを禁止する規定は置かれていない。しかし、この点については、後述する「2014

---

125) 建議書7-8頁。
126) ただし、従業員50人未満の事業場については、当面の間努力義務とされている。労安法附則4条。

図1

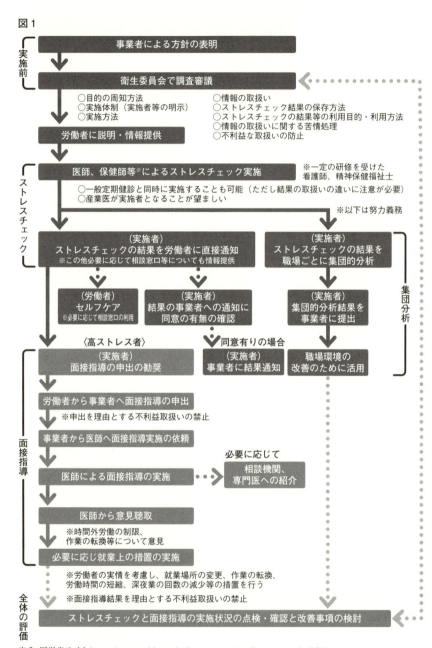

出典：厚労省サイト http://www.mhlw.go.jp/bunya/roudoukijun/anzeneisei12/kouhousanpo/summary/

年報告書」のなかで、事業者はこれらの不利益取扱いをしてはならないとされている[127]。

このほかに、改正法には、国に、産業医等への研修の充実と労働者に対する相談・情報体制の整備に努めることを求める規定も追加されている（66条の10第9号）。

制度の具体的な運用については、厚労省令や指針等でその内容が示されることになっているため、厚労省は、2014年7月から「ストレスチェック項目等に関する専門検討会」を開催し、本検討会は、同年9月9日に「中間とりまとめ」を提出した。「中間とりまとめ」の議論を深化させるため、厚労省は、さらに、「ストレスチェックと面接指導の実施方法等に関する検討会」「ストレスチェック制度に関わる情報管理及び不利益取扱い等に関する検討会」を設置し、2つの研究会は、2014年12月に、合同で「労働安全衛生法に基づくストレスチェック制度に関する検討会報告書」（「2014年報告書」）を発表した[128]。

2015年4月15日、厚労省は、2014年報告書の内容をふまえて、改正労安法に基づくストレスチェック制度の具体的な運用方法を定めた省令、告示、指針を公表した[129]。厚労省令では、ストレスチェックの実施頻度は1年以内ごとに1回、定期に、①職場における当該労働者の心理的負担の原因に関する項目、②当該労働者の心理的な負担による心身の自覚症状に関する項目、③職場における他の労働者による当該労働者への支援に関する項目、の3つについて検査を実施すべきとされている（労安則52条の9）。また、検査は、医療従事者（医師、保健師、看護師、精神保健福祉士）によって行なわれなければならず（労安則52条の10第2項）、当該労働者の人事に直接の権限をもつ監督的地位にある者は、検査の実施事務に関わることができないとされ

---

127) 2014年報告書 17-18頁。
128) 厚労省労働基準局安全衛生部「ストレスチェックと面接指導の実施方法等に関する検討会」「ストレスチェック制度に関わる情報管理及び不利益取扱い等に関する検討会」『労働安全衛生法に基づくストレスチェック制度に関する検討会報告書』2014（平26）年12月17日。
129) 厚労省令第94号、厚労省告示第251号「ストレスチェックの実施者に関し厚生労働大臣が定める研修に関する告示」、「心理的負担の程度を把握するための検査及び面接指導の実施並びに面接指導結果に基づき事業者が講ずべき措置に関する指針」。

ている(同条第2項)。事業者には、検査の結果の記録の作成と記録の保存が適切に行なわれるように必要な措置をとること(労安則52条の11)、当該労働者に対して、検査結果が、医師等から遅滞なく伝えられるようにすること(労安則52条の12)が求められている。

　医師などによって実施されたストレスチェックの検査結果は、労働者の同意を得たうえで、事業者に通知されることになる(**図1**参照)。厚労省令においては、この同意は、書面または電子記録によらなければならないと定められ(労安則52条の13第1項)、また、同意を得たうえで検査結果が事業者に通知された場合、事業者は、その結果の記録を5年間保存しなければならないと定められた(同条第2項)。

2　判例の状況

　くり返しになるが、使用者には、契約上の義務として、労働者の生命や健康を保持しその悪化を防ぐ義務(安全配慮義務)がある(労契法5条)。使用者が、この安全配慮義務を適切に履行するためには、当該労働者の心身の状態を適切に把握する必要がある。身体の状況に関しては、先に述べたように、労安法において、定期の健康診断が義務づけられており、使用者は、基本的には、この健康診断の結果を参照して、労働者の体調に合わせた業務を割り当てる。

　もっとも、労働者のメンタルヘルスの状況ついては、これを使用者に知られたくないという労働者側の心情も考慮し、これまでの労安法には、労働者の精神面の検査を義務づける規定は置かれていなかった。2014年の労安法改正によって、2015年12月1日以降は、定期健康診断の際に、労働者のストレスの度合がチェックされることになるが、労働者には検査の受診が義務づけられていないので、検査を受けたくない労働者は、ストレスチェックを拒否することができる仕組みになっている。

　ここで問題となるのが、上記の労安法に基づく医学的検査以外に、使用者が積極的に健康情報を把握しなければならない事態があるかどうかである。この点、過去の裁判例をみると、精神的な不調については、労働者からの自

主的な申告が期待しにくいということもあって、労働者からの申告がなくとも、労働者の心身の不調が一般に疑われるような事態であれば、使用者から積極的に精神科への受診や産業医との相談を勧める姿勢が求められているように思われる。

たとえば、月100時間を超えるような長時間労働に従事している場合には、一般的な労働者であれば、心身の健康に悪影響を及ぼしかねない状況にあるので、使用者からの積極的な情報収集が求められる。他にも、労働者に精神面の不調を疑わせるような言動がみられる場合、具体的には、机にうつぶせになっている[130]、業務に集中できずに放心状態でいる様子がみられる[131]、会話がかみ合わない[132] 等の状況がみられるようになれば、使用者は、積極的に労働者の心身の状況を医師等と連携して把握しなければならないと考えられている。

他方、労働者に特段異常な言動がみられないにもかかわらず、使用者が積極的に健康状態を調べることは、プライバシー保護との兼ね合いから控えるべきとの判示が示されている。

たとえば、ボーダフォン（ジェイフォン）事件[133] では、「使用者が労働者の精神的健康状態に配慮すべき義務があることは原告らの主張のとおりであるが、労働者に異常な言動が何ら見られないにもかかわらず、精神疾患を負っているかどうかを調査すべき義務まで認めることは、労働者のプライバシーを侵害する危険があり、法律上、使用者に上記健康管理義務を課すことはできない」とされた。

富士電機E&C事件[134] では、うつ病（会社には自律神経失調症と申告）で2ヶ月弱休暇を取得していた労働者が、職場復帰した約1年半後に自殺した。

---

130) 注59) 積善会事件。
131) 注74) 東芝事件高裁判決。
132) オタフクソース事件・広島地判平成12年5月18日労判783号15頁では、会社をやめたいと訴えた労働者に対し、上司が説得を行なったが、その際、「辞めたい」等とくり返すのみで、会話がうまくかみ合わなかった。裁判所は、このような応答は通常では考えがたいことであり、上司はこの段階で、労働者の心身の故障を疑い、同僚や家族に対して、労働者の勤務時間内や家庭内の状況について事情を聴取すべき義務があったと判断している。
133) 名古屋地判平成19年1月24日労判939号61頁。
134) 名古屋地判平成18年1月18日労判918号65頁。

原告となった遺族は、裁判において、会社は、労働者の職場復帰にあたり、主治医または産業医から意見を聴取すべき義務があり、また、復帰後も定期的に主治医や産業医から病状を聴取し、病状の推移を把握すべきであったと主張した。しかし、裁判所は、そのような積極的な健康情報の把握までは、安全配慮義務の内容として認めなかった。

ただし、三洋電機サービス事件[135]では、労働者が医師の診断書を添えて1ヶ月の休養を申請した状況においては、使用者は、労働者の心身の状況について、医学的見地に立った正確な知識や情報を収集し、休養の要否について慎重な対応をとるべきであったとの判示が示されている。

第6節　紛争の解決

国連の障害者権利条約は、労働に関する障害者の権利を定め（27条1項）、条約が障害者に保障する各種の権益の実現が速やかに図られるように、締約国に対し、条約の実施を促進・保護・監視するための仕組みを整備するように求めている（33条2項）（国連条約の内容は、本書の補論を参照）。

日本政府は、本条約に2014年に批准したが、批准に至る過程において、国内の障害者法制を条約の趣旨に沿うように見直した。労働法制に関しては、①障害者に対する差別の禁止、②合理的配慮の提供、③苦情処理・紛争の解決援助制度の整備、に取り組むため、2013年6月に、障害者雇用促進法が改正され、新法に上記の①②③の内容が加えられた。①と②の内容についてはすでに紹介したので、ここでは、③の部分、障害者に対する差別と合理的配慮の苦情・紛争の解決について考察する[136]。

障害者の就労と雇用の促進については、医療、福祉の機関と連携して、障害者の生活と就労に関わる課題を解決する仕組みも不可欠である。そのため、

---

135) 東京高判平成14年7月23日労判852号73頁。
136) 障害を理由とする雇用差別規制の実効性確保については、長谷川聡「障害を理由とする雇用差別禁止の実効性確保（特集 障害者雇用法制の新展開）」季労243号（2013）38-48頁。

障害者総合支援法、精神保健福祉法に基づいて設けられた諸機関においても、障害者に対する就労を含めた生活一般に関する総合的な相談・支援が行なわれている。

また、職場における障害者に対する虐待の抑止も喫緊の政策課題である。2012年には障害者虐待防止法が制定され、虐待の防止と早期発見に関する枠組みが整理された。本節では、同法によるこれら2つの仕組みも紹介する。

なお、すでに第2節でみたように障害者差別解消法にも、障害者に対する差別の禁止と合理的配慮の提供の定めがある。同法では、障害者に対する差別や合理的配慮の問題は、国および地方公共団体が組織する「障害者差別解消支援地域協議会」[137]等において対応されることが想定されており（17条1項）、それ以外の特別な救済手続は設けられていない。

1　障害者差別と合理的配慮に関わる苦情

2013年の障害者雇用促進法の改正によって、同法には、新たに、障害者に対する差別的取扱いと合理的配慮の提供拒否に関する苦情と紛争を解決するための制度が設けられた。この仕組みは、当事者による自主的な紛争解決制度（ADR）と行政による紛争解決支援の2つから成る。

まず、当事者が苦情を自主的解決する仕組みについては、法74条の4において、事業主に「苦情処理機関」（事業主を代表する者及び当該事業所の労働者を代表する者を構成員とする当該事業所の労働者の苦情を処理する機関）を設置することが求められた（努力義務）。雇用する障害者に対する差別の禁止（35条）と合理的配慮義務（36条の3）に関する苦情は、この苦情処理機関等に委ねるなどして、自主的な解決が図られることになる。なお、募集・採用の段階における苦情（34条と36条の2に関するもの）は、74条の4の当事者による自主的な解決の対象には含まれていない。

つぎに、当事者による自主的な解決の試みにより問題が解決しない場合、

---

[137]　当該地方公共団体の区域において関係機関が行なう障害を理由とする差別に関する相談および当該相談に係る事例をふまえた障害を理由とする差別を解消するための取り組みを効果的かつ円滑に行なうため関係機関により構成されるもの。

あるいは、そのような問題解決の仕組みがない場合には、労働者は、都道府県労働局に対して、苦情の解決の支援を求めることができる。都道府県労働局長は、紛争の当事者の双方あるいは一方から紛争解決の援助を求められた場合には、助言・指導・勧告を通じて、その解決を支援する（74条の6）。なお、労働局に対しては、募集・採用に関する差別と合理的配慮の提供に関する苦情（34条と36条の2に関するもの）の解決援助も、求めることができる。

都道府県労働局長は、これらの苦情について当事者から調停の申出があった場合には、個別紛争解決促進法の紛争調整委員会に調停を行なわせることができる。ただし、「募集及び採用に関する紛争」は、調停の対象から除かれている（74条の7）。

本改正では、新たに、法が保障する権利を行使したこと等に対する報復措置を禁止する規定も追加された。事業主は、労働者がこれらの行政による援助や調停の利用を求めたことを理由として、当該労働者に対して解雇その他の不利益な取扱いをしてはならないと定められている（74条の6第2項、74条の7第2項）。

2 その他の相談・支援

障害者の雇入れ、配置、その他雇用管理に関する技術的な事項（以下、「障害者の雇用管理に関する事項」）については、公共職業安定所が、事業主に対して助言・指導を行なっている（障害者雇用促進法18条）。また、「広域障害者職業センター」[138]、「地域障害者職業センター」[139] においても、「障害者の雇用管理に関する事項」について、事業主への助言その他の援助を行なっている。障害者本人に対しては、「障害者就業・生活センター」[140] が、支援対象者の相談を受け、必要な指導・助言を行なう（同法28条1号）。また、知的障害者については、地域障害者職業センターも、雇用されている知的障害者に

---

138) 障害者雇用促進法21条に基づき設置される機関。
139) 障害者雇用促進法22条に基づき設置される機関。
140) 障害者雇用促進法27条によって設定される機関。

対して、職場への適応に関する事項について助言又は指導を行なっている（同法22条2号）。

以上が、障害者雇用促進法に基づき設置される機関における支援であるが、このほかに、障害者総合支援法に基づく「就労移行支援事業」[141]を行なう事業所でも、一般雇用への移行を希望する障害者に対する支援を行なっている。

精神障害者については、精神保健福祉法に基づき各都道府県に設置されている「精神保健福祉センター」において、精神保健福祉相談員やその他の職員による各種の相談・指導が行なわれている[142]。

3　虐待への対応

「障害者虐待の防止、障害者の養護者に対する支援等に関する法律」（以下、「障害者虐待防止法」とする）は、障害者に対する虐待を禁止し、虐待を受けた障害者に対する保護と自立の支援のための措置等を定める法律である。本法では、障害者に対する、①養護者による虐待、②障害者福祉施設従事者等による虐待、③使用者による虐待、が禁止されている。

③の「使用者による虐待」を詳述すると、まず、本法における「使用者」とは、「障害者を雇用する事業主」のほか、派遣先企業（「労働者派遣の役務の提供を受ける事業主」）、事業の経営担当者、その事業の労働者に関する事項について事業主のために行為をする者、をさす。つぎに、「使用者による障害者虐待」に含まれる行為として、つぎの5つの行為が挙げられている（2条8項）。また、使用者による虐待は3条に禁止規定がある。

一　障害者の身体に外傷が生じ、若しくは生じるおそれのある暴行を加え、又は正当な理由なく障害者の身体を拘束すること。

---

141)　「就労移行支援」とは、「就労を希望する障害者につき、厚労省令で定める期間にわたり、生産活動その他の活動の機会の提供を通じて、就労に必要な知識及び能力の向上のために必要な訓練その他の厚生労働省令で定める便宜を供与する」事業であり（5条）、障害者総合支援法の対象となる「障害者」には、このサービスの利用に関して「訓練給付費」が支給される（28条2項）。
142)　精神保健福祉法47条。

二　障害者にわいせつな行為をすること又は障害者をしてわいせつな行為をさせること。
　三　障害者に対する著しい暴言、著しく拒絶的な対応又は不当な差別的言動その他の障害者に著しい心理的外傷を与える言動を行なうこと。
　四　障害者を衰弱させるような著しい減食又は長時間の放置、当該事業所に使用される他の労働者による前三号に掲げる行為と同様の行為の放置その他これらに準ずる行為を行なうこと。
　五　障害者の財産を不当に処分することその他障害者から不当に財産上の利益を得ること。

　障害者を雇用する事業主は、これらの行為が生じないように、労働者の研修、虐待に関する苦情の処理体制の整備、虐待防止のための措置を講じなければならない（21条）。
　また、使用者による障害者に対する虐待を受けたと思われる障害者を発見した者は、速やかに、市町村または都道府県にその旨を通報しなければならない（22条1項）。もちろん、虐待を受けた障害者も、市町村または都道府県にその旨を届け出ることができる（同条2項）。虐待を通報した労働者、虐待を届け出た障害者本人に対して、通報・届出をしたことを理由とする解雇その他不利益取扱いをすることは禁止されている（22条4項）。
　市町村が、虐待の通報・届出を受けたときには、都道府県（当該事業所の所在地のあるところ）に通知する。都道府県は、市町村からの通知・職場の労働者からの通報・虐待を受けた本人からの届出を受けた場合は、当該事業所を所轄する労働局にその旨を報告する（24条）。労働局は、都道府県からの報告を受けた場合は、監督権限等を適切に行使し、障害者の保護と自立が図られるように対応する（26条）[143]。

---

[143] 労働局が使用者からの虐待があった場合に採った措置等は、毎年公表される（28条）。2013（平25）年度分の取りまとめによると、使用者による障害者虐待が認められた事業所は、253事業所。虐待を行なった使用者は260人、虐待を受けた障害者は393人（知的障害292人、身体障害57人、精神障害56人、発達障害4人）であった。労働局は、各種労働法規に基づき、当該事業所に助言・指導を行なった。厚労省 Press Release（大臣官房地方課労働紛争処理業務室2014年7月18日）。

第2章　日本法制の課題

　以上、第Ⅲ部では、第1章において、精神疾患を抱える者に関わる日本の法制度を紹介し、関連する裁判例もあわせて整理した。第2章では、第1章の検討をふまえて、日本法制の特徴と課題を指摘する。また、第Ⅰ部と第Ⅱ部で行なったアメリカ法の考察をふまえて、日本法制のあり方を今後議論していく際に必要となる視点も提示する。

1　精神疾患にり患した者に対する雇用機会の保障

　日本では、1960年以降、障害者雇用促進法によって、使用者等に一定の数の障害者雇用を義務づけ、障害者の雇用機会の拡大を図ってきた。しかし、精神障害のある者は、長年この割当雇用制度の外に置かれてきた。その背景には、精神疾患に対する社会的理解が進まず、精神障害のある労働者の雇用のノウハウも確立していないという事情があった。さらに、割当雇用制度の対象となる障害者の把握が障害者手帳によって行なわれてきたため、精神障害者を割当雇用の対象者に加えることになれば職場における精神障害者の掘り起こしが起きかねないという懸念もあった。2013年の法改正により、精神障害者も割当雇用制度の対象に含まれることになったが、対象者の把握は、これまで通り手帳制度を利用することになったため、精神障害者の掘り起こしの問題は依然として、解決していない。
　一方、アメリカでは、現在に至るまで割当雇用制度は一度も採用されず、障害差別禁止原則の立法化によって、障害者に対する雇用機会の拡大が図られている。アメリカの障害差別禁止法（ADA）は、雇用の本質的な部分を遂行できる者（適格者）を、障害の有無によって不利益に取り扱ってはならないという、雇用差別禁止法の伝統的な原理を維持しつつも、雇用の本質的な部分を遂行できるかどうかの判断にあたっては、障害に対して「合理的配慮」

を図った場合を考慮しなければならないとして、労働能力の比較の部分に（すなわち、「等しい者を等しく扱う」という原理の「等しい者」の捉え方に）、障害者の事情をふまえた修正を加えている。さらに、ADA では、業務に過重な負担とならないにもかかわらず合理的配慮の提供を拒否することは、障害に基づく差別に該当するとされている。障害者の能力を十分に引き出すことができない職場環境を放置すれば、結果として、障害者は、その職場から障害ゆえに排除されることになるから、障害に対する合理的配慮を図らないことは、その意味において、差別の一形態と把握できるのである。なお、アメリカでは、障害差別禁止法の対象者の画定に際して、障害者手帳のような統一的なシステムは採用していない。法の「障害」定義に適うと考える労働者は、自ら、使用者に合理的配慮を受ける権利や差別を受けない権利を主張する。この労働者の主張を使用者が受け入れない場合には、EEOC（ADA の執行を担当する行政機関）が紛争の解決をサポートする（調査⇒あっせん⇒訴訟移行となる）。

　日本においても、2013 年の障害者雇用促進法の改正によって、障害者に対する募集・採用における均等な機会の保障と雇用後における不当な差別的取扱いを禁止する規定が追加された。今後は、割当雇用と差別禁止原則が併存する形で、障害者の雇用機会の拡大が図られることになる。

　日本の差別禁止規定とアメリカの ADA の規定を比べてみると、日本の方が、差別規定の対象となる者の範囲が狭いことがわかる。日本では、心身に現に機能障害がある者のみが「障害者」と定義されており、過去に精神疾患にり患したことがある者や、精神疾患を発症していると誤解された者は、精神疾患に対する嫌悪感や思い込みから雇用において不利益に取り扱われたとしても、障害に基づく差別として救済をもとめることができない。他方、アメリカの ADA では、このような不利益取扱いも、同法の救済対象となっている。精神疾患の場合は、日本でも、使用者が精神疾患の発症や再発を強く懸念して、性格検査の結果において精神疾患に親和的な性格傾向が表れた者や、過去に精神科の通院歴がある者の雇用を止める事態が想定される。障害者差別禁止規定の対象者については、アメリカ法の経験を参照して、これを拡げる方向でさらなる議論が必要であろう。

つぎに、ADA では、「適格者」という概念が用いられて、雇用の本質的部分を遂行できる者を差別してはいけないと定められているが、日本法には、そのような概念は採用されていない。日本における障害者差別禁止規定は、「障害者であることを理由として、障害のない者と不当な差別的取扱いをしてはならない」というシンプルな規定で、労働能力の評価に関する判断枠組みは明記されていない。この点、厚労省の指針[1]とQ&A[2]では、「労働能力等に基づかず、単に障害者だからという理由で」、雇用において不利な取扱いをすることが、「不当な差別的取扱い」に当たると考えられている。また、ここにいう「労働能力」は、合理的な配慮を提供したうえで適正に評価しなければならないとされており、もし、合理的な配慮を提供したうえで障害者の能力を適正に評価しても、障害のない者の方が労働能力が優れている場合には、障害のない者と障害者を別に扱っても「禁止される差別」には当たらないとされている。このようにみると、日本の差別禁止規定も、訴訟のなかでは、アメリカの ADA で用いられている「適格者」の考え方と同じような法解釈がなされていくように思われる。ただ、障害差別禁止原則の意義は、合理的配慮を提供したうえで障害のある者の労働能力を適正に評価するという仕組みにある。そのため、このような労働能力の評価方法に関する解釈の枠組みは、指針やQ&Aにおいて記述するに留まらず、ADA のように「適格者」などの概念を用いて、法文上に明記することが望ましいと考える。
　さらに、日本で、合理的配慮を提供したうえで障害者の労働能力を適正に評価するという仕組みを運用する際には、検討しなければならない重要な課題がある。アメリカ法の考察でみたように、ADA の判例法理では、労働者の労働能力の評価の視点をどこに置くか、敷衍すると、「適格者」の審査において、「雇用の本質的な部分」をどのように定めるかが重要な問題となっていた。精神疾患の場合には、就業時間を厳守すること、割り当てられたシフトを守ること、といった労働条件の部分が「雇用の本質的な部分」と捉えられると、このような条件を充たすことができない者は、労働能力が充分ではな

---

1) 障害者差別禁止指針（平成 27 年厚労告第 116 号）。
2) 厚労省「改正障害者雇用促進法に基づく障害者差別禁止・合理的配慮に関するQ&A（第 1 版）」。

いと解されて(「適格性」の否定)、差別の存在が否定された。今後、日本の障害者差別禁止規定の解釈を考えるにあたっては、障害者の労働能力を評価する際の具体的な要素(担当業務の中心的な部分のみを厳格に比較するか、周縁的な作業や職場の統一的な労働条件の遵守までを包括的に評価対象に含めるか)の整理が必要となってくるであろう。

最後に、割当雇用と差別禁止原則の整合については、指針において、障害者雇用率を達成するために、使用者が、障害者のみを対象とする求人を行なうことは、積極的差別是正措置として、障害者に対する差別には該当しないと記されている[3]。日本における割当雇用制度の法的根拠は、これまでは、社会連帯の理念に基づく事業主の障害者雇用への協力にあったと解されるが[4]、今回の法改正による差別禁止規定の追加により、割当雇用制度には、新たに積極的差別是正の機能が付加されたと解される。ただ、割当雇用制度の法的正当性をいかに考えるかは、この制度が、障害者へのスティグマを生みかねないという点を気に留めて今後も慎重に議論すべき論点である。しかし、当制度のこれまでの成果を考えると、今後もしばらくは割当雇用と差別禁止規定を併用して、障害者の雇用機会の拡大を図っていくことが現実的と考える。

ただ、割当雇用制度の納付金の引き上げや雇用率の引き上げ等を行ない制度をより強化していくことについては、慎重な議論が必要と考える。今回の法改正により、精神障害者が雇用率の算定に追加されることになったため、使用者に割り当てられる障害者の雇用数(法定雇用率)も多くなった。障害者の割り当て数が多くなると、使用者が、法令遵守のために、すでに雇用している労働者のなかに精神疾患を抱える者がいないかどうかを調査する等の掘り起こしを行いかねない。また、日本の割当雇用制度は、障害類型別に数値目標が定められているわけではないので、使用者は、特定の障害類型だけを選んで雇用数値を達成することができる。割当雇用の強化は、結果として、使用者による障害者の選別を生み、職場における障害類型間の不均衡を促進する結果を招きかねない。それは、職場のダイバーシティの確保や共生社会という理念の観点からは、許容し難いものである。

---

3) 注1)指針8頁。
4) 障害者雇用促進法5条。

精神疾患を抱える者に対する雇用機会の拡大については、割当雇用の強化よりも、むしろ、差別禁止規定と障害者に対する措置義務規定の実効的な運用、そして、精神疾患を抱える労働者の雇用保持に資する助成金制度の強化によって行なわれることが望ましいと思われる。

2　精神疾患に対する配慮

　アメリカでは、使用者による障害者に対する配慮義務が障害差別禁止法制のなかに位置づけられているが、日本では、使用者の安全配慮義務がこれと同じ機能を担ってきた。安全配慮義務は、対象となる労働者の範囲が広く、アメリカのADAの対象とはならない軽度の精神疾患にり患した者も包括している。また、ADAでは、業務に過大な負担となる場合には、労働者に合理的な配慮を提供する必要がないが、安全配慮義務の場合は、労働者の生命や安全を守るために、配慮義務の内容もかなり高度な内容（平たく言えば、使用者の労務管理にかなりの負担を強いるもの）が求められる。たとえば、精神疾患を発症した労働者が短時間勤務を必要とした場合、ADAでは、短時間勤務を割り当てることが業務運営に過重な負担を強いることになるならばその配慮を講じる必要はないが、日本の安全配慮義務法理の下では、使用者に過重な負担となる場合であっても、労働者の病状の悪化を防ぐためには、一定期間は短時間勤務を割り当てる必要が生じる。今後は、日本においても、使用者に障害者に対する措置義務（ADAにおける合理的配慮義務）が課せられることになるが、その場合には、既存の安全配慮義務と障害者への措置義務をどのように整合させるかが問題となってくる。ここでは、アメリカのADAに関する考察をふまえて、両義務の機能分担のあり方に関する試論を提示しておく。両義務の意義は、募集・採用段階と雇用後の段階で大きく異なるため、この2つを分けて論じたい。

　まず、募集・採用の段階を考えると、安全配慮義務は、特定の法律関係に基づいて特別な社会的接触の関係に入った当事者間に生じる義務なので、採用される前の段階において、使用者が、障害のある求人応募者に対して何らかの配慮をする義務が生じるとは考えにくい。

ただし、精神疾患にり患している者が採用選考に臨んだ場合には、試験時間の途中に休憩を採れるようにする、大人数の受験者と一緒に筆記試験を受けることが難しい場合は別室を用意する、閉じた空間が苦手な場合はドア等を空けておく等の配慮が必要となることがあろう。そのような措置が応募者から申し出られた場合には、使用者は、障害者雇用促進法上の障害者に対する措置義務としてこれに対応する必要がでてくる。障害者に対する措置義務は、このような点で、現在の障害者法制を補強する重要な機能を有している。

つぎに、雇用後の段階について考える。日本のこれまでの裁判例をみると、安全配慮義務として使用者に求められてきた内容は、ADAの合理的配慮の内容とかなり重なり合っている。そのため、日本でも、障害者の措置義務規定が施行された場合、障害者雇用促進法上の「障害者」に対して行なわれてきた安全配慮義務上の措置がそのまま、障害者に対する措置義務の履行として該当してくることになる。この場合、一つの措置が両義務の履行に重複して該当することになるが、この点は、労働者保護の観点からは特段の問題にはならないであろう。また、日本の安全配慮義務は、「障害者」には該当しない軽度の労働者に対しても及ぶものである。安全配慮義務と障害者の措置義務が連関して傷病を患うすべての労働者の職場環境の調整を担う仕組みは、日本法の利点であり、今後も維持される必要がある。

ただ、安全配慮義務も、障害者に対する措置義務も、配慮を提供するプロセスが使用者主導になっている点が気がかりである。安全配慮義務の裁判例の検討で指摘したように、これまでの判決のなかには、労働者が配慮を申し出ていない場合であっても、労働者の体調に変化がみられた場合には、使用者が積極的に、医師への受診やカウンセリングを勧めるべきとするものがある。新たに始まる障害者への措置義務の場合も、雇用後の労働者に対しては、使用者から、障害者に職場で支障となっている事情の有無を確認することが求められている[5]。たしかに、一部の精神疾患では、労働者の判断能力や問題解決意欲が低下する症状がみられることがあり、労働者からの申出を待っていては、適切な就労環境の調整が行ない得ないという問題があるため、この

---

5) 注2) Q&A 18頁。

使用者主導のプロセスは否定し難い。しかしながら、使用者主導のプロセスを強化しすぎると、精神面の不調を職場に知られたくないという労働者の意向に反して、労働者に健康状態の申告を強要する事態にもなりかねない。健康状態の把握や健康状態に合わせた職場の調整には、医師等の医療従事者の意見や支援が不可欠であるから、健康問題を抱える労働者への配慮の提供を検討する際には、使用者・労働者・医療従事者という三者間が連携した協議プロセスの構築が重要と思われる。折しも、2015年12月から、労安法に基づくストレスチェックの制度が運用されることになり、ここでは、使用者・労働者・医療従事者の三者間が連携して、労働者のメンタルヘルスの状況を把握し、職場の調整へつなげる流れが整理された。今後は、労安法のストレスチェック制度と、安全配慮義務、障害者への措置義務の関係を整理して、使用者・労働者・医療従事者との連携体制をより強化していく必要がある。

3　メンタルヘルス情報の把握

　日本では、労安法により、採用時には「雇入時健康診断」が、雇用後には「定期健康診断」の実施が事業主に義務づけられている。この検査項目には、「既往歴」の調査が指定されており、使用者は、両検査において、労働者から精神疾患の既往歴の申告を求めることができる。さらに、同法にはストレスチェック制度も追加されたことから、この制度を通じて、使用者に労働者の精神的不調の存在が伝えられることもあろう。もちろん、これらの検査を通じて得られた情報に基づいて、労働者を差別的に取り扱うことは許されない。また、そのような取扱いは、障害者差別禁止規定、民法90条の公序規定に抵触し、法律行為の場合は無効となるし、不法行為により損害賠償責任が追及されることにもなる。

　ただ、精神的な不調にかかわる情報が、使用者に伝えられた場合、必ずしも、それが適切に使用されるとは限らない。採用時に精神疾患の既往歴が申告された場合は、業務の遂行に直ちに支障となる場合ではなくても、再発をおそれて採用が見送られることが懸念される。また、雇用後の段階でも、人事資料等に精神疾患の既往歴が付記された場合は、昇進や職責の割り当てに

影響がでる恐れがある。この点、ADA では、採用選考の段階では、原則として健康情報を把握することは禁じられており、採用内定を発した後に雇入時検査を行って、その際に労働者の心身の状況が業務に堪えかねるとの結果が出た場合には、その旨を労働者に通知して採用内定を取り消すという手順が法定されている。また、雇用後に収集された医療情報は、人事ファイルは別に保存されて、利用先も限定されている。このような ADA の情報収集・保管・使用ルールは、障害の情報がどの段階でどのように利用されたのかを判別しやすくするものであり、障害差別の可視化に貢献する。日本でも、今後は、障害者に対する差別の抑止を強化するために、このような情報収集・保管・利用ルールの立法化を検討していく必要がある。

4　精神疾患をめぐる紛争の解決

最後に、精神疾患をめぐる紛争解決について、日本法の課題を述べたい。2013 年の障害者雇用促進法の改正により、障害者に対する差別の禁止と障害者に対する措置義務が追加され、これらに関する苦情と紛争を解決する仕組みが整備された。概して述べると、障害者差別と障害者に対する措置に関する苦情は、まず、職場に「苦情処理機関」が設置されている場合には、労働者が当機関に苦情を申し立てて、話し合い等を通じた自主的な解決が目指される。苦情処理機関がない場合、あるいは、当事者による自主的な解決では問題が解消されない場合には、労働者は、行政機関（都道府県労働局）に紛争解決の支援を求めることができる。この場合、労働局長は、助言・指導・勧告のステップを経て、紛争の自主的な解決を支援する。場合によっては、調停の利用を勧めることもできる。このような裁判外の紛争解決手続を利用しても紛争の解決が図られない場合には、司法救済に移行することもできる。

このようにみると、日本の紛争解決手続は、当事者による自主的な話し合い⇒行政による紛争解決支援⇒司法救済の順に進み、その流れは、アメリカの ADA の紛争解決手続と類似している。

ただし、ADA では、雇用差別の解消に関する専門的な行政機関（EEOC）が設立されており、この機関が、司法救済に先立って苦情の内容を仔細に調

査し、差別の存在が確信されると、担当官が当事者に対してその旨を伝えて問題の解決を促す（調整手続）。調整手続では、障害に基づく雇用差別に関する専門的な知識を備えた担当官が、これまでの実績をふまえて、障害者に対する合理的配慮のノウハウや司法救済に移行した際のリスク等について情報提供を行なう。これに対して、日本には、雇用差別に特化した専門行政委員会は設けられておらず、調停を担当するのは、雇用問題一般を扱う「紛争調整委員会」である。また、募集・採用に関する障害者差別と合理的配慮の問題については、労働局で対応されるものの、調停の対象とはされていないので雇用主と求人応募者が話し合いをもつ場が法的に設定されることはない。

　もっとも、日本においても、障害者の雇用に関する相談や支援を行なう専門機関は存在する。障害者雇用促進法に基づき設立された、「広域障害者職業センター」、「地域障害者職業センター」、「障害者就業・生活センター」や、福祉法制の下で設立された「就労移行支援事業」を行なう事業所、「精神保険福祉センター」は、従前から、障害者の自立支援や就労支援を行なっており、障害者雇用に関する経験知が蓄積されている。今後は、これらの機関に蓄積しているノウハウが障害者の差別や措置義務に関する苦情の解消の際にも活かされるよう、各行政機関の連携を図る体制を整備していく必要がある。

　このほか、アメリカでは、ADAに関する苦情のうち、社会的に関心が高く公益性があると考えられるものについては、EEOCが原告となって、訴訟を追行する。EEOCが原告となる事件では、和解に至った場合も、その内容が企業名と共にEEOCのサイトで公表され、社会的に大きな影響を与える。日本には、雇用義務の未達成企業の公表制度があるが、実績をみると、1年で数社という程度であり、社会的な影響力に欠ける。企業名の公表制度は、もっと活用されるべきものと思われる。またその対象も、雇用義務の未達成企業に留まらず、今後は、障害者差別や措置義務の履行に関する苦情の是正指導や是正勧告に従わない企業にも拡げていく必要がある。

おわりに

　本書では、精神的不調や精神疾患を抱える労働者に対する雇用保障を念頭に、障害差別禁止原則というアプローチの有効性を、アメリカのADAを素材に検討した。アメリカのADAに関する論考は多いが、本書では、精神疾患の特徴に留意して裁判例を精緻に検討することを心がけ、他の優れた研究とは一線を画することを目指した。本書が、日本で展開される障害者差別禁止法理の本格的な議論にわずかでも貢献することを願いたい。

　なお、障害者に対する雇用機会の平等を確保するためには、障害者に対する措置義務の違反の救済方法を、司法救済における履行請求も含めて検討しなければならない。不法行為等に基づく金銭賠償のみでは、障害者に対して雇用機会の平等を実効的に保障したことにはならないからである。この点については、今後の研究課題としたい。

補論　国連障害者権利条約

2006年12月13日、第61回国連総会本会議において、「障害者の権利に関する条約（Convention on the Rights of Persons with Disabilities）」が採択された。日本は、本条約の批准に向けて国内の法制度の見直し、2014年1月20日に本条約に批准している。以下では、日本の法制度改革の理解を深めるために、国連における障害者権利保障施策の歩みと2006年に採択された障害者権利条約の内容について解説する。

第1章　国際連合と障害者の権利

国際連合は、国際平和・安全維持・経済発展等に寄与するために設立された国際機構で、2015年時点において193ヶ国が加盟している[1]。人権の保障や基本的自由の尊重の問題は、国連の重要な目的の一つとして位置づけられ、障害者に対する施策も多く展開されている[2]。

1　世界人権宣言

国連が、障害の問題にはじめて言及したのは、1948年のことである。1948

---

[1] 国連（United Nations）は、1945年6月26日に署名された国連憲章に基づき発足した国際機関である。ニューヨークに本部を置き、1945年10月24日に正式に発足した。

[2] 補論の執筆に際して、次の文献を参照した。松井・川島編『概説障害者権利条約』（法律文化社、2010年）、長瀬修他『障害者の権利条約と日本―概要と展望〔増補改訂版〕』（生活書院、2012年）、Blanck, Waterstone, Myhill, Siegal, Disability civil rights law and policy: Cases and materials,（2014）pp. 960-981、財団法人労働問題リサーチセンター・財団法人ILO協会『障害者雇用法制に関する比較法的研究』（2009）（関根執筆部分）78-87頁、岩村正彦他「座談会 障害者権利条約の批准と国内法の新たな展開：障害者に対する差別の解消を中心に（特集 障害者権利条約の批准と国内法の課題）」論究ジュリスト8号（2014）4-26頁。第1章については、国連の次のサイトを参照した（http://www.un.org/disabilities/index.asp, 最終閲覧2015年10月21日）。

年に採択された「世界人権宣言」[3]の25条において、「すべての人は、障害を負った場合にそれに対する保障を受ける権利がある」と記された[4]。世界人権宣言は、加盟国に法的義務をかすものではないが、各国が達成すべき共通の基準を定めるという点において、重要な意味をもつ。本宣言の25条は、障害に対する社会的支援の必要性を国際的に確認したという意味で、歴史的な意義のある条項であった。

2　1950～1960年代

1950～1960年代、国連では、経済社会理事会とその関連機関において、障害者に対する具体的な支援と基準の内容が検討された。もっとも、障害の問題は、この時期においては、福祉の領域で対応すべき事項として捉えられており、主に、身体障害者（とくに、視覚障害者）に対するリハビリテーションの充実が議論の中心であった。1950年代半ばからは、障害者の社会への統合が意識されるようになり、「統合」と「自立」に向けたリハビリテーションのあり方が検討された。

1969年に、「社会発展と開発に関する宣言」[5]が採択され、この19条において、知的障害と身体障害のある人の社会統合を促進するために、医療、社会保障、福祉サービス等を充実させる必要があることが確認された。

3　1970年代

1970年代は、国連における障害問題へのアプローチが大きく変化した時期である。それまでの福祉的アプローチに加えて、障害者に対する人権保障というアプローチが意識された。

まず、1971年には、「精神遅滞者の権利宣言」[6]が採択された。3条において、「精神遅滞者には、経済的保障と適切な水準の生活を享受する権利があ

---

3)　Universal Declaration of Human Rights (1948).
4)　世界人権宣言25条は、「すべて人は、衣食住、医療及び必要な社会的施設等により、自己及び家族の健康及び福祉に十分な生活水準を保持する権利、並びに、失業、疾病、心身障害、配偶者の死亡、老齢その他不可抗力による生活不能の場合はそれらに対する保障を受ける権利を有する。」となっている。
5)　Declaration on Social Progress and Development (1969).
6)　Declaration on the Rights of Mentally Retarded Persons (1971).

り、個人の能力を最大限に活用して労働する、または、有意義な活動に従事する権利がある。」と明記された。また、1975年には「障害者権利宣言」[7]が採択され、すべての障害者に障害のない市民と同様の権利が保障されていることが宣言された。

　これら2つの宣言は、加盟国に法的義務を課すものではなかったが、障害者の問題への対応にむけた国際的なコンセンサスとなって、加盟国に、ここに記された諸権利の保障に向けて、国内的・国際的な行動をおこすように促した。

4　1980年代

　1980年代に入ると、障害の問題が様々な社会の領域において議論されるようになった。また、以下に示すような取組みを通じて、障害者の社会統合に向けた、具体的な行動が要請されるようになった。

　まず、国連は、1981年を「国際障害者年」[8]と宣言し、「機会の均等化」、「リハビリテーション」、「障害の予防」を掲げて、国内・地域・国際の3レベルにおける行動の具体的な計画を策定した。国際障害者年のテーマは「完全参加と平等」であり、障害者の権利に関する社会的関心を高めるための広報活動や、障害をテーマとした企画やシンポジウムが数多く開催された。

　1982年には、国際障害者年の活動をさらに発展させるための行動計画「障害者に関する世界行動計画」[9]が策定された。この行動計画では、「障害の予防」「リハビリテーション」「機会の均等化」の3つが掲げられ、加盟国に向かって、国内の社会経済政策や厚生施策（障害の予防に向けた技術の開発・発展施策を含む）、差別禁止法制等が、この3つの目標と整合する内容になるように調整するように呼びかけがなされた。

　つぎに、国連は、1983年～1992年の10年を「国連障害者の10年」[10]と区切り、各国に、障害者に関する世界行動計画で示された行動指針の国内レベ

---

7)　Declaration on the Rights of Disabled Persons (1975).
8)　The International Year of Disabled Persons (1976).
9)　World Programme of Action concerning Disabled Persons (1982).
10)　United Nations Decade of Disabled Persons (1982).

ルでの実施を呼びかけた。

また、1983年には、国際労働機関（ILO）において、「職業リハビリテーション及び雇用（障害者）に関する条約」（第159号条約）が採択された[11]。ここでは、すべての障害者に職業リハビリテーションを受ける機会が保障されることが確認された（3条）。また、障害に関する国内施策は、「障害者である労働者と他の労働者との間の機会均等の原則に基づくものとする。障害者である男女の労働者の間における機会及び待遇の均等は、尊重されなければならない。障害者である労働者と他の労働者との間の機会及び待遇の実効的な均等を図るための特別な積極的措置は、他の労働者を差別するものとみなしてはならない。」とされた（4条）。

5　1990年代

1990年代には、国連において大きな国際会議が5つ開かれた。それらの会議では、「すべての人の社会（society for all）」が強調され、障害者を含むすべての市民が参加する社会の構築に向かっての国際的な枠組みの構築が議論された[12]。

また、1991年には、「精神疾患者の保護と精神保健の改善に関する諸原則」が採択された[13]。ここでは、精神疾患者の基本的自由と権利に関する25の基本原則が示された[14]。

1993年には、「障害者の機会均等化に関する基準規則」が採択された[15]。本基準規則には法的拘束力はないが、政府や各組織が障害施策を策定する際の具体的な指標を提供するものであり、国際的な活動の一般基準として機能し

---

11) Vocational Rehabilitation and Employment (Disabled Persons) Convention. 日本は、1992年6月12日批准。
12) 1992年環境と開発に関する国際連合会議（リオ・デ・ジャネイロ）、1993年世界人権会議（ウィーン）、1994年国際人口開発会議（カイロ）、1995年社会開発世界サミット（コペンハーゲン）、1995年第4回世界女性会議（北京）。
13) Principles for the Protection of Persons with Mental Illness and for the Improvement of Mental Health Care (1991).
14) 原則3では、「精神疾患のあるすべての者は、可能な限り地域社会に住み、そこで働く権利を有する」と定められている。
15) Standard Rules on the Equalization of Opportunities for Persons with Disabilities (1993).

た。また、本基準規則では、モニタリング制度が採用された。本モニタリング制度では、国連が指名する「特別報告者」(任期3年)が、国連の諸機関、政府、非政府組織に、本基準の実施状況に関する質問状を送付し、各機関から寄せられた回答を事務局と協力して集約し、国連に「報告書」を提出することになっていた。本制度により、現在に至るまでに多くの報告書が公表されている。

6 障害者権利条約

このように、国連においては、1990年代終わりまでに、「精神遅滞者の権利宣言」「障害者権利宣言」「障害者に関する世界行動計画」「精神疾患者の保護と精神保健の改善に関する諸原則」「障害者の機会均等化に関する基準規則」等の障害者関連文書が採択されたが、いずれの文書も、加盟国を法的に拘束するものではなく、障害問題に関する国際的な共通認識を確立し、各国に自主的な行動を促していくというものに留まっていた。

2001年、メキシコ政府の積極的な働きかけにより、国連総会において、障害者の権利と尊厳の保護に関する国際条約に関するアド・ホック委員会の設置が決定され、当委員会は、2002年に第1回会合を開催し、国際条約作成の是非を含めた検討に入った。

第2回アド・ホック委員会は2003年に開催され、同会議において条約草案を準備する作業部会の設立が決定された。作業部会は、政府代表、NGO代表、国内人権機構代表で構成された(日本政府の代表もメンバーとなった)[16]。

作業部会は、2004年1月に25条からなる条約草案を作成し、第3回・第4回アド・ホック委員会において、本草案の第1読が終了した。第5回・第6回・第7回アド・ホック委員会において草案に関する各国の意見の集約が行なわれ、第7回アド・ホック委員会の最終日に議長修正案が採択された。

---

16) NGO代表者が政府代表と同じ立場で参加し、条約作成に寄与したのは、国連創設以来はじめてのことであった。本条約の起草にあたっては、「Nothing about us without us」という標語が掲げられ、当事者である障害のある人々が積極的に条約の内容に意見を表明した。岩村正彦他「座談会 障害者権利条約の批准と国内法の新たな展開:障害者に対する差別の解消を中心に(特集 障害者権利条約の批准と国内法の課題)」論究ジュリスト8号(2014)4-26頁、5頁(川島発言)。

条約案は、2006年に開かれた第8回アド・ホック委員会の最終日に基本合意された。本条約案は、同年12月に開かれた起草委員会において最終調整がなされた。

2006年12月13日、第61回国連総会本会議において、本条約案と[17]選択議定書が採択され、2007年3月30日以降に署名が可能となった。本条約は、2008年5月3日に所定の批准国・加盟国数に達して発効した[18]。日本は2007年9月28日に本条約に署名し、2014年1月20日に批准書を寄託した。本条約は、2014年2月19日から日本において発効している。

第2章　障害者権利条約の内容

「障害者の権利に関する条約」は、障害者の諸権利を定義し、締約国にそれらの権利の保障・保護・促進を法的に義務づける国際条約である。国連の人権条約としては、21世紀に入ってはじめて採択されたものである。

本条約は、前文（(a)～(y)）と50条の本文で構成されている。第1条に「目的」が示され、第2条が「定義」、第3条～8条に、領域横断的な一般原則が並ぶ。第9条から第30条までは具体的な権益が提示されており、第31条から第50条には条約の実施と報告等に関する定めが置かれている[19]。

---

17)　「選択議定書」（Optional Protocol）には、条約が保障する権益の侵害に関する通報制度（個人または団体）の定めが記されている。日本は、2015年2月1日時点においてこれに署名していない。

18)　Convention on the Rights of Persons with Disabilities（2006）.

19)　障害者権利条約の4条から50条のタイトルは次のとおり（外務省の次のURLに、本条約の和文と英文が掲載されている。http://www.mofa.go.jp/mofaj/gaiko/jinken/index_shogaisha.html、最終閲覧2015年10月21日）。第4条：一般的義務、第5条：平等及び無差別、第6条：障害のある女子、第7条：障害のある児童、第8条：意識の向上、第9条：施設及びサービス等の利用の容易さ第10条：生命に対する権利、第11条：危険な状況及び人道上の緊急事態、第12条：法律の前にひとしく認められる権利、第13条：司法手続の利用の機会、第14条：身体の自由及び安全、第15条：拷問又は残虐な、非人道的な若しくは品位を傷つける取扱い若しくは刑罰からの自由、第16条：搾取、暴力及び虐待からの自由、第17条：個人をそのままの状態で保護すること、第18条：移動の自由及び国籍についての権利、第19条：自立した生活及び地域社会への包容、第20条：個人の移動を容易にすること、第21条：表現及び意見の自由並びに情報の利用の機会、第22条：プライバシーの尊重、第23条：家庭及び家族の尊重、第24条：教育、第25条：健康、第26条：ハビリテーション（適応のための技術の習得）及びリハビリテー

ここでは、本条約の内容のうち、障害者の労働・雇用に関わる重要な概念と条文、そして、条約の実行メカニズムを概観する。

1　定義

(1)　障害と障害者

　本条約には、「障害 (disability)」と「障害者 (persons with disabilities)」を定義する規定がなく、代わりに、前文と第1条に、次のように「障害」と「障害者」に関する記述が置かれ、本条約の対象範囲が画定されている。

　まず、「障害」については、前文(e)において「障害が発展する概念であることを認め、また、障害が、機能障害を有する者とこれらの者に対する態度及び環境による障壁との間の相互作用であって、これらの者が他の者との平等を基礎として社会に完全かつ効果的に参加することを妨げるものによって生ずることを認め」るとされている。ここでは「障害」が医学的な視点から固定的に把握できるものではなく、個人を取り巻く環境との関係において把握される変容的な概念であることが強調されている。

　つぎに、「障害者」については、第1条において、「障害者には、長期的な身体的、精神的、知的又は感覚的な機能障害があって、この機能障害と様々な障壁との相互作用によって、平等を基礎として社会に完全かつ効果的に参加することが、妨げられる可能性がある者が含まれる。」とされている。なお、本条約に関するFAQでは、本条約の対象範囲は制限的に解するべきではないとされている。締約国は、長期的な機能障害がない者（短期的な機能障害のある者や実際には障害者ではないがそのようにみなされた者等）を本条約の「障害者」に含めて、権利保障施策を勧めることができる[20]。

ション、第27条：労働及び雇用、第28条：相当な生活水準及び社会的な保障、第29条：政治的及び公的活動への参加、第30条：文化的な生活、レクリエーション、余暇及びスポーツへの参加、第31条：統計及び資料の収集、第32条：国際協力、第33条：国内における実施及び監視、第34条：障害者の権利に関する委員会、第35条：締約国による報告、第36条：報告の検討、第37条：締約国と委員会との間の協力、第38条：委員会と他の機関との関係、第39条：委員会の報告、第40条：締約国会議、第41条：寄託者、第42条：署名、第43条：拘束されることについての同意、第44条：地域的な統合のための機関、第45条：効力発生、第46条：留保、第47条：改正、第48条：廃棄、第49条：利用しやすい様式、第50条：正文。

[20]　国連の障害者関連サイト（CRPDのFAQ）を参照。

(2) **障害に基づく差別**

本条約における「障害に基づく差別（Discrimination on the basis of disability）」とは、「障害に基づくあらゆる区別、排除又は制限であって、政治的、経済的、社会的、文化的、市民的その他のあらゆる分野において、他の者との平等を基礎として全ての人権及び基本的自由を認識し、享有し、又は行使することを害し、又は妨げる目的又は効果を有するものをいう。障害に基づく差別には、あらゆる形態の差別（合理的配慮の否定を含む。）が含まれる」と定義されている（2条）。

(3) **合理的配慮**

「合理的配慮（reasonable accommodation）」とは、「障害者が他の者との平等を基礎として全ての人権及び基本的自由を享有し、又は行使することを確保するための必要かつ適当な変更及び調整であって、特定の場合において必要とされるものであり、かつ、均衡を失した又は過度の負担を課さないものをいう。」と定義されている（2条）。

2 労働および雇用

本条約は、第27条に「労働及び雇用」に関する定めを置く。具体的には、雇用における障害に基づく差別の禁止、安全・健康な作業条件の確保、ハラスメントからの保護、苦情に関する救済制度の保障、障害者の雇用を促進するために公的部門において障害者を雇用すること、民間部門における障害者の雇用の促進のために積極的差別是正措置等を利用すること、職場において合理的配慮が障害者に提供されること等の定めがある。条文は、次の通りである。

第27条第1項　締約国は、障害者が他の者との平等を基礎として労働についての権利を有することを認める。この権利には、障害者に対して開放され、障害者を包容し、障害者にとって利用しやすい労働市場及び労働環境において、障害者が、自由に選択し又は承諾する労働によって、生計を立てる機会を有する権利を含む。締約国は、特に次の適当な措置（立法によるも

のを含む）をとることにより、労働についての障害者（雇用の過程で障害を有することとなった者を含む）の権利が実現されることを保障し、かつ、促進する。

(a) あらゆる形態の雇用に係る全ての事項（募集、採用及び雇用の条件、雇用の継続、昇進並びに安全かつ健康的な作業条件を含む）に関し、障害に基づく差別を禁止すること。

(b) 他の者との平等を基礎として、公正かつ良好な労働条件（均等な機会及び同一価値の労働についての同一報酬を含む）、安全かつ健康的な作業条件（嫌がらせからの保護を含む）及び苦情に対する救済についての障害者の権利を保護すること。

(c) 障害者が他の者との平等を基礎として労働及び労働組合についての権利を行使することができることを確保すること。

(d) 障害者が、技術及び職業の指導に関する一般的な計画、職業紹介サービス並びに職業訓練及び継続的な訓練を利用する効果的な機会を有することを可能とすること。

(e) 労働市場において障害者の雇用機会の増大を図り、かつ、障害者の昇進を促進し、また、障害者が職業を求めること、障害者が就職しこれを保持すること、障害者が復職することを支援、及びこれを促進すること。

(f) 自営活動の機会、起業家精神、協同組合の発展及び自己の事業の開始を促進すること。

(g) 公的部門において障害者を雇用すること。

(h) 適当な政策及び措置（積極的差別是正措置、奨励措置その他の措置を含む）を通じて、民間部門における障害者の雇用を促進すること。

(i) 職場において合理的配慮が障害者に提供されることを確保すること。

(j) 開かれた労働市場において障害者が職業経験を得ることを促進すること。

(k) 障害者の職業リハビリテーション、職業の保持及び職場復帰計画を促進すること。

第2項 締約国は、障害者が、奴隷状態又は隷属状態に置かれないこと及び他の者との平等を基礎として強制労働から保護されることを確保する。

3　国内における実施および監視

　障害者権利条約には、条約が保障する権利の国内における実施方法に関する定めもある（33条）。

　具体的には、まず、締約国は、政府内に条約の実施に関連する事項を取り扱う中央連絡先を指定しなければならない（同条1項）。また、本条約の実施を促進・保護・監視するための仕組み（framework）も整備しなければならない[21]。この仕組みは、自国の法律や行政上の制度をふまえて構築されるものであるが、場合によっては、当該仕組みを新たに独立して設定することもできる。独立した仕組みを構築するに際しては、パリ原則（人権の保護・促進のための国内機構の地位及び役割に関する原則）を考慮しなければならない（同条2項）[22]。

　市民社会、とくに、障害者及び障害者を代表する団体は、この条約監視過程に関与していくことが要請・保障されている（同条3項）。

4　締約国による報告

　締約国は、本条約の実施状況に関する包括的な報告を、自国について効力

21）　日本は、条約批准に向けた法制度改革において、障害者基本法を改正し、内閣府に「障害者政策委員会」を設置することにした（障害者基本法32条）。障害者政策委員会は、つぎに掲げる事務を行なう。
①障害者基本計画に関し、法第11条第4項（同条第9項において準用する場合を含む。）に規定する事項を処理する。②前号に規定する事項に関し、調査審議し、必要があると認めるときは、内閣総理大臣または関係各大臣に対し、意見を述べる。③障害者基本計画の実施状況を監視し、必要があると認めるときは、内閣総理大臣または内閣総理大臣を通じて関係各大臣に勧告する。また、内閣総理大臣または関係各大臣は、政策委員会に、先の③の勧告に基づき講じた施策の報告を行なう。また、基本法改正によって、都道府県には、障害施策に関する「審議会その他の合議制の機関」が設置されることになった（36条）。本機関は、障害施策に関する調査審議・実施状況の監視を行なう。
　これらの機関が、CRPDの33条の要請に十分応えるものであるかは、吟味が必要との意見がある。注18）座談会（川島発言）9頁。
22）　パリ原則とは、1993年の国連総会で採択された「国家機関（国内人権機関）の地位に関する原則」をさす。パリ原則では、①国内人権機関の機能と責任、②公正と独立性・多元性の保障、③活動方法、④準司法的権限の4項目において、国内人権機関のあるべき姿が述べられている。国際人権法における国内人権機関の役割と機能については、山崎公士「国際人権法における国内人権機関の役割と機能」78-104頁『講座国際人権法3　国際人権法の国内的実施』（信山社、2011年）。

を生じた後2年以内に国際連合事務総長を通じて「障害者の権利に関する委員会」(以下、「委員会」)[23] に提出することになっている（35条1項）。締約国は、最初の報告を行なった後は、少なくとも4年ごとに（委員会が要請するときはいつでも）、その後の報告を提出する。委員会は、報告の内容について適用される指針を決定することになっている（同条2項）。

　委員会は、各締約国からの報告を検討し、適当と解される提案および一般的な性格を有する勧告を行なう（36条1項）。いずれかの締約国の報告提出が著しく遅れている場合には、委員会は、締約国に条約の実施状況を審査することが必要であるとの「通報」を行なうことができる（同条2項）[24]。委員会は、当該締約国にその審査に参加するように要請することができる。

---

[23]　障害者権利条約34条に基づき設置される委員会。本委員会は、条約発効後は、まず12名の専門家で構成される。条約批准・参加国が80ヶ国になった後は、上限となる18名で構成される。

[24]　関連する報告が当該通報の後3ヶ月以内に行なわれない場合には審査する旨を通報することもできる。

EEOCが公表しているADAの指針 (発表年順, 2015年時点, 本書に関わる指針のみ, http://www.eeoc.gov/)

No	タイトル	公表年月日	本書の略記
1	ADA Enforcement Guidance: Preemployment Disability-Related Questions and Medical Examinations	1995年10月10日	EEOC Guidance 1995
2	EEOC Enforcement Guidance: Workers' Compensation and the ADA	1996年9月3日	EEOC Guidance 1996
3	EEOC Enforcement Guidance on the Effect of Representations Made in Applications for Benefits on the Determination of Whether a Person Is a "Qualified Individual with a Disability" Under the Americans with Disabilities Act of 1990	1997年2月12日	EEOC Guidance 1997a
4	EEOC Enforcement Guidance on the Americans with Disabilities Act and Psychiatric Disabilities	1997年3月25日	EEOC Guidance 1997b
5	Enforcement Guidance on Disability Related Inquiries and Medical Examinations of Employees Under the Americans with Disabilities Act	2000年7月26日	EEOC Guidance 2000
6	Enforcement Guidance: Reasonable Accommodation and Undue Hardship Under the Americans With Disabilities Act (1999年に公表された同名ガイダンスの改訂版)	2002年10月17日	EEOC Guidance 2002a
7	Enforcement Guidance: Application of the ADA to Contingent Workers Placed by Temporary Agencies and Other Staffing Firms	2002年12月27日	EEOC Guidance 2002b
8	Enforcement Guidance: Unlawful Disparate Treatment of Workers with Caregiving Responsibilities	2007年5月23日	EEOC Guidance 2007

索　引

あ行

あっせん（mediation）	207
アルコール依存症	110, 167, 187
Albertson's 事件	115
安全衛生委員会	262
安全配慮義務	241, 242, 245, 279, 280
アンチ・パターナリズム	29
EEOC→雇用機会均等委員会	
医学的検査	173, 180
アルコールに関する—	188
障害のない者に対する—	182
メンタルヘルスに関する—	260
薬物に関する—	187
雇入時の—	176
医学モデル	30
遺伝子差別禁止法	203
嫌がらせ	74, 171
医療情報	
—使用制限	185
—保管・使用ルール	184
衛生委員会	262
HIV	80
ADR→裁判外紛争解決手続	
ADEA→年齢差別禁止法	
ADA→障害のあるアメリカ人に関する法律	
ATPD→全部永久障害者扶助	
エクイティ上の救済	74, 206
SSI→補足的所得保障給付	
SSDI→社会保障障害保険給付	
MMPI	179

か行

解雇自由の原則	56
カウンセリング	109
過重な負担	38, 133
家族医療休暇法	40
間欠的な症状	97, 103
緩和措置	73, 90, 102
虐待	273
休暇の付与	150
救済手続	204
苦情処理機関	271
薬の服用禁止命令	165
健康情報	173, 174
健康診断	
定期—	261, 281
雇入時—	261, 281
健康配慮義務	241
原職復帰命令	206
建築物障壁除去法	28
広域障害者職業センター	271, 283
公共職業安定所	272
航空会社アクセス法	32
公正住宅法	33
公正労働基準法	42, 45
公的医療扶助	46, 48, 49
公的医療保険	46, 47, 49
公民権法	27
公民権法第 7 編	74, 134, 203
合理的配慮（reasonable accommodation）	
	70, 118, 132, 233, 256, 292
高齢者及び障害者のための選挙アクセシビリティ法	32
高齢・障害・求職者雇用支援機構	225
国際障害者年	287
国際連合	285
国連障害者の 10 年	287
個別紛争解決促進法	272
雇用機会均等委員会	38, 75, 203, 282
雇用率制度	217, 218

さ行

在宅勤務	149
裁判外紛争解決手続	207, 271, 282
採用命令	206
差止命令	206
Sutton Trilogy	90
Sutton 事件	107
差別	73, 157, 292
—的効果	162
—的取扱い	164
GINA→遺伝子差別禁止法	
CRPD→障害者権利条約	

297

索引項目	ページ
JEED→独立行政法人高齢・障害・求職者雇用支援機構	
Chevron 事件	128
視覚障害者扶助	46
時間外労働の免除	141
始業・終業時間の緩和	138
自殺念慮	130
シフトの調整	142
社員教育	253, 254
社会発展と開発に関する宣言	286
社会保障障害保険給付	26, 46, 55
社会モデル	29, 30, 55
就業・雇用支援事業	219
就労移行支援事業	273, 283
主要な生活活動	72, 83
障害（disability）	38, 71, 77, 291
―A類型（現存する機能障害）	78
―B類型（機能障害の記録）	103
―C類型（機能障害があるとみなされた場合）	106
障害者	257, 291
雇用義務対象―	223
障害者アクセス税額控除	44
障害者基本法	230, 231
障害者虐待防止法	271, 273
障害者権利条約	222, 230, 285, 290
障害者雇用促進法	235
障害者雇用調整金	227
障害者雇用納付金	225
障害者差別解消支援地域協議会	234, 271
障害者差別解消法	230, 232
障害者就業・生活センター	272, 283
障害者自立運動	28
障害者総合支援法	271, 273
障害者手帳	226
障害者に関する世界行動計画	287
障害者の機会均等化に関する基準規則	288
障害者の権利に関する委員会	295
障害年金の受給歴	105
障害のあるアメリカ人に関する法律（ADA）	37
―2008 年改正	88, 102, 111
障害のある家族の介護	152
障害のある労働者のための支援	50
昇格差別	240
条件付採用通知（conditional offer）	174, 176
障壁除去所得控除	44
職業リハビリテーション	24
職業リハビリテーション及び雇用（障害者）に関する条約（第159号条約）	288
職務資格	114
職務関係性及び業務必要性（job-related and consistent with business necessity）	163
職務の本質的な部分（essential function of the job）	38, 117, 118
所定労働時間の短縮	140
人権の保護・促進のための国内機構の地位及び役割に関する原則→パリ原則	
人種別学制度	27
身体障害者雇用促進法	218
身体障害者手帳	226
身体的機能障害	79
心理テスト	180
ストレス―脆弱性理論	247
ストレス脆弱性気質	111
ストレスチェック制度	262, 266, 281
誠実な努力（good faith efforts）	206
精神疾患者の保護と精神保健の改善に関する諸原則	288
精神疾患の治療拒否	168
精神障害者保健福祉手帳	221, 226
精神遅滞者の権利宣言	286
精神的機能障害	79
精神保健福祉センター	273, 283
精神保健福祉相談員	273
精神保健福祉法	271, 273
世界人権宣言	286
積極的是正措置	74
全障害児教育法	32
先任権制度（seniority system）	145
全部永久障害者扶助	26, 46
相互関与プロセス（interactive process）	153, 206
相当な制限	72, 89, 90
移動に対する―	99
労働に対する―	97
訴権付与通知	74, 205
措置義務	255, 279, 280

た行

他の者と交流させないこと	164
地域障害者職業センター	272, 283
仲裁（arbitration）	207, 209
調整（conciliation）	74, 204, 207
懲罰的賠償（punitive damages）	206
直接的な脅威（direct threat）	126
障害のある家族による—	131
本人への—	128
賃金差別	239
適格者（qualified individual）	38, 69, 112
敵対的な職場環境	
（hostile work environment）	171
適用事業体	69
動機の競合（mixed-motive）	161
特別最低賃金	45
特例子会社制度	227
特例適用	218, 220
Toyota事件	83

な行

内服の効果	95
入院の記録	105
人間関係のストレスの緩和	149
年齢差別禁止法	203

は行

パート・タイムへの変更	141
配置転換	143
ハラスメント	251
パリ原則	294
非違行為	166
庇護主義	29
病名	104
不眠	100
プライバシー	173, 253, 260, 269
紛争調整委員会	283
法定雇用率	225
補償的賠償（compensatory damages）	
	39, 206
補足的所得保障給付	26, 46, 48

ま行

Medicaid→公的医療扶助

Medicare→公的医療保険

メンタルヘルス対策	255
モニタリング制度	289

や行

薬物	
—依存者	168, 186
—の違法使用	80, 186
UN→国際連合	
優生思想	23

ら行

リハビリテーション法	31
—501条	35, 36
—503条	35, 36
—504条	31, 35, 36, 55
療育手帳	226
労災補償保険	42
労働安全衛生法	260
労働時間等設定改善委員会	262
労働チケット自助プログラム	50
労働チケット労働意欲促進法	50
労働力投資法	49

わ行

割当雇用（quota system）	217
ワンストップ・キャリア・センター	49

著者紹介

所　浩代（ところ・ひろよ）

福岡大学法学部准教授。1996年小樽商科大学商学部企業法学科卒業、2007年北海道大学大学院法学研究科修士課程修了、2010年同大学院法学研究科博士後期課程修了（博士（法学））。北海道大学法学部助教、新潟青陵大学看護福祉心理学部准教授を経て現職。

主要論文：「雇用における健康情報収集規制の法理―アメリカ障害差別禁止法（ADA）からの示唆」労働法律旬報1679号（2008）、「精神障害に基づく雇用差別と規制法理―アメリカの障害者差別禁止法（ADA）の考察」日本労働法学会誌115号（2010）、「精神障害者の雇用義務化と今後の課題（特集　障害者雇用法制の新展開）」季刊労働法243号（2013）。

精神疾患と障害差別禁止法
雇用・労働分野における日米法比較研究

2015年12月25日　初版第1刷発行

著者	所　浩代
装丁	佐藤篤司
発行者	木内洋育
発行所	株式会社　旬報社

〒112-0015　東京都文京区目白台2-14-13
TEL 03-3943-9911　FAX 03-3943-8396
ホームページ http://www.junposha.com/

印刷・製本―シナノ印刷株式会社

©Hiroyo Tokoro 2015, Printed in Japan　ISBN978-4-8451-1408-5